HAWAII

Vordere Umschlagklappe: Übersichtskarte Hawaii

Hintere Umschlagklappe: ›Big Island‹ Hawaii

Katja Müller

HAWAII

DUMONT

Titelbild: An der Nordküste von ›Big Island‹ Hawaii
Umschlagklappe vorne: Na Pali-Küste, Kauai
Umschlagklappe hinten: Taucher hinter einer Peitschenkoralle
Umschlagrückseite: Strand von Hanalei, Kauai (oben); Kodak Hula Show in Waikiki, Oahu (Mitte); Surfer am Sunset Beach, Oahu (unten)
Vignette S. 1: Plumeria-Blüten werden für die Herstellung von *leis*, den typischen hawaiischen Blütenkränzen, verwendet
S. 2/3: Hanauma Bay, Oahu

Über die Autorin: Katja Müller, geboren 1964, studierte Kunstgeschichte, Ethnologie und Germanistik. Wenn sie nicht auf Reisen ist, lebt sie in Köln. Im DuMont Buchverlag veröffentlichte sie in der Reihe EXTRA den Band ›Malta‹.

© DuMont Buchverlag, Köln
2., aktualisierte Auflage 2001
Alle Rechte vorbehalten
Umschlaggestaltung: Groschwitz, Hamburg
Satz und Druck: Rasch, Bramsche
Buchbinderische Verarbeitung: Bramscher Buchbinder Betriebe

Printed in Germany   ISBN 3-7701-4811-8

INHALT

LAND & LEUTE

Hawaii im Überblick

UNTERWEGS
AUF HAWAII

Oahu – Tor zum Archipel

Kauai – die Garteninsel

Maui – Insel mit vielen Gesichtern

Molokai – die beschauliche Insel

Lanai – die stille Insel

›Big Island‹ Hawaii – Insel der Superlative

TIPS & ADRESSEN

LAND & LEUTE

»… die Blumen und
ihr Duft waren hawai-
ianisch, die großen,
rollenden Wogen
konnten sich nur an
einem pazifischen
Riff so donnernd
brechen, die hohen
Wolken, die Korallen,
die weite Landschaft
aus Lava … die Gast-
freundschaft, das
Lächeln, das Gefühl
von Überfluß und
Üppigkeit – all das
war seinem Wesen
nach hawaiianisch.«

Paul Theroux

Hawaii im Überblick

Lava ergießt sich an der Südküste von ›Big Island‹ Hawaii zischend und rauchend ins Meer

Land der Wellen und Vulkane – Geographie und Geologie

Der hawaiische Archipel liegt auf demselben Breitengrad wie die mexikanische Halbinsel Yucatan und die Städte Bombay und Hongkong. Er erstreckt sich über eine Distanz von 2436 km vom Kure-Atoll im Nordwesten bis zur Insel Hawaii im Südosten. Die Entfernung zum nächstliegenden Festland beträgt 4000 km, damit ist Hawaii der entlegendste Archipel der Erde. Die acht Hauptinseln sind ›Big Island‹ Hawaii (10 451 km^2), Maui (1901 km^2), Oahu (1598 km^2), Kauai (1445 km^2), Molokai (684 km^2), Lanai (365 km^2), Niihau (189 km^2) und Kahoolawe (117 km^2). Bis auf Kahoolawe sind alle Inseln bewohnt. Ebenfalls zum hawaiischen Archipel gehören die 1600 km westlich von Kauai liegenden Leeward Islands, 33 unbewohnte Inseln, die flächenmäßig insgesamt nur knapp 13 km^2 ausmachen. Darüber hinaus gibt es noch eine Vielzahl sehr kleiner, verstreut liegender Koralleninseln.

Die hawaiischen Inseln liegen in der Mitte der Pazifischen Platte, einer der insgesamt acht tektonischen Hauptplatten, aus denen sich die Erdkruste zusammensetzt. Jahr für Jahr driftet diese Platte – bedingt durch die große Hitze und den enormen Druck im flüssigen Erdinneren (Magma) – einige Millimeter in nordwestliche Richtung. An einigen Stellen ist das Magma besonders

Blick vom Nuuanu Pali Lookout, Oahu

heiß, Wissenschaftler bezeichnen dieses Phänomen als *hot spot*. Schiebt sich die Pazifische Platte nun über einen solchen Hot Spot, bricht das Magma in Form von Lava durch die Erdkruste, und es entsteht ein Vulkan. Je weiter sich der Vulkan im Laufe der Zeit von dem Hot Spot, der zu seiner Entstehung geführt hat, entfernt, desto mehr läßt seine Tätigkeit nach. Über den Hot Spot schiebt sich neues Land, und der Prozeß beginnt von vorne.

Da sich die Pazifische Platte in nordwestliche Richtung verschiebt, sind die Leeward Islands die geologisch ältesten Inseln des Archipels. Enorme Erosionskräfte in Form von Wind und Wasser haben dafür gesorgt, daß die erloschenen Vulkane nach und nach abgetragen wurden und heute nur noch Atolle bzw. Korallenriffe übrig sind.

Von den acht Hauptinseln ist die Insel Kauai die nordwestlichste und somit geologisch älteste. Der Vulkan, aus dem sie gebildet wurde, ist so stark erodiert, daß nur noch der östliche Rand, der Mount Waialeale, stehengeblieben ist. Auf den jüngeren Nachbarinseln hingegen kann man die Vulkane noch gut erkennen, doch auch sie sind erloschen oder ruhen, d. h. ein erneuter Ausbruch kann für die Zukunft nicht ausgeschlossen werden.

Anders verhält es sich auf der südöstlichsten und geologisch jüngsten Insel Hawaii, die derzeit noch genau über einem Hot Spot liegt. Hier ist der Entstehungsprozeß noch lange nicht abgeschlossen, denn im

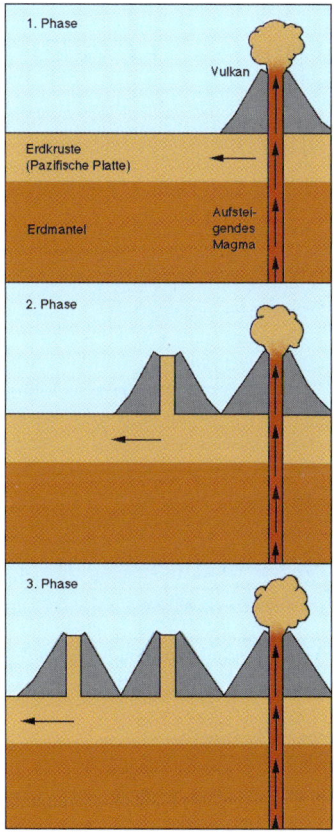

Schematische Darstellung der Hot-Spot-Theorie

Südosten von ›Big Island‹ erhebt sich der Kilauea, einer der aktivsten Vulkane der Welt.

Seit Mai 1969 hat dieser Krater 185 Mio. m^3 Lava ausgespuckt, die sich über eine Fläche von 50 km^2

›Steckbrief‹ Hawaii

Inseln: Insgesamt 136 Inseln; acht Hauptinseln, davon sieben bewohnt
Lage: Geographisches Zentrum ist die Insel Maui, 20°15' nördlicher Breite, 156°20' westlicher Länge.
Fläche: Die Gesamtfläche aller Inseln beträgt 16758 km^2; die größte Hauptinsel ist Hawaii (10451 km^2), die kleinste Kahoolawe (117 km^2)
Höchste Erhebung: Mauna Kea auf der Insel Hawaii (4205 m)
Hauptstadt: Honolulu
Amtssprache: Englisch
Bevölkerung: Gesamtbevölkerung 1,4 Mio. Einwohner. Vier Fünftel der Bevölkerung leben auf Oahu. Mit Abstand die größte Stadt ist Honolulu mit 365000 Einwohnern. Honolulu und Umgebung weisen mit 1703 Einwohnern pro km^2 die größte Bevölkerungsdichte auf.
Ethnische Gruppen: 24% Weiße, 23,6% Japaner, 15,9% Filipinos, 14,1% Hawaiianer, 8,6% Chinesen, 2,6% Koreaner, 1,3% Samoaner
Religion: 240000 römisch-katholisch, 160000 protestantisch, 40000 Mormonen, daneben Taoisten sowie Anhänger des Buddhismus und des Shintoismus
Klima: Tropisches Klima, Abkühlung durch Passatwinde, stark variierende Niederschläge. Der Mount Waialeale auf Kauai gilt als regenreichster Ort der Welt mit einem durchschnittlichen Jahresniederschlag von 1234 cm. In den trockensten Gebieten liegt der jährliche Niederschlag unter 250 mm. Die Durchschnittstemperaturen für Honolulu betragen 22° C im Februar und 26° C im August.
Verwaltung: Der US-amerikanische Bundesstaat Hawaii wird nach einer Verfassung aus dem Jahr 1959 regiert. An der Spitze der Verwaltung steht der Gouverneur, der für vier Jahre gewählt wird. Die gesetzgebende Versammlung besteht aus zwei Kammern, dem Senat und dem Repräsentantenhaus. Die 25 Senatoren werden für eine fünfjährige, die 51 Mitglieder des Repräsentantenhauses für eine zweijährige Amtszeit gewählt. Auf nationaler Ebene wählt Hawaii zwei Abgeordnete und zwei Senatoren in den amerikanischen Kongreß. Hawaii ist in zwei Verwaltungsebenen unterteilt – die bundesstaatliche Verwaltung und die County-Administration. Der Inselstaat ist in vier *counties* unterteilt, denen jeweils ein Bürgermeister vorsteht.
Wirtschaft: Wichtigster Erwerbszweig ist der Tourismus. Dahinter rangieren Militär, Landwirtschaft und Fischerei. Die Arbeitslosenquote liegt bei 6% für alle Inseln.

ausgedehnte. Ständig ergießen sich Lavaströme ins Meer und bilden neues Land. Geologen wissen, daß südöstlich von Hawaii eine neue Vulkaninsel entsteht. Messungen haben ergeben, daß diese Insel bereits 4000 m hoch ist und 900 m unter der Wasseroberfläche liegt.

Eigentlich handelt es sich bei den hawaiischen Inseln um ein Bergmassiv, dessen Spitzen aus dem Meer aufragen. Auf Hawaii befinden sich mit dem Mauna Kea und dem Mauna Loa die beiden höchsten Berge der Inselkette – beide sind über 4000 m hoch. Vom Meeresboden aus gemessen, erreichen sie sogar eine Höhe von 9500 m. Damit bildet die Insel Hawaii das höchste Bergmassiv der Welt.

Daß die geologischen Aktivitäten noch nicht abgeschlossen sind, beweisen auch vierzehn Erdbeben, die zwischen 1969 und 1979 die Inseln erschütterten. Die meisten erreichten die Stärke 5 auf der Richterskala, das schwerste – 1975 im Südosten der Insel Hawaii – sogar den Wert 7,2.

Inseln im Passatwind – das Klima

Das ganze Jahr über herrscht auf Hawaii ein konstant tropisches Klima mit kühlenden Passatwinden. Die Temperaturunterschiede zwischen den Jahreszeiten sind minimal. Sie betragen im Durchschnitt

gerade einmal 7°C. Nur die Niederschläge zeigen die Jahreszeit an. Am regenreichsten sind die Wintermonate Dezember bis März, dann ist die Niederschlagsmenge doppelt so hoch wie in den Sommermonaten. Aber auch im Sommer ist man vor Regen nicht gefeit. Meist handelt es sich um heftige Schauer, die so schnell vorüber sind, wie sie angefangen haben. Im Winter kann es mitunter recht stürmisch werden. Es ist die Jahreszeit, in der die Nordküsten der Inseln Oahu und Maui zum Eldorado der Surfprofis werden.

Temperatur und Niederschlag hängen auf Hawaii nicht nur von der Jahreszeit, sondern auch vom Ort ab. Jede Insel hat unterschiedliche Mikro-Klimata. Die dem Wind zugewandten östlichen Seiten sind regenreicher als die dem Wind abgewandten westlichen Seiten. So kann es in Hilo an der Ostküste Hawaiis in Strömen gießen, während in Kona auf der Westseite strahlender Sonnenschein herrscht. Die Ursache hierfür liegt in der Topographie der Inseln: Die steil aufragenden Vulkanberge im Inselinneren fungieren als Wetterscheide, an der sich die Regenwolken, die die Passatwinde herantragen, abregnen. Der Mount Waialeale auf Kauai gilt mit 1234 cm Niederschlag pro Jahr als der feuchteste Ort der Welt, an der Südwestküste Mauis fällt dagegen kaum mehr als 250 mm Regen pro Jahr. Auch Schnee ist durchaus kein Fremdwort auf Hawaii. In den Wintermonaten hüllen sich die beiden höchsten Berge Mauna Kea und

Mauna Loa in ein weißes Kleid, und auch der Haleakala auf Maui trägt für kurze Zeit eine Schneekappe.

Von *tsunamis* werden die Inseln zum Glück nur selten heimgesucht. Meist nehmen diese bis zu 17 m hohen verheerenden Flutwellen weit entfernt von Hawaii ihren Anfang. Der schlimmste Tsunami im Jahr 1946 wurde von einem Erdbeben auf den Aleuten vor der Küste Alaskas ausgelöst, ein zweiter 1960 von einem Beben vor der Küste Chiles. Durch das Beben türmten sich Wellen auf, die mit einer Geschwindigkeit von mehreren hundert Stundenkilometern auf Hawaii zurasten, im Verlauf ihrer Reise immer höher wurden und den Bewohnern der betroffenen Insel schließlich Tod und Verwüstung brachten. Je nachdem, wo ein Seebeben entsteht, wird mit großer Wahrscheinlichkeit entweder die nördlichste Insel, Kauai, oder die südlichste, ›Big Island‹, getroffen.

Bunte Blüten, üppiges Grün – Flora

Seiner isolierten Lage inmitten des Pazifischen Ozeans verdankt Hawaii eine einzigartige Flora. Dichte Regenwälder mit einer kaum überschaubaren Vielfalt an Bäumen, Sträuchern und Blumen lassen die Inseln wie einen Garten Eden erscheinen. Das war nicht immer so. Nach der Entstehung des Archipels vor 44 Mio. Jahren blieben die In-

seln über Hunderttausende von Jahren Ödland. Erst dann war der Lavaboden genügend erkaltet, so daß Pflanzen auf ihm gedeihen konnten.

Den Auftakt machten vermutlich Farne, Moose und Flechten, deren Sporen vom Wind über Tausende von Kilometern herbeigeweht worden waren. Das Meer tat ein übriges: Wellen schwemmten Samen und mit Pflanzen bewachsenes Treibgut an. Zudem transportierten Vögel in ihren Mägen und ihrem Gefieder Samen zu den abgelegenen Inseln.

Die auf diese Weise ›importierten‹ Pflanzen fanden die unterschiedlichsten Bedingungen vor: Es gab trockene, wüstenartige Landschaften ebenso wie feuchte, regenreiche. Jede Pflanze fand eine Nische, in der es sich erst einmal zu behaupten galt. Im Laufe der Zeit paßten sich die Pflanzen ihrer Umgebung immer besser an, sie brachten neue, weiterentwickelte Arten hervor.

Da ihre natürlichen Feinde fehlten, verloren viele Pflanzen im Verlauf des Evolutionsprozesses ihre Schutzvorrichtungen wie Stacheln oder bestimmte Düfte. So entwickelte sich auf Hawaii eine dornenlose Himbeerart und die geruchlose Minze Kapana. Botaniker haben auf den hawaiischen Inseln über 1000 solcher endemischen, d. h. nur auf den Inseln beheimateter Pflanzen ausgemacht.

Als die Inseln noch unbewohnt waren, vergingen Tausende von Jahren, bevor eine neue Pflanzenart

Rare Schönheit – das Silberschwert

Schon der Name Silberschwert läßt Botanikerherzen höher schlagen. Die Pflanze mit dem lateinischen Namen *Argyroxiphium sandwicense* ist einzigartig. Sie gedeiht nur auf Maui und auch dort nur auf einem eng umrissenen Gebiet. Ausgerechnet in der sonst so karg anmutenden Vulkanlandschaft des Haleakala-Kraters fühlt sich das Silberschwert wohl. Der entfernte Verwandte unserer Sonnenblume ist ein wahrer Überlebenskünstler: Die gelhaltigen Blätter sind in der Lage, Wasser zu speichern, um so auch längere Trockenzeiten zu überstehen. Feine Härchen auf den Blättern, die die heißen, schädlichen Sonnenstrahlen reflektieren, sind ein zusätzlicher Schutz. Sie sorgen zugleich für den typischen silbrigen Glanz, der der Pflanze ihren Namen gab. Eine klebrige Schicht auf den Blüten macht unliebsamen Insekten den Garaus.

Ein einziges Mal in seinem Leben gibt das Silberschwert eine kurze Galavorstellung – dann, wenn es blüht. Der Blütenstand kann bis zu 2 m hoch werden. Hunderte von dunkelroten Blüten entfalten zwischen Juli und September ihre Pracht. Gerade so, als hätte dieses Schauspiel die allerletzte Kraft gekostet, stirbt danach die ganze Pflanze ab, wobei winzige Samen freigesetzt werden, aus denen neue Pflanzen entstehen. Kaum zu glauben, daß die Samenkörner in dem trockenen Lavaboden, der sich nicht selten auf über 50° C erhitzt, aufgehen können.

Was die Evolution über Jahrtausende entwickelt hat, wäre beinahe vollständig ausgerottet worden: Verwilderte Ziegen fraßen die Silberschwertpflanzen, und Touristen nahmen sie als originelles Souvenir mit nach Hause. Dank verstärkter Schutzbemühungen, gedeiht das Silberschwert im Gebiet des Haleakala-Nationalparks jedoch inzwischen wieder. Auf dem ›Silverswoord Loop‹ zwischen Besucherzentrum und Gipfel kann man die seltene Schönheit aus nächster Nähe bewundern. Kaum zugänglich sind hingegen die wenigen verbliebenen Exemplare des Eke-Silberschwertes *(Argyroxiphium calignis)* in den West Maui Mountains. Heute setzt man alles daran, auch diese in der Vergangenheit durch Wildschweine vom Aussterben bedrohte Pflanze zu retten.

Paradiesvogelblume

heimisch wurde. Das änderte sich mit der Ankunft der ersten polynesischen Siedler. Sie brachten den Pappelblätterigen Eibisch *(Milo),* den Kerzennußbaum *(Kukui),* die Keulenlilie *(Ti),* die Zuckerrohr- und die Taropflanze mit. Jahrhunderte später führten die ersten Europäer Zwiebeln, Kürbisse, Kaffee und verschiedene Obstgewächse wie Mango und Melonen ein. Mit den Plantagenarbeitern gelangten immer neue Pflanzenarten nach Hawaii – in den letzten 200 Jahren nicht weniger als 5000, oft zum Leidwesen der einheimischen Vegetation.

Ein ›echter Hawaiianer‹ ist der *Koa,* vermutlich die älteste endemische Baumart des Archipels. Er ist seit Millionen von Jahren auf den In-

seln heimisch. Auch das Silberschwert (s. S. 17), das Falsche Sandelholz und den Pukiawe, ein niedriger Busch, der in höheren Lagen wächst und leicht an seinen roten Beeren zu erkennen ist, sowie bestimmte Hibiskus- und Lobelienarten findet man nur auf den hawaiischen Inseln.

Zu den am weitesten verbreiteten endemischen Pflanzen gehört der *Ohia Lehua,* ein Nektarbaum mit gefiederten roten Blüten. Ein typischer Baum Hawaiis ist auch der Ironwood *(Casuarina equisetifolia;* Kasuarine), der trotz seiner feinen Nadeln und der Zapfen zu den Laubbäumen zählt. Den Namen Ironwood (Eisenholz) verdankt der Baum seinem besonders harten Holz, das schon in althawaiischer Zeit zum Bau von Kanus verwendet wurde. Überall auf Hawaii gedeiht ›Importware‹, darunter die vielen Helikonien- und Ingwerarten, wie der hellgelb blühende *Kahili*-Ingwer, der stachelige, eher unscheinbare *Kiawe*-Baum, der Afrikanische Tulpenbaum mit seinen herrlichen orangeroten Blüten, Anthurien, Bougainvilleas, Strelitzien und Orchideen. An Straßenrändern fühlen sich die Impatiens mit ihren hübschen roten Blüten wohl. Ein wahrer Teufel hingegen ist der wunderschöne Glorybush mit seinen lilafarbenen Blüten. Ursprünglich in Brasilien beheimatet, entwickelte sich der rasch wachsende Strauch zu einer echten Bedrohung für die einheimische Flora. Eine regelrechte Plage – nicht nur für die endemische Vege-

tation, sondern auch für die Landwirtschaft – ist auch das eigentlich
niedliche Wandelröschen mit seinen
mehrfarbigen Blüten.

Von Fischen und Vögeln
– Fauna

Wie die Pflanzen kamen auch die
Tiere eher zufällig nach Hawaii. Vermutlich durch Stürme wurden Fle-
dermäuse auf die Inseln getragen.
Zusammen mit der Mönchsrobbe
blieben sie bis zur Ankunft der Menschen die einzigen Säugetiere. Seit
mehreren Millionen Jahren in den

Gewässern Hawaiis heimisch, wurde die Mönchsrobbe, die einzige tropische Robbenart, durch eine rück-
sichtslose Jagd binnen kurzer Zeit
fast ausgerottet. Inzwischen hat sich
ihre Population wieder erholt, gut
1000 Tiere leben vor allem rund um
die unbewohnten Leeward-Inseln.

Auf Baumstämmen gelangten
kleinere Tiere wie Schnecken und
Insekten auf den Archipel. Im Laufe
der Evolution brachten diese Tiere –
genau wie die Pflanzen – immer
neue, besser angepaßte Arten hervor
und sicherten so ihr Überleben.

Spektakulärer als die Tierwelt auf
dem Land präsentiert sich die Mee-
resfauna. Unzählige bunt schillern-
de Tropenfische, wie Papageien-
und Schmetterlingsfische, bevölkern
die Riffe vor Hawaii, die man beim
Tauchen oder Schnorcheln bewundern kann. Auch Hawaiis Aquarien

Grüne Suppenschildkröte

Hawaiische Taube

gewähren einen Einblick in die Wunderwelt. Faszinierend sind die Buckelwale, die vor der Küste von Maui überwintern. Daneben tummeln sich verschiedene Delphinarten in den hawaiischen Gewässern.

Hawaii war ein wahres Vogelparadies – bis die Menschen kamen. Daß so viele Arten von Vögeln inzwischen ausgestorben sind, geht nicht – wie man annehmen könnte – auf das Konto der Polynesier, die für den Federschmuck ihrer Häuptlinge Tausenden von Vögeln das Gefieder rupften – sie ließen die Tiere anschließend wieder frei. Für die Ausrottung der Vögel sind vielmehr vor allem die eingeführten Raubtiere verantwortlich. Allein 20 flugunfähige Vogelarten hatten sich in der Isolation entwickelt, sie waren die ersten, die von den Inseln verschwanden. Krankheiten und Umweltzerstörung verschärften die Situ-

ation natürlich noch. Und dennoch: Die hawaiische Vogelwelt ist noch immer so vielfältig, daß (Hobby-) Ornithologen ein reiches Betätigungsfeld finden. Fregattvögel, Tölpel, Laysanalbatrosse, Sturmtaucher und Seeschwalben nisten in geschützten Brutgebieten, auf den küstennahen Felseninselchen oder den Leeward-Inseln. In ihren Rückzugsgebieten im Inneren der Inseln finden verschiedene Nektarvogelarten ausreichend Nahrung, wie der *Iiwi*, der sich von den Blüten des Ohia-Lehua-Baumes ernährt. Seltener ist der schwarz-gelb gefiederte *Kauai akiaola*. Mit etwas Glück erhascht man einen Blick auf Laysanenten, Hawaiische Eulen, den Maui Parrotbill, den Molokai Creeper, die Hawaiische Moorhenne oder den *Poouli*, erkennbar an seinem weißen Hals.

Schutzmaßnahmen haben dazu geführt, daß sich der Bestand der zum Staatsvogel auserkorenen *Nene* (Hawaiische Gans) allmählich wieder erholt. Dieser Vogel mit seinem weißbraunen Gefieder und dem schwarzen Kopf ist mit der Kanada-Gans verwandt, jedoch sehr viel träger als diese. Besonders häufig trifft man die Nene im Volcanoes National Park auf Hawaii und auf dem Haleakala auf Maui an. Zu den Mitbringseln der Weißen gehören der Kuhreiher, den man häufig auf Viehweiden sieht, sowie Habichte und Eulen, die einzigen Raubvögel Hawaiis. Auch der kecke *Mynah*, eine Starenart, wurde von den Europäern mitgebracht.

Standbein Tourismus – Wirtschaft

Hawaii hat, was das Herz begehrt: herrliches Wetter, traumhafte Strände und eine faszinierende Natur. Seit moderne Düsenjets die Reisezeit zu den Inseln auf vergleichsweise wenige Stunden schrumpfen ließen, hat sich die Tourismusindustrie zur ökonomischen Lebensader des amerikanischen Bundesstaates entwickelt.

Die Zahlen sprechen für sich: Schon Ende der 1960er Jahre besuchten mehr Touristen Hawaii, als der Archipel Einwohner hat, gut

Nichts fürchtet die hawaiische Wirtschaft mehr als einen Rückgang der Touristenzahlen

zwanzig Jahre später erreichten die Besucherzahlen die bisherige Rekordhöhe von 10 Mio. im Jahr.

1998 ließ der Tourismus 9,4 Mrd. $ in Hawaiis Kassen fließen. Doch die starke Abhängigkeit von diesem Wirtschaftszweig hat seine Schattenseiten. Bedenkt man, daß jeder dritte Arbeitsplatz auf Hawaii vom Tourismus abhängig ist, wird klar, daß ein nachlassender Besucherstrom schnell zu einer ernsthaften Wirtschaftsmisere führen kann. Ganz besonders deutlich gemacht hat dies die Asienkrise. Mit über 2 Mio. Besuchern pro Jahr waren die Japaner nach den Festlandamerikanern die zweitgrößte Besuchergruppe auf Hawaii. Mit der Wirtschaftskrise in Asien sank ihre Zahl zwar nicht so stark, wie man zunächst befürchtet hatte, doch japanische Urlauber bleiben nicht mehr so lange

Zuckerrohr- und Ananasplantagen
werden immer seltener. Statt dessen
wird zum Beispiel Kaffee angebaut –
wie hier auf Kauai

auf den Inseln und geben weniger
Geld aus. Bereits vor der Asienkrise
war das angestrebte Ziel von 12 Mio.
Touristen pro Jahr in weite Ferne
gerückt. Heute versuchen die Tou-
rismusplaner neue Wege zu be-
schreiten. So hat man auf der Insel
Oahu den Kongreßtourismus für sich

entdeckt und mit dem Bau des riesigen Convention Center in Honolulu auch direkt die entsprechen-
den logistischen Voraussetzungen
geschaffen.

Nach dem Zweiten Weltkrieg,
während des Korea- und des Viet-
namkrieges entwickelte sich das Militär zum Hauptarbeitgeber und zur
wichtigsten Einnahmequelle der Inseln. Inzwischen hat der Tourismus
dem Militär den Rang abgelaufen.
Aber auch nach Ende des Kalten
Krieges läßt sich Washington die
militärische Präsenz auf Hawaii gut

3 Mrd. $ pro Jahr kosten. Obwohl ihre Anwesenheit zunehmend Kritik hervorruft – als Arbeitgeber spielt die Armee nach wie vor eine wichtige Rolle. 50 000 Soldaten und 20 000 Zivilisten stehen bei ihr in Lohn und Brot.

Weit abgeschlagen auf dem dritten Platz rangiert der traditionelle Wirtschaftszweig der Inseln, die Landwirtschaft. Seit Entstehung der riesigen Plantagen im 19. Jh. war der Anbau von Zuckerrohr und Ananas das Rückgrat der hawaiischen Wirtschaft. Doch die Konkurrenz aus den Billiglohnländern Asiens und Mittelamerikas hat dem Anbau beider Produkte heftig zugesetzt. Zuckerrohr wird inzwischen nur noch auf Kauai und Maui, Ananas nur noch auf Oahu angebaut. Gerade einmal 175 Mio. $ werden mit dem Zuckerrohr- und Ananasanbau erwirtschaftet, weniger als die Hälfte dessen, was man noch vor 20 Jahren erzielte. Inzwischen ist man vom Konzept der Monokulturen abgekommen und hat die Produktpalette – mit Erfolg – erweitert. Kaffee, Macadamianüsse, verschiedene Obstsorten, Gemüse, Saatgut und exotische Blumen wie Proteen, Anthurien und Orchideen werden exportiert.

Mit der Viehzucht auf den Inseln kann nur ein kleiner Teil des Fleischbedarfs der Bevölkerung gedeckt werden. Die meisten Nahrungsmittel müssen eingeführt werden. Die kommerzielle Fischerei spielt mit Einnahmen von 70 Mio. $ eine eher untergeordnete Rolle.

Um die Wirtschaft von den sensiblen Branchen Tourismus und Landwirtschaft unabhängiger zu machen, setzt man verstärkt auf die Ansiedlung neuer Industrien. So hat sich auf Oahu inzwischen eine erfolgreiche Baumittel-, Computer- und Bekleidungsindustrie etabliert.

Nicht unerheblich sind die Einkünfte, die die Filmindustrie Hawaii alljährlich beschert – zuletzt waren es über 99 Mio. $. Zu den berühmtesten Kinofilmen, die bisher auf den Inseln gedreht wurden, gehören ›Jurassic Park‹ und ›Waterworld‹, aber auch verschiedene amerikanische und japanische TV-Serien spielen auf Hawaii – einmal ganz abgesehen von der Vielzahl der Werbefilme, die hier produziert werden.

Dennoch: Hawaii gehört zu den ärmeren amerikanischen Bundesstaaten. Der Durchschnittslohn ist um 9 % geringer als auf dem Festland, die Lebenshaltungskosten sind aufgrund der Transportkosten für die Waren und des recht kleinen Marktes deutlich höher. Wer einen Job in der generell schlecht bezahlten Tourismusbranche hat – und das sind die meisten – kommt nur mit Mühe über die Runden.

Auch Arbeitslosigkeit ist im ›Paradies‹ längst kein Fremdwort mehr. Die Arbeitslosenquote im gesamten Bundesstaat Hawaii liegt bei 6 %, doch es gibt große Unterschiede zwischen den einzelnen Inseln. Besonders problematisch stellt sich die Situation auf Molokai dar, wo etwa 15 % der Bevölkerung arbeitslos sind.

Daten zur Geschichte

Entdeckung und erste Besiedlung

500–700 n. Chr.	Polynesier von den Marquesas-Inseln erreichen den hawaiischen Archipel und besiedeln ihn.
12. Jh.	Tahitianer erobern die Inseln und unterwerfen die Bewohner, die sie *menehune* – kleine Menschen – nennen.
16. Jh.	Vermutlich sind die erste Europäer, die nach Hawaii kommen, Spanier. Sie machen ihre Entdeckung jedoch nicht publik.
1778	Auf der Suche nach einer Nordwestpassage in den Atlantik entdeckt der Engländer Captain James Cook die Inselkette. Am 18. Januar geht er auf Kauai an Land. Nach seinem Vorgesetzten bei der Marine, dem Earl of Sandwich, nennt Cook die Inseln ›Sandwich Islands‹. Nach zweiwöchigem Aufenthalt segelt Cook, den die Eingeborenen für ihren zurückgekehrten Gott Lono halten, in Richtung Nordwesten weiter.
1779	Schlechtes Wetter zwingt Cook zur Umkehr. Er erreicht die Kealakekua-Bucht auf der Insel Hawaii. Es kommt zu Streitigkeiten zwischen Cook und den Eingeborenen. Am 14. Februar werden Cook und vier seiner Seeleute getötet.
seit 1780	Hawaii wird zu einem beliebten Zwischenstopp amerikanischer Schiffe auf dem Weg nach China. Die hawaiischen Häuptlinge tauschen mit den Händlern das begehrte Sandelholz gegen westliche Waffen. Durch den Kontakt mit Ausländern werden Krankheiten eingeschleppt, denen in den folgenden Jahren unzählige Hawaiianer zum Opfer fallen.

Aus althawaiischer Zeit stammen die Petroglyphen von Puu Loa

Königreich Hawaii

1795	Kamehameha I., einer von mehreren Häuptlingen auf der Insel Hawaii, erobert die übrigen Inseln – mit Ausnahme Kauais, dem er eine Teilsouveränität zugesteht. Er gründet ein vereinigtes Königreich, das er nach seiner Heimatinsel Hawaii nennt.
1819	König Kamehameha I. stirbt. Seine Lieblingsfrau Kaahumanu besteigt zusammen mit seinem Sohn den Thron. Beide schaffen das Tabu-System, das ihre Macht einschränkt, ab und bereiten der traditionellen Religion ein Ende. Tempelanlagen und Götterfiguren werden zerstört.
1820	Die ersten Missionare von der Ostküste der USA erreichen die Inseln. Sie bekehren die Hawaiianer zum Christentum, etablieren eine Schriftsprache für das Hawaiische, das bis dahin nur in mündlicher Form existierte, und lehren sie Lesen und Schreiben.
1821	Immer mehr Walfangschiffe machen Station auf Hawaii. Lahaina auf Maui bleibt bis in die 1840er Jahre hinein der bedeutendste Walfanghafen im Pazifik.
1824	König Kamehameha II. und seine Frau sterben während eines Staatsbesuchs in England an Masern. Thronfolger wird Kamehamehas Bruder, Kamehameha III. Unter ihm wird die konstitutionelle Monarchie eingeführt. Alle männlichen Bewohner der Inseln erhalten das Wahlrecht, eine demokratische Verfassung wird erarbeitet und die allgemeine Schulpflicht eingeführt.
1842	Der englische Kapitän George Paulet bringt die Inseln ohne offiziellen Auftrag unter britische Herrschaft. Doch Queen Victoria bestimmt, daß Hawaii seine Unabhängigkeit wieder erhalten soll.

Landreform und Zuckerrohranbau

1848	Die Landreform Great Mahele nimmt ihren Anfang. Das Land, ursprünglich in Besitz des Königs, wird aufgeteilt und zum Verkauf und Kauf freigegeben. In derartigen Geschäften unerfahren, macht nur ein kleiner Teil der einfachen Bevölkerung von der Möglichkeit des Landerwerbs Gebrauch. Schon bald befinden sich 80 % des Bodens in den Händen von Ausländern.

Eine untergegangene Welt
Glaubensvorstellungen im alten Hawaii

Die ersten Siedler auf den hawaiischen Inseln besaßen einen animistischen Glauben. Gesundheit, eine erfolgreiche Ernte, ein reicher Fang war für sie das Ergebnis eines Lebens im Einklang mit den Geistern in der Natur. Es gab auch verschiedene Götter. Um diese gnädig zu stimmen, betete man zu ihnen und brachte ihnen einen Teil der Ernte dar.

Als mit der zweiten Besiedlungswelle Tahitianer nach Hawaii kamen, befand der mächtige Priester Paao, daß die Menschen zu nachlässig in ihrer Götterverehrung seien. Er führte das Menschenopfer und das *kapu* ein, ein System von Tabus, das alle Lebensbereiche der Menschen durch strenge Gesetze regelte. Verstieß man gegen ein Tabu, bedeutete dieser Frevel meist das Todesurteil. Es gab jedoch Zufluchtsstätten, die einem Sünder Schutz gewährten, vorausgesetzt der Delinquent erreichte einen solchen Ort vor seinen Verfolgern. Nach einer gewissen Zeit konnte er für sein Vergehen von einem Priester freigesprochen werden und in die Gemeinschaft zurückkehren.

Die Religion der alten Hawaiianer kannte vier Hauptgötter: Ku, Lono, Kane und Kanaloa. Ku war der Urahne aller Menschen und bestimmte zugleich über alle männlichen Götter, seine Frau Hina über alle weiblichen. Gemeinsam herrschte das Götterpaar über Himmel und Erde. Ging es um eine üppige Ernte oder einen guten Fang, dann beteten die Menschen zu Ku. Dieser hatte aber auch die Macht, den Menschen ihr Land wegzunehmen und es zu verwüsten. Vor allem galt er jedoch als Schutzgott bei kriegerischen Auseinandersetzungen. Um ihn wohlwollend zu stimmen, brachten die alten Hawaiianer ihrem mächtigsten Gott Menschen als Opfer dar. Lono war als Herrscher über die Elemente und Gott der Fruchtbarkeit ebenfalls verantwortlich für Erfolg oder Mißerfolg einer Ernte. Zu Ehren Lonos wurde jedes Jahr das Makahiki-Fest veranstaltet, eine Art Erntedankfest. Fand zu diesem Zeitpunkt ein Krieg statt, wurden die Kampfhandlungen für die Dauer der Feierlichkeiten eingestellt.

Kanaloa wurde als Gott der Ozeane und der Unterwelt verehrt, Kane als Urvater der hawaiischen *alii,* der Häuptlinge. In der Hierarchie der Götterwelt folgten den vier Hauptgöttern mehrere kleinere Gottheiten, denen bestimmte Aufgaben zugeteilt waren. Die bekannteste Göttin war Pele, die Herrscherin über die Vulkane. Zu ihren Schwestern gehörte Laka, die Göttin der Hula-Tänzer, und Poliahu, die Göttin des Schnees.

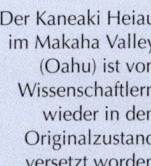

Der Kaneaki Heiau im Makaha Valley (Oahu) ist von Wissenschaftlern wieder in den Originalzustand versetzt worden

Diese Untergottheiten wurden auf einfachen Hausaltären verehrt, für die großen Götter errichteten die Hawaiianer aufwendige Tempelanlagen, die *heiaus*. Heute sind meist nur noch die Überreste dieser Tempel erhalten, einige sind jedoch von Wissenschaftlern restauriert worden und vermitteln einen Eindruck davon, wie diese Stätten einst ausgesehen haben. Stets wurden die Tempel an besonderen Orten errichtet, von denen man glaubte, daß sie besonders viel *mana* oder spirituelle Kraft besaßen.

Nach der Bauweise lassen sich zwei Arten von Heiaus unterscheiden: Bei der einen wurden die Mauern der Anlage direkt auf dem Boden errichtet, bei der anderen wurde zunächst eine Plattform gebaut, auf der dann der Tempel Platz fand. Für beide dienten Lavasteine als Baumaterial. Im Innenbereich des Tempels befanden sich grasbedeckte Hütten, Opfergerüste und geschnitzte Götterfiguren, *kii* genannt. Bei den Heiaus, die Ku geweiht waren, handelte es sich immer um *luakini heiaus*, also Heiaus, in denen Menschen geopfert wurden. Die Opfer waren stets *kauwa*, Ausgestoßene aus der untersten Gesellschaftsschicht. Unter Gesängen und Trommelschlägen wurden sie vom Henker, dem *mu*, zunächst erdrosselt und dann verbrannt.

Das Ende der alten Glaubensvorstellungen kam mit der Herrschaft von Kamehameha II., der gemeinsam mit Kaahumanu, der Lieblingsfrau des 1819 verstorbenen Königs Kamehameha I., regierte. Das alte Kapu-System stand ihren Machtgelüsten im Wege. Indem Kamehameha II. sich bei einem Festmahl von Frauen neben Kaahumanu setzte, verletzte er bewußt ein Tabu. Weitere Tabuverletzungen sollten folgen – die Auflösung des alten religiösen Systems hatte begonnen. Die Missionare, die ab 1820 auf die Inseln kamen, hätten sich keine besseren Ausgangsbedingung für ihre Arbeit wünschen können.

Hawaiische
Großfamilie
(Anfang 19. Jh.)

1850   Auf Oahu, Maui, Hawaii und Kauai entstehen ausgedehnte Zuckerrohrplantagen, die bis weit ins 20. Jh. hinein die Grundlage der hawaiischen Wirtschaft bilden.

1852   Da die hawaiische Bevölkerung immer wieder durch Epidemien dezimiert wird, fehlt es an Arbeitskräften auf den Plantagen. Man beginnt Arbeiter aus China, später aus Japan, Portugal, Puerto Rico, Korea und von den Philippinen zu rekrutieren. Zur gleichen Zeit strömen die Bewohner anderer Südseeinseln und Europäer nach Hawaii. Eine multiethnische Bevölkerung beginnt sich zu formieren, sie ist den Hawaiianern bald zahlenmäßig überlegen.

1855   König Kamehameha IV. besteigt den Thron. Es kommt zu ersten Streitigkeiten zwischen Royalisten und Gegnern der Monarchie, vorwiegend amerikanischen Plantagenbesitzern.

1863   Mit König Kamehameha V. besteigt der letzte König aus der Kamehameha-Dynastie den Thron. Er versucht die Rolle der Monarchie zu stärken, indem er demokratische Tendenzen eindämmt.

1872   Beginn der kurzen Regierungszeit König Lunalilos, des ersten vom Parlament gewählten Königs.

1874   König David Kalakaua kommt als letzter hawaiischer König an die Macht. Der weitgereiste, lebenslustige Monarch tritt für die Selbstbestimmung der Hawaiianer ein und belebt hawaiisches Kulturgut, wie den Hula-Tanz, wieder. Die amerikanischen Zuckerbarone plädieren für die Annexion Hawaiis durch die USA, um ihre Geschäfte durch Wegfall von Einfuhrzöllen zu verbessern.

1889	Ausländische Investoren zwingen König Kalakaua, eine neue Konstitution zu akzeptieren, die die Rechte der Monarchie und der Urbevölkerung stark einschränkt. Zwei Jahre später stirbt der König in San Francisco.

Ende der Monarchie und Annexion durch die USA

1891	Königin Liliuokalani folgt ihrem Bruder auf den Thron. Sie erklärt die Verfassung von 1889 für illegal.
1893	Die Befürworter einer amerikanischen Annexion zetteln einen Putsch an und rufen in der Nähe stationierte amerikanische Truppen zu Hilfe. Um Blutvergießen zu vermeiden, dankt die Königin ab. Es wird eine provisorische Regierung gebildet, die erneut um die Annexion durch die USA bittet. Doch Präsident Cleveland lehnt ab.
4. 7. 1894	Die Übergangsregierung ruft die Republik Hawaii aus, ihr Präsident wird Sanford B. Dole.
1895	Der Versuch, die Monarchie wiederherzustellen, scheitert. Königin Liliuokalani wird der Verschwörung bezichtigt und unter Hausarrest gestellt.
1898	Hawaii – auf halbem Wege zu den Philippinen gelegen, die inzwischen zu den USA gehören – gewinnt neue strategische Bedeutung. Am 7. Juli annektieren die Vereinigten Staaten von Amerika die Inseln.
1899	James Dole gründet die ersten Ananasplantagen. Es kommt zu weiteren Einwanderungswellen, da für den arbeitsintensiven Ananasanbau neue Arbeitskräfte gebraucht werden. Die Zahl der hawaiischen Ureinwohner ist von 300 000 auf 50 000 gesunken. Mit Beginn des neuen Jahrhunderts nimmt der Tourismus seinen Anfang.
1914–18	Das Militär entwickelt sich zu einem wichtigen Sektor auf Hawaii. In den Ersten Weltkrieg sind die Inseln nicht involviert.
1936	Erstmals gelingt es, Hawaii mit dem Flugzeug von San Francisco aus in 20 Stunden zu erreichen.
7. 12. 1941	Japanische Flugzeuge greifen den amerikanischen Flottenstützpunkt Pearl Harbor an. Die Insel Oahu wird zu einem Militärlager und ganz Hawaii unter Kriegsrecht gestellt. Hawaiianer japanischer Abstammung gelten als Staatsfeinde, ihr Besitz wird konfisziert.
nach 1945	Durch den Zweiten Weltkrieg rückt Hawaii noch stärker in den Einflußbereich der USA. Pläne, Hawaii zum Bundesstaat

zu machen, scheitern am Kongreß – u. a. ist den mehrheit-
lich weißen, konservativen Abgeordneten das multiethnische Hawaii zu »unamerikanisch«.

Hawaii wird Bundesstaat der USA

1959	Umfragen belegen, daß die Mehrheit der Insulaner die Ein-gliederung Hawaiis in die USA befürwortet. Am 21. August wird Hawaii 50. Bundesstaat der USA.
1963	Die Zahl der Touristen übersteigt zum ersten Mal die Millio-nengrenze.
1986	John Waihee wird zum ersten Gouverneur polynesischer Ab-stammung gewählt.
1989	Mit 7 Mio. Besuchern hat sich der Tourismus zum Haupt-wirtschaftszweig der Inseln entwickelt.
1992	Die Insel Kauai wird im September vom Wirbelsturm Iniki heimgesucht und fast völlig verwüstet.
1993	Präsident Bill Clinton kommt einer Forderung der hawai-ischen Unabhängigkeitsbewegung nach und unterzeichnet eine Resolution, in der er sich im Namen des amerikani-schen Volkes bei den Hawaiianern für den Putsch gegen ih-re Monarchie im Jahr 1893 entschuldigt.
1996	30 000 Ureinwohner beteiligen sich an einer Volksabstim-mung über die Frage der Unabhängigkeit Hawaiis, 75 % stimmen dafür. Über die Frage, wie diese Unabhängigkeit aussehen soll, besteht jedoch Uneinigkeit.
1998	Am 20. Oktober wird der philippinischstämmige Ben Caye-tano zum Gouverneur gewählt.
1999	Anfang Juli wird auf dem Mauna Kea auf ›Big Island‹ Hawaii nach 12 Jahren Bauzeit mit ›Gemini North‹ das leistungs-stärkste Teleskop der Welt in Betrieb genommen.
2000	Im Oktober wird der deutsche Astrophysiker Dr. Wolf-Peter Kudritzki Direktor des Astronomischen Instituts der Univer-sität Hawaii.

Treffpunkt Hawaii –
die Gesellschaft

Oahu heißt Versammlungsort, und passender könnte der Name für das Eingangstor zum Inselreich nicht sein. Die große Mehrheit – 75 % der hawaiischen Bevölkerung – lebt auf der drittgrößten Insel des Archipels. Schon allein ein Streifzug durch Honolulu (Oahu) gewährt Einblick in den ›Vielvölkerstaat‹ Hawaii, in dem jede Gruppe ihre Traditionen, ihre Kultur und Religion pflegt.

Am Anfang dieser Entwicklung stand die Plantagenwirtschaft im 19. Jh. Da die hawaiische Bevölkerung durch Krankheiten dezimiert worden war, mußten Arbeitskräfte für die harte Arbeit auf den Zuckerrohr- und Ananasfeldern andernorts gesucht werden. Zunächst kamen Chinesen, ihnen folgten Japaner und Koreaner, später Filipinos, Portugiesen und Puertoricaner. Heute stellen die Weißen und die Japaner zu je knapp einem Viertel die stärksten Bevölkerungsgruppen. Reinblütige Hawaiianer sind hingegen rar, sie machen kaum 1 % der Inselbewohner aus. Doch auch diese geringe Zahl wird in naher Zukunft verschwunden sein, denn Mischehen sind auf Hawaii selbstverständlich. Bei 40 % der Ehen stammen die Partner aus unterschiedlichen Bevölkerungsgruppen, und in keinem anderen Staat der USA wird laut Statistik so viel geheiratet wie auf Hawaii.

Bemerkenswert ist, wie friedlich sich das Zusammenleben der vielen

Menschen unterschiedlicher Herkunft und Hautfarbe leben auf Hawaii friedlich zusammen

Ethnien auf Hawaii gestaltet. Das mag damit zu tun haben, daß keine der Bevölkerungsgruppen die Mehrheit stellt. Welcher Ethnie man auch angehört, immer ist man Mitglied einer Minderheit. Zudem hat das amerikanische Ideal der umgehenden Assimilierung seiner Einwanderer für viele funktioniert: Ob japanischer oder puertoricanischer Abstammung – die meisten Insulaner verstehen sich als Amerikaner aus Hawaii. Dazu beigetragen hat, daß vielen – bildlich gesprochen – der Aufstieg vom Tellerwäscher zum Millionär gelang. Gerade Chinesen, Japaner, Koreaner und Weiße gehören zu den Gewinnern. Und dennoch gibt es auch auf Hawaii, wie überall auf der Welt, quer durch alle Bevölkerungs-

Viele Hawaiianer sind asiatischer Abstammung

gruppen Trennlinien zwischen Arm und Reich. Die Wohlhabenden bleiben am liebsten unter sich und grenzen sich von den weniger Erfolgreichen ab. Und in noch etwas macht Hawaii keine Ausnahme: An den Schaltstellen in Wirtschaft, Politik und Medien sitzen Weiße und – das wiederum ist spezifisch für den Inselstaat – Japaner.

Tanzen für die Götter – der Hula

Hula allerorten – kein Wunder, denn nichts ist so typisch hawaiisch wie dieser Tanz mit seinen sinnlichen, fließenden Bewegungen. Doch gerade diese Bewegungen waren es, die im 19. Jh. fast das Ende des Hulas bedeutet hätten. Empört über seine sexuellen Anspielungen – oder was man dafür hielt – belegten die prüden Missionare den ›heidnischen Tanz‹ mit einem Bann. Fortan wurde er nur im Verborgenen aufgeführt und unter der Hand weitergegeben. Wer weiß, der Hula wäre vielleicht ganz in der Versenkung verschwunden, hätte der lebenslustige König David Kalakaua gegen Ende des 19. Jh. nicht für ein Revival hawaiischen Brauchtums und somit auch des Hula gesorgt.

Der auf ersten Blick so sorglos-heitere Tanz ist weitaus komplexer, als man vermuten mag. Der Hula war ursprünglich eine Angelegenheit, der man sich mit viel Ernsthaftigkeit widmete. Lange bevor die ersten Europäer nach Hawaii kamen, existierten auf allen Inseln *hula halaus*, Hula-Schulen, in denen die festgelegten Schritte und Bewegungen gelehrt wurden. Oft begaben sich die Schüler auf eine andere Insel, um eine bestimmte Schule zu besuchen. Der Eintritt in eine *hula halau* kam fast dem Eintritt in ein Kloster gleich. Jahrelang dauerte die Ausbildung bei einem Meister, dem hochverehrten *kumu hula*, bevor man die Raffinessen des Tanzes beherrschte. Zunächst wurden nur Männer ausgebildet, später auch Frauen. Die Aufführung des Hula bei einer religiösen Zeremonie zu Ehren der Tanzgöttinen Laka und Hiiaka oder des Kriegsgottes Ku blieb jedoch weiterhin das Privileg der Männer.

Der Hula erzählte Geschichte und Geschichten. Jede Bewegung, jede Geste, jedes Detail war in den getanzten Berichten über historische Ereignisse und große Taten der Häuptlinge oder bei der Wiedergabe von Legenden von Bedeutung. Aber auch Wünsche und Hoffnungen, z.B. auf einen erfolgreichen Fischfang oder eine beutereiche Jagd, wurden zum Ausdruck gebracht. Darin spiegelte sich der Glaube wider, eine Situation zu beherrschen, wenn man sie zuvor mimisch dargestellt hatte. Eine besondere Bedeutung kam der Begleitmusik zu: Durch monotone Gesänge und Trommeln sollte die Verbindung zwischen Menschen und Göttern hergestellt werden. Eines der wich-

tigsten Instrumente war daher die *pahu hula,* eine Trommel aus einer Kokosnuß oder Brotfrucht, bespannt mit der Haut eines Hais.

Im Laufe der Zeit hat sich der Hula natürlich weiterentwickelt, was Puristen zuweilen bedauern. Heute unterscheidet man zwischen der alten traditionellen Form, dem *kahiko,* und der modernen Variante, der *auwana.* Bei letzterer kommen Saiteninstrumente wie die *ukulele* oder die akustische Gitarre zum Einsatz. Auch tragen die Tänzerinnen keine Kleidung aus Tapa-Stoffen, wie es ursprünglich der Fall war, sondern Grasröcke, die erst vor gut hundert Jahren aus Mikronesien nach Hawaii gelangten. Zudem steht beim modernen Hula nicht mehr die rituelle Bedeutung, sondern der Unterhaltungswert im Vordergrund.

Hawaiianer und Tourismusindustrie sorgen gleichermaßen dafür,

Touristische Unterhaltung und Traditionspflege in einem – die Kodak-Hula-Show in Waikiki

33

daß der Hula auch in Zukunft existiert. Für die Urbevölkerung ist der Tanz das Symbol schlechthin für die Wurzeln ihrer Kultur, für die Besucher ist er das Sinnbild für eine paradiesische Südseeinsel. Wie gut sich beide Vorstellungen verbinden lassen, beweisen z. B. die Kodak Hula Show in Waikiki oder das Merrie Monarch Festival in Hilo, der größte Hula-Wettbewerb der Inseln.

Aloha Oe – Hawaiische Musik

Ähnlich verzaubernd wie der Hula ist auch die hawaiische Musik oder besser gesagt deren neue Variante. Die Musik des alten Hawaii hatte nichts mit den einschmeichelnden Klängen zu tun, die man heute mit Hawaii-Musik verbindet. Vielmehr handelte es sich um monotone Gesänge, die mitunter von Trommeln, Rasseln, Pfeifen und Kastagnetten begleitet wurden. Hauptzweck der Musik war es, durch das gesungene Wort, Geschichte und Tradition von Generation zu Generation weiterzugeben.

Um 1820 kamen die ersten Missionare nach Hawaii und mit ihnen nicht nur die christliche Religion, sondern auch Melodien, die die Hawaiianer noch nie gehört hatten und die sie magisch anzogen. Da die Gottesstreiter glaubten, den Ureinwohnern den neuen Glauben am besten durch Musik nahebringen zu

können, steckten sie sie in Kirchenchöre. Nach einigen Anfangsschwierigkeiten lernten die Hawaiianer die Hymnen, die sie *himeni* nannten, schnell. Der Grundstein für eine neue hawaiische Musik war gelegt. Einen weiteren Impuls bekam die Musik auf den Inseln, als sich König Kamehameha V. ein königliches Orchester nach europäischem Vorbild wünschte und 1872 den deutschen Kapellmeister Heinrich Berger nach Hawaii kommen ließ. Dieser stellte die Royal Hawaiian Band zusammen, die er über 40 Jahre leitete. Mehr noch, er komponierte zahlreiche hawaiische Lieder, wobei er zuerst die Musik und dann den Text dazu schrieb. Diese Betonung der Melodie war für die Hawaiianer bis dahin unbekannt, und sie machten es ihm nach.

Durch den stärkeren Kontakt zu anderen Ländern kamen auch neue Instrumente ins Land. Vermutlich waren es Walfänger, die die Gitarre mit nach Hawaii brachten. Wie für Hawaii üblich, nahm man sich des Neuen an und wandelte es leicht ab: Die Saiten wurden lockerer gespannt als üblich, heraus kam der *slack-key*-Stil, der einen charakteristischen weichen Ton produziert. Gespielt wird auf der *steelguitar*, der Stahlgitarre, einem Instrument, das 1889 von dem Hawaiianer Joseph Kekuku entwickelt wurde. Bei der *ukulele* handelt es sich hingegen um ein Mitbringsel eines Plantagenarbeiters aus Madeira.

Genau wie beim Hula-Tanz erwies sich König Kalakaua auch in

der Musik als Förderer hawaiischer Traditionen. Auf ihn geht u. a. die Neufassung der Nationalhymne ›Hawaii Ponoi‹ zurück. Seine Schwester Liliuokalani komponierte das berühmte Lied ›Aloha Oe‹.

Mit der Annexion durch die USA und dem aufkommenden Tourismus fand die hawaiische Musik eine immer größere Verbreitung in der Welt. Auf den Inseln selbst wollten die Urlauber mit westlicher Tanzmusik unterhalten werden, der man durch hawaiische Themen einen lokalen Touch verlieh. *Hapa haole,* halbweiße Musik, nannte man diese Richtung, die zwischen den 1930er und 1950er Jahren durch die weltweit ausgestrahlte Radiosendung ›Hawaii Calls‹ berühmt wurde.

Dann trat der Rock'n'Roll seinen Siegeszug um die Welt an und drängte die hawaiische Musik in den Hintergrund. Erst mit der Renaissance hawaiischer Kultur in den 70er Jahren fanden die Hawaiianer wieder zu ihrer eigenen Musik zurück, nur die Rhythmen wurden flotter und die Texte politischer.

Inzwischen geht der Trend wieder zu traditionelleren Formen hin. Musiker wie Isreal Kamakawiwaole, Kealii Reichel, Gabby Pahinui oder die Gruppen Hapa, Makaha Bash und Brothers Cazimero haben sich der Musik ihres Volkes verschrieben und geben umjubelte Konzerte. Daß die Musik der Inseln auch weiterhin offen ist für fremde Impulse, belegt seit neuestem Jawaiian, eine Mischung aus Reggae und einheimischen Klängen.

Ein Loblied auf den Vokal – die hawaiische Sprache

Humuhumunukunukuapuaa lautet der Name einer Fischart in den hawaiischen Gewässern. Das wäre nicht weiter von Bedeutung, wäre dieser Name nicht geradezu beispielhaft für die hawaiische Sprache. Hawaiisch, auf den ersten Blick eine Aneinanderreihung unübersichtlicher Konglomerate aus vielen Vokalen und vergleichsweise wenigen Konsonanten, bringen fast jeden Nicht-Insulaner an den Rand seines Sprechvermögens. Alle Wörter scheinen sich zu ähneln, daher fällt es schwer, sich einzelne einzuprägen. Dabei ist es gar nicht so kompliziert, wie es zunächst aussieht. Zerlegt man hawaiische Wörter in ihre Bestandteile, dann fällt auf, daß Silben häufig wiederholt werden: Humu-humu-nuku-nuku-a-pu-a-a.

Die weiche, sehr melodische Sprache der Urbevölkerung ist polynesischen Ursprungs und gelangte durch die frühen Siedler auf die Inseln. Vor dem 19. Jh. existierte Hawaiisch nur in mündlicher Form. Dann kamen die Missionare nach Hawaii, erlernten die Sprache und legten sie zum ersten Mal schriftlich nieder. Sie erkannten, daß Hawaiisch als Schriftsprache mit zwölf Buchstaben – fünf Vokalen und sieben Konsonanten – auskam.

Mit der Ankunft amerikanischer Geschäftsleute und der Übernahme der Inseln durch die USA hielt die

Der Lei

Mehr als nur ein Blütenkranz

Der Gedanke an Hawaii verbindet sich fast automatisch mit Bildern von Touristen, die am Flughafen mit einem Blütenkranz empfangen werden. Tatsächlich stimmt im Falle der Blütenkränze, auf hawaiisch *lei*, das Klischee einmal mit der Wirklichkeit überein. Immer wieder kann man am Honolulu International Airport beobachten, wie Teilnehmer von Reisegruppen solche Kränze um den Hals gelegt bekommen. Dieses Massenbegrüßungsritual hat jedoch meist nur noch wenig zu tun mit der eigentlichen Bedeutung der Leis.

Im alten Hawaii wurden Blütenkränze als Kopfschmuck, Halsband und Kette getragen. Bei religiösen Festlichkeiten wurden sie den Göttern zum Geschenk gemacht. Sechs verschiedene Leis existierten. Sie waren jeweils aus unterschiedlichen Blumen, Beeren oder auch Farnblättern geflochten. Jeder Kranz war einer bestimmten Gottheit zugeordnet: Leis aus Maile, einer duftenden Weinblattart, z. B. der Hulagöttin Laka, Leis aus Meerespflanzen den Göttern des Meeres.

Häuptlingen *(alii)* wurden als Zeichen des Respektes und der Verehrung Leis überreicht. Diese Aufgabe übernahmen die Diener der *alii*, denn ein gemeiner Mann durfte seine Hände nicht über den Kopf eines Adeligen halten. Diese Leis bestanden meist aus den wertvollsten Bestandteilen wie Federn seltener Vögel oder den Zähnen von Pottwalen. Durch das Tragen eines Leis hoffte man auch, Schutz und Wohlwollen der Götter zu genießen – so wurden Babies mit den Blütenkränzen behängt, um sie vor Unglück zu bewahren. Nach der Abschaffung der althawaiischen Religion und Gesellschaftsordnung verlor der Blütenkranz zwar seine religiöse Bedeutung, als Gabe der Bewunderung und Verehrung hat der echte Lei seinen Sinn aber bis heute nicht eingebüßt.

Schon der erste Schritt bei der Herstellung eines Leis ist von großer Bedeutung. Die Blumen, Gräser, Früchte und Blätter, aus denen der Kranz gefertigt wird, sollen nach althawaiischer Ethik mit viel Bedacht gepflückt werden – so sollte man sich beim Sammeln stets mit Dankbarkeit an das erinnern, was die Natur für den Menschen bereithält. Jeder Handgriff beim Knüpfen des Leis ist von ebensolcher Sorgfalt geprägt, egal ob es sich nun um die aufgefädelte, aus Blumen geflochtene, die aufgenähte oder die gebundene Variante handelt. Schließlich überreicht man das Geschenk als Zeichen der Liebe und Bewunderung mit einem Kuß auf die Wange. Eingeweihte wissen anhand der verwendeten Blumen den Grad der Wertschätzung abzulesen. Ein Lei aus den Blüten des weißen Ingwers beispielsweise, dessen Herstellung besonders zeitaufwendig ist, ist ein Symbol für eine besondere Freundschaft.

Prachtvolle Meisterwerke waren die Leis auch schon im alten Hawaii, doch sie waren weit weniger farbenfroh als zu späteren Zeiten. Erst mit der Ankunft der ersten Fremden, die unzählige neue Pflanzen auf die Inseln brachten, wurden die Leis bunter und vielgestaltiger. Dadurch erhielt die uralte Tradition neue Impulse. Heute hat jede der acht Hauptinseln ihren eigenen Lei mit inseltypischen Pflanzen. Die Insel Hawaii wird z. B. durch einen Blumenkranz aus den roten Blüten des Ohia Lehua repräsentiert, der dort besonders häufig vorkommt. Die haltbarsten aller Leis werden aus Tausenden von kleinen Muscheln gefertigt und stehen für die Insel Niihau. Zumindest in materieller Hinsicht sind sie die wertvollsten, mehr als 1000 $ muß man für einen solchen Kranz ausgeben. Aber auch die vergänglicheren Leis kann man, mit Wasser besprenkelt und in nasses Zeitungspapier gewickelt, für eine gewisse Zeit aufbewahren. Doch vielleicht liegt ja gerade in der Vergänglichkeit der Pracht ihr besonderer Reiz. Von Leis aus Plastik etwa, wie man sie in den 1920er Jahren herstellte, um dem durch den aufblühenden Tourismus gestiegenen Bedarf nachzukommen, ist man inzwischen – zum Glück – wieder abgekommen.

Die Herstellung von Leis erfordert viel Geduld

englische Sprache Einzug. Hawaiisch wurde mehr und mehr an den Rand gedrängt. Inzwischen schätzt man, daß nur noch 2000, meist ältere Insulaner die Sprache beherrschen. Eine Untersuchung hat ergeben, daß 75 % der Insulaner zu Hause nur Englisch sprechen, das auch offizielle Staatssprache ist. Dahinter rangieren Japanisch, Tagalog – die Sprache der Filipinos – und Chinesisch. Ein Sonderfall ist das Inselchen Niihau, wo Hawaiisch nach wie vor als Umgangssprache gepflegt wird (s. S. 94).

Inzwischen gibt es wieder Hoffnung, daß die hawaiische Sprache doch nicht ganz verschwindet: An einigen, meist privaten, Schulen, gehört sie wieder zum Lehrplan, und Hawaiisch-Sprachkurse haben regen Zulauf. Als Tourist wird man nicht nur in hawaiischen Gesängen und Ortsnamen mit der Sprache der Ureinwohner konfrontiert, auch das auf den Inseln gesprochene Englisch hat durch hawaiische Einsprengsel eine typische lokale Einfärbung bekommen.

Da ist zunächst das vielschichtige Wort *aloha,* mit dem Hawaiianer nicht nur Begrüßung und Verabschiedung, sondern auch Freude, Liebe und Trauer, ja eine ganze Lebenshaltung zum Ausdruck bringen. Fragt man nach dem Weg, wird man mit *mauka,* ›landeinwärts‹, und *makai,* ›in Richtung Meer‹, von dannen geschickt. Und statt ›Thank you‹ hört man immer wieder ein melodisches *mahalo* – ›Danke‹. Ein Trost: Die Aussprache des Hawaiischen ist, zumindest für deutschsprachige Besucher, leicht. Die Wörter werden so ausgesprochen, wie sie geschrieben werden.

Alltagssprache vieler Hawaiianer ist aber auch heute noch das Hawaiian Creole oder Pidgin English. Aus der Not geboren, diente es den Plantagenarbeitern aus aller Herren Länder als Lingua franca. Beim Pidgin handelt es sich um eine auf die notwendigsten Vokabeln reduzierte Variante des Englischen, die man durch Wörter aus der jeweiligen Muttersprache ergänzte. Eine stakkatoartige Aussprache und der Gebrauch von verschlüsselten, nur Eingeweihten verständlichen Begriffen, sind weitere Kennzeichen. Verglichen mit Pidgin English jedenfalls scheint Hawaiisch fast schon wieder eine einfache Sprache zu sein.

Back to the Roots – Kunst und Kunsthandwerk

Die alten Hawaiianer waren hervorragende Kunsthandwerker, und bis zum heutigen Tag ist diese Tradition nicht verlorengegangen. Im Gegenteil, vermehrt wird wieder auf traditionelle Materialien und Herstellungsweisen zurückgegriffen.

Die Herstellung von Keramik war vor der Ankunft der Weißen unbekannt. Als Gefäße dienten Kalebassen aus Kokosnüssen oder Kürbissen. Auch aus dem Holz des Kou, des Milo (Pappelblättriger Eibisch) oder des Koa wurden Schalen und Gefäße hergestellt. Bewußt verzichtete man auf Ornamente und andere Verzierungen, um so die natürliche Schönheit des Holzes besser zur Geltung zu bringen. Noch heute werden auf den Inseln wunderschöne Holzgefäße hergestellt. Je dünnwandiger und leichter eine Schale ist, desto kostbarer ist sie. Einige Prachtexemplare sind nicht mehr zu bezahlen und haben musealen Wert. Auch Kalebassen und andere Gefässe aus den unterschiedlichsten Materialien werden angeboten.

Die Flechtarbeiten aus *Lauhala,* den Blättern des Pandanus-Baumes (Schraubenpalme), blicken auf eine ebensolange Tradition zurück. Zunächst mußten die lanzettförmigen Blätter in einer aufwendigen Prozedur von ihren Stacheln befreit werden. Dann wurden sie getrocknet und zu Matten und Teppichen geflochten, mit denen man die Hütten ausstattete. Heute werden aus Lauhala Körbe, Sonnenhüte, Platzdeckchen und dergleichen gefertigt.

Aus Palmwedeln werden hübsche Körbe gefertigt

Im alten Hawaii stellten die Frauen Kleidung aus Tapa her. Auch dies bedurfte langer Vorbereitung. Zunächst wurde die Rinde einer bestimmten Maulbeerbaumart hauchdünn abgeschält und ausgebreitet. Dann mußte sie stundenlang mit einem Stock bearbeitet werden. Die Stöcke besaßen verschiedene eingeschnitzte Muster, die sich auf die Tapa übertrugen. Der fertige Stoff wurde dann mit natürlicher Farbe, z. B. aus Kohle oder aus Pflanzen, eingefärbt. Als die Missionare Baumwollkleidung auf Hawaii einführten, starb dieses Handwerk allmählich aus. Tapa, die heute auf den Inseln angeboten wird, stammt meistens aus Samoa und besitzt wesentlich kräftigere Muster als die traditionelle hawaiische Tapa. Unterdessen hat aber eine erhöhte Nachfrage dazu geführt, daß Tapa auch wieder auf Hawaii hergestellt wird.

Quilts, bunte Steppdecken, wurden von den Frauen der Missionare aus Neuengland mitgebracht und von den Hawaiianerinnen begeistert aufgenommen. Während die Quilts aus dem Osten der USA meist mit geometrischen Mustern gestaltet sind, erkennt man die hawaiischen Decken an ihren floralen Motiven auf weißem Untergrund. Auf Ausstellungen präsentieren hawaiische Hausfrauen solche Decken, die sie in tagelanger Handarbeit gefertigt haben.

Der Archipel hat auch viele Maler hervorgebracht. Sie ließen und lassen sich von der herrlichen Landschaft und der abwechslungsreichen Geschichte inspirieren. Der berühmteste unter ihnen ist Herb Kawainui Kane, der sich in seinen Ölgemälden mit historischen Themen, wie z. B. Szenen aus dem Leben König Kamehamehas I. oder der frühen polynesischen Siedler, beschäftigt. Seine Werke sind inzwischen in Museen ausgestellt oder Teil der Kunstsammlungen in luxuriösen Hotelanlagen.

Zwischen Luau und Local Food – Essen auf Hawaii

Essen gehört zu den größten Vergnügen während eines Hawaii-Urlaubs. So vielfältig die Bevölkerung, so vielfältig ist auch die kulinarische Landschaft. Jede Gruppe von Einwanderern hat ihre Küche aus der alten Heimat mitgebracht und die eigene Kochkunst in der neuen Heimat gepflegt. So gibt es überall auf den Inseln hervorragende japanische, thailändische, chinesische, philippinische, portugiesische und

mexikanische Restaurants – um nur einige zu nennen. Oft sind die kleinen, preiswerten Restaurants in der Nachbarschaft die besten, denn hier kocht man für die eigenen Leute, ohne sich dem amerikanisch-europäischen Gaumen anzupassen. Ein Mekka in dieser Hinsicht ist Honolulus Chinatown. Natürlich kommen auch die Fans der oft zu Unrecht gescholtenen amerikanischen Küche auf ihre Kosten. Gerade in kleinen Snackbars in Familienbesitz erfährt man, wie wunderbar ein Hamburger schmecken kann.

Unter *local food*, das überall in kleineren Snackbars bzw. an Straßenständen angeboten wird, versteht man eine Zusammenstellung verschiedener Speisen: Meist handelt es sich um eine Art Rindergulasch oder nach japanischer Art mariniertes Hühnchen *(Teriyaki Chicken)*, das von Nudelsalat und Reis begleitet wird. *Pupus* umfassen gekochte Erdnüsse, Reiskekse oder marinierten rohen Fisch *(Poke)*. Chinesen essen ganz besonders gerne *Crack Seed*, einen Snack der süß, salzig oder beides sein kann – er besteht meist aus getrockneten Früchten.

Hawaii verfügt über eine ganze Reihe von Restaurants, die von sternedekorierten Köchen geleitet werden. Viele haben in den Top-Hotels angefangen und sich selbständig gemacht. Diese Küchenchefs waren es auch, die in den letzten Jahren eine neue hawaiische Küche ins Leben gerufen haben. Bei der *Pacific Rim Cuisine* wird die klassische europäische Küche mit asiatischen

Vitamine à la Hawaii

Zu den vielen kulinarischen Ge-
nüssen, die Hawaii bereithält, gehören die tropischen Früchte, die
überall auf den Inseln gedeihen.
Mitunter wachsen sie einem re-
gelrecht in den Mund. Lange Zeit
führte die Ananas die Hitliste der
beliebtesten Obstsorten an. Doch
seit Früchte aus Billiglohnländern
wie Costa Rica und den Philippinen den Markt förmlich über-
schwemmen, ist die Bedeutung
der Ananasplantagen auf Hawaii
drastisch zurückgegangen. Inzwi-

Granatäpfel

schen wird nur noch auf der Insel Oahu Ananas im großen Stil angebaut.
Die meisten Früchte gehen in den Export, und doch bietet sich hier und
da die Möglichkeit, hawaiische Ananas zu probieren. Anders als in Europa, wo man nur mit viel Glück ein ausgereiftes Exemplar findet,
schmecken die Ananas vor Ort unvergleichlich süß und saftig. Ursprünglich stammt die Pflanze aus Brasilien. Nach der Entdeckung Amerikas durch Kolumbus fand sie aber auch andernorts rasche Verbreitung.
Die Ananas ist eine sehr genügsame Pflanze, die auch längere Trocken-
perioden schadlos überstehen kann. Feuchtigkeit wird über die Wurzeln
aus dem Boden aufgenommen, aber auch über die Blätter, an denen sich
Regen, Tau und Nebel sammelt. Auf Hawaii wird die Sorte Smooth Cay-
enne angebaut, die große, glatte Früchte hervorbringt, die über 2 kg
schwer werden können und vor allem zu Konservenobst verarbeitet
werden.

Besonders auf der Insel Hawaii sieht man sie oft, die kaum armdicken
Papayabäume mit ihrer Blätterkrone, die am oberen Ende des Stammes
nach allen Seiten wegsteht. Die Papayafrüchte gedeihen in dicken Trau-
ben. Vor allem südlich von Hilo wird die Papaya für den Export angebaut, auch wenn sich die empfindlichen Früchte nur schwer transportieren lassen. Unter den vielen Papayaarten ist die Solo mit ihrem hellrosa-
farbenen Fruchtfleisch die beliebteste. Auch wenn der Geschmack auf
Anhieb nicht jedermanns Sache ist, es gibt kaum eine gesündere Obst-
sorte – Papayas strotzen nur so vor Kalzium, Vitamin A und C. Eine De-

likatesse, die in vielen thailändischen Restaurants Hawaiis angeboten wird, ist grüner Papayasalat aus dem Fleisch unreifer Früchte.

Wie die meisten tropischen Früchte verdankt auch die Guave den Europäern ihren Weg nach Hawaii. Durch seine vielen Samen verbreitet sich der Baum inzwischen wie Unkraut und bedroht mit seinen ausgreifenden Wurzeln viele einheimische Pflanzen. Auf Wanderungen durch die tropischen Regenwälder kann man die tennisballgroßen, gelben Früchte direkt vom Baum pflücken und verspeisen – eine gute Eisen-, Kalzium-, Vitamin A- und C-Quelle. Inzwischen werden Guaven auch auf Plantagen angebaut, z. B. auf Kauai. Aus dem rosafarbenen Fruchtfleisch mit seinen vielen Samenkernen werden Säfte, Marmelade und Sorbets hergestellt. Eine der beliebtesten Tropenfrüchte ist die Mango. Ursprünglich in Indien beheimatet, war es ein spanischer Seefahrer, der die Frucht im frühen 19. Jh. nach Hawaii brachte. Unreife Mangos sind grün, im Laufe des Reifungsprozesses bekommen sie eine rot-gelbe Farbe. Das fasrige, saftige Fruchtfleisch rund um den flachen Kern enthält mehr Vitamin A als alle anderen exotischen Früchte.

Gesund – vor allem kaliumreich – sind auch Granatäpfel. Sie wachsen an bis zu 5 m hohen buschartigen Bäumen. Ihr Inneres besteht aus von Fruchtfleisch umschlossenen Kernen, die auf den ersten Blick wie einzelne Beeren wirken und zu leckerem Grenadinsirup verarbeitet werden.

Die Karambola wird wegen ihrer typischen Form auch Sternfrucht genannt. Gerne wird der Strauch mit den dekorativen Früchten in Gärten angepflanzt. Die säuerlichen Karambolas mit ihrem knackigen Fruchtfleisch erinnern im Geschmack an Äpfel und eignen sich gut als Durstlöscher. Köstlich sind Maracuja- oder Passionsfrüchte *(lilikoi)*. Die gelblich-braunen Früchte haben die Größe von Hühnereiern. Das flüssige Fruchtfleisch mit vielen Kernen besitzt einen einzigartigen süß-säuerlichen Geschmack. Zu den Pflanzen, die nicht erst mit den Europäern nach Hawaii gelangten, gehört der Ohelo, ein endemischer Strauch, der in höheren Lagen auf Vulkanboden wächst. Besonders Wanderer freuen sich über die kleinen roten oder gelben Beeren, die in ihrem Geschmack an Preiselbeeren erinnern.

In den Regenwäldern der Inseln wächst der Brotfruchtbaum, ein Mitbringsel der ersten polynesischen Siedler. Die großen, kugelförmigen Früchte waren eine ihrer Hauptnahrungsquellen. Die gedämpfte Brotfrucht kann man an Straßenständen probieren – Konsistenz und Geschmack erinnern an Eßkastanien. Der Mountain Apple-Baum mit seinen leuchtend roten Blüten ähnelt dem Ohia-Lehua-Baum, doch anders als dieser trägt er eßbare birnenförmige Früchte, die süß und saftig sind.

Tarofelder im Hanalei Valley. Die Tarowurzeln werden zu *poi* verarbeitet

Zubereitungsarten verbunden. Das Resultat sind leichte Gerichte, bei denen auch einheimische Produkte wie Macadamianüsse, Süßkartoffeln, Taro und exotische Früchte verarbeitet werden.

Traditionelle hawaiische Speisen werden hingegen selten in Restaurants serviert. Sie sind aber fester Bestandteil eines *luaus,* eines Festgelages, das hawaiische Familien heute noch zu besonderen Gelegenheiten veranstalten. Längst hat die Tourismusindustrie diesen Festschmaus für sich entdeckt. In fast allen großen Hotels werden Luaus mit Unterhaltungsprogramm veranstaltet. Traditionelle Hauptspeise eines Luaus ist das *kalua,* ein Ferkel, das über mehrere Stunden in einem Erdofen gebraten wird. Dazu wird *poi* serviert, ein aus den Wurzeln der Taropflanze gewonnener nahrhafter Brei.

Fester Bestandteil der hawaiischen Küche ist *laulau,* ein aus Schweinefleisch oder Fisch und Taro bestehendes Gericht. Die Zutaten werden in die Blätter des Ti-Baumes gewickelt und über Dampf gegart. Weitere Speisen sind marinierter *lomi* (Lachs), *ulu* (gebackene Brotfrucht), *limu* (Seetang), *pipikaula* (beef jerky, gepökeltes Rindfleisch) und *opihi* (muschelartige Meeresschnecken). Eine wichtige Rolle bei der Zubereitung des Essens spielen Bananenblätter. Die Speisen werden darin eingewickelt, gekocht und aus ihnen verzehrt.

Windsurfer am Hookipa Beach, Maui ▷

UNTERWEGS
AUF HAWAII

Oahu –
Tor zum Archipel

Kauai –
die Garteninsel

Maui – Insel mit
vielen Gesichtern

Molokai –
die beschauliche Insel

Lanai –
die stille Insel

›Big Island‹ Hawaii –
Insel der Superlative

Oahu –
Tor zum
Archipel

**Honolulu – die Königsstadt
in der ›geschützten Bucht‹**

**Nur noch ›ja‹ sagen –
Heiraten auf Hawaii**

**Wolkenkratzer und
Wellenreiter – Waikiki**

**Strandauf, strandab –
der Südosten**

**Pearl Harbor –
Amerikas Trauma**

**Jenseits der Touristenpfade –
die Westküste**

Kein seltener Anblick: Downtown Honolulu unter
einem Regenbogen

Das Eingangstor zum hawaiischen Archipel bietet städti-
sches Treiben in Honolulu, Glitzerfassaden und Palmen-
strand in Waikiki. Doch kaum hat man die beiden Städte
hinter sich gelassen, umfangen einen tropische Natur und
traumhaft schöne Strände, an denen man wagemutige
Surfer bei ihrem Ritt auf den Wellen beobachten kann.
Keine andere Insel läßt sich so gut ohne Wagen erkunden – Oahu verfügt über ein ausgezeichnetes Busnetz.

Inselkarte s. S. 62/63

Oahu ist mit seinen 1574 km^2 die
drittgrößte Insel des Archipels.
Landschaftsprägend sind zwei Berg-
ketten, die Koolau Range im Osten
und die Waianae Range im Westen,
die beide vulkanischen Ursprungs
sind. Lavaströme verbanden die
Bergzüge miteinander und ließen eine Hochebene entstehen, die heute
das Inselinnere bildet. In der jüngsten und letzten vulkanischen Phase
der Insel vor ungefähr 150 000 Jahren entstanden im Süden weitere
Vulkane, der Punchbowl und der
Diamond Head Crater. Beide sind
erloschen. Die aus Ablagerungen
von Korallenkalk bestehende Ebene
im Süden Oahus wird von der Groß-
stadt Honolulu/Waikiki eingenommen.

Die vier Küsten der Insel unterscheiden sich deutlich voneinander.
An der sonnenreichen Südküste
liegt das größte urbane Zentrum Hawaiis, in dem die Mehrheit der Gesamtbevölkerung zu Hause ist. Die
dem Wind zugewandte Ostseite ist
das regenreichste Gebiet der Insel
mit einer üppigen tropischen Vegetation. Hier rücken die Berge der
Koolau Range so nah an das Meer
heran, daß nur noch ein schmaler
Küstenstreifen bleibt. Dasselbe gilt
für die Nordküste, die in den Wintermonaten sehr windig ist. Die
Westküste hingegen ist ausgesprochen trocken und daher sehr karg.

Oahu gestern und heute

Im 18. Jh. wurde Oahu zum Zank-
apfel konkurrierender Häuptlinge.
Zuerst versuchte der mächtige Herrscher von Maui, Kahekili, die Insel
unter seine Kontrolle zu bringen. Als
nach seinem Tod unter seinen
Nachfolgern ein Erbstreit ausbrach,
entstand ein Machtvakuum, das König Kamehameha I. geschickt zu
nutzen wußte. Während seines groß
angelegten Eroberungsfeldzugs gegen Ende des 18. Jh. brachte er
Oahu als letzte Insel unter seine

Kontrolle und gründete das Königreich Hawaii.

Die bevölkerungsreichste Insel des Archipels ist zugleich ihr wirtschaftliches Zentrum. Bedeutendster Erwerbszweig ist der Tourismus. 80 % der Hawaiireisenden verbringen ihren Urlaub ausschließlich auf Oahu, und zwar meist in Waikiki. Der zweitwichtigste Wirtschaftsfaktor ist das Militär – ein Viertel der Inselfläche ist im Besitz der US-amerikanischen Armee, was in jüngster Zeit zunehmend zu Kritik führt. Aber auch die Landwirtschaft spielt eine bedeutende Rolle. Auf dem zentralen Hochplateau wird Ananas angebaut, und Zuckerrohr gehört – wenn auch in geringerem Umfang als früher – immer noch zu den Erzeugnissen der Insel.

Die Bevölkerungszusammensetzung auf Oahu spiegelt die des gesamten hawaiischen Staates wider: Weiße, Japaner, Koreaner, Chinesen, Filipinos, Puertoricaner, Hawaiianer und Polynesier aus Samoa leben auf der Insel, deren Name Oahu treffenderweise ›Versammlungsplatz‹ bedeutet.

Honolulu

Honolulu ist auf den ersten Blick eine typisch amerikanische Stadt mit Hochhausfassaden und breiten Straßen im Schachbrettmuster. Taucht man in das quirlige Treiben ein, dann stellt sich bald heraus: Die

Downtown Honolulu 1 Iolani Palace 2 Iolani Barracks 3 State Capitol 4 Aliiolani Hale 5 Kawaiahao Church 6 Mission Houses Museum 7 Honolulu Hale 8 Washington Place 9 Honolulu Academy of Arts 10 Dillingham Building 11 Hawaii Maritime Center 12 Falls of Clyde und Hokulea 13 Aloha Tower

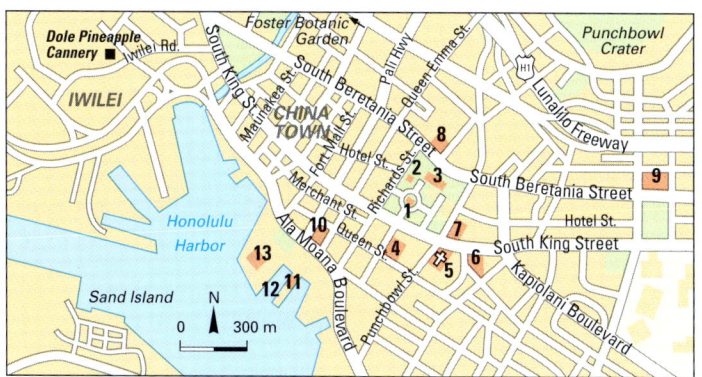

Statue Kamehamehas I. vor der
Aliiolani Hale

Stadt an der ›geschützen Bucht‹ (*ho-
no*: Bucht, *lulu*: geschützt) ist eine
interessante Mischung aus postmo-
dernen Hochhäusern und Gebäuden aus der Zeit um die Wende zum
20. Jh., aus Shopping Malls und einer lebhaften Chinatown.

Da alle interessanten Punkte der
Innenstadt nah beieinander liegen,
kann man Honolulu gut zu Fuß
erkunden. Ausgangspunkt ist der
Iolani Palace (Di–Sa zwischen 9
und 14.15 Uhr alle 15 Minuten geführte Touren, Reservierungen unter
☎ 522-0832). Der einzige Königs-
palast der USA wurde 1879 von König Kalakaua und Königin Kapiolani
errichtet und diente bis zum Sturz

der Monarchie vierzehn Jahre später
als königliche Residenz. Die letzte
Königin, die im Palast lebte, war Ka-
lakauas Schwester, Königin Liliuokalani. Nach einem mißlungenen
Staatsstreich wurde sie verhaftet und
neun Monate lang im Iolani Palace
gefangen gehalten. Zu diesem Zeitpunkt war in dem Gebäude bereits
das Parlament untergebracht. Nach
einer aufwendigen Restaurierung
wurde der Palast schließlich in ein
Museum umgewandelt.

Die königliche Palastwache war
in den **Iolani Barracks** nebenan untergebracht. Der überkuppelte Pavillon wurde für die Krönung König Ka-
lakauas 1883 errichtet. Hier findet
heute noch die Ernennung der Gou-
verneure statt, und allwöchentlich
am Freitagnachmittag gibt die tradi-
tionsreiche Royal Hawaiian Band
(s. S. 34) ein Konzert.

Vorbei an der Königin Liliuoka-
lani-Statue, erreicht man das **State
Capitol,** den heutigen Sitz des Parla-
ments aus den späten 60er Jahren
des 20. Jh. Ziel des Erbauers war es,
dem Charakter der hawaiischen Inseln in der Architektur Ausdruck zu
verleihen. Die beiden konischen
Gebäudeteile symbolisieren zwei
Vulkane, durch das offene Dach wehen die warmen Passatwinde, die
hohen Säulen stehen für Palmen,
das Wasserbecken für den Pazifischen Ozean.

Südlich vom Iolani Palace liegt
Aliiolani Hale, das ›Haus der himm-
lischen Könige‹, das zunächst ebenfalls als königlicher Palast geplant
war, aber nie als solcher genutzt

wurde. Statt dessen wurde der höchste Gerichtshof in dem Gebäude untergebracht. Auf den Stufen vor dem Haus verkündete Sanford B. Dole 1893 den Sturz der Monarchie. Die mächtige Statue zeigt König Kamehameha I. Am 11. Juni, dem Gedenktag zu Ehren des großen Herrschers, wird die Figur über und über mit meterlangen Leis behängt.

Ein Stückchen weiter entlang der South King Street stößt man auf die **Kawaiahao Church,** die älteste Kirche der Insel. Sie wurde 1838 erbaut und steht an der Stelle, an der Missionare eine erste Kirche aus Grasgeflecht errichtet hatten. Die Steine der heutigen Kirche wurden von Tauchern aus einem Korallenriff vor Honolulu herausgemeißelt. Hinter der Kirche sind drei Originalgebäude der Missionare aus der Mitte des 19. Jh. erhalten geblieben, in denen sich heute das interessante **Mission Houses Museum** (Di–Sa 9–16 Uhr) befindet. Im ›Chamberlain House‹ wurden die Lebensmittelvorräte gelagert. Das ›Frame House‹ brachten die Missionare, in Einzelteile zerlegt, aus Neuengland mit – die kleinen Fenster verraten, daß es ursprünglich für andere klimatische Verhältnisse als jene Hawaiis gedacht war. Im ›Printing Office‹ befand sich eine Druckerpresse, mit der Bibeln in hawaiischer Sprache gedruckt wurden.

An der Punchbowl Street liefert das Rathaus **Honolulu Hale** mit seinen Bögen und Säulen ein interessantes Beispiel für den dekorativen Spanish Mission-Stil der 1920er Jahre. Auch **Washington Place,** im eleganten Kolonialstil errichtet, umgeben von hohen alten Bäumen, ist ein sehenswertes Gebäude. Hier lebte Königin Liliuokalani, die das Haus von ihrem bürgerlichen Ehemann geerbt hatte, bis zu ihrem Tod 1917. Heute ist es die Privatresidenz des Gouverneurs von Hawaii.

An der Beretania Street, in Richtung Waikiki, befindet sich auch die **Honolulu Academy of Arts** (Di–Sa 10–16.30 Uhr), die u. a. eine hervorragende Sammlung asiatischer Kunst sowie Exponate aus dem pazifischen Raum beherbergt.

Zwischen South King Street und Nimitz Highway liegen einige schöne alte Gebäude aus den 1920er und 30er Jahren, wie jenes der Hawaiian Electric Company, das Old Federal Building, Old Honolulu Police Station und das Alexander & Baldwin Building. Ein wunderschönes Beispiel für Art-déco-Architektur bietet die Eingangshalle des **Dillingham Building** an der Queen Street, Ecke Bishop Street.

Das Museum im **Hawaii Maritime Center** (tgl. 8.30–17 Uhr) im Hafen an Pier 7 erzählt die Geschichte der Seefahrt und des Walfangs. Ganz in der Nähe ist die **Falls of Clyde** vor Anker gegangen. Das Viermastschiff wurde 1878 in Glasgow gebaut und brachte einst Reisende nach Hawaii. Später transportierte es Zucker von Hilo nach San Francisco. Heute vermittelt das restaurierte Schiff einen Eindruck von den Zeiten, als man Tage und Wochen auf hoher See verbrachte, um nach Hawaii zu kommen. Neben dem Segelschiff liegt die **Hokulea,** ein Nachbau jener Kanus, mit denen die ersten polynesischen Siedler nach Hawaii gelangten. Mit dem Boot, das zum Symbol für das Wiedererstarken der hawaiischen Kultur geworden ist, sind inzwischen mehrere erfolgreiche Seereisen nach Tahiti unternommen worden, bei denen man sich allein auf die traditionelle Navigationskunst der alten Polynesier verließ (s. S. 148).

Am Hafen von Honolulu ragt der **Aloha Tower** (tgl. 9 bis Sonnenuntergang) von 1926 in den Himmel. Er war lange Zeit Wahrzeichen und höchstes Gebäude der Stadt. In den Tagen, als man noch mit dem Schiff nach Hawaii reiste, wurden die Touristen hier mit einem herzlichen Aloha empfangen. Von der Aussichtsplattform genießt man einen schönen Blick auf den Containerschiffhafen und die Innenstadt.

Über die Fort Mall und die South Hotel Street erreicht man **Chinatown,** das ab 1860 entstand, als chinesische Einwanderer nach Oahu strömten, um auf den Zuckerrohrfeldern zu arbeiten. Auch wenn Honolulus Chinatown einen wesentlich klinischeren Eindruck macht als andere Chinesenviertel rund um den Globus, besitzt dieser Stadtteil mit seinen Restaurants, Läden und Märkten doch seinen ganz eigenen Charme. Auf jeden Fall lohnt der Oahu Market im Herzen des Viertels einen Besuch. Hier wird alles feilgeboten, was Chinesen zum Kochen brauchen. Mehrere Organisationen bieten Führungen durch das Viertel an (s. S. 53). Spaß macht es auch, sich auf eigene Faust auf Entdeckungstour zu begeben.

Über die Fußgängerzone entlang des Nuuanu Flusses gelangt man zum **Foster Botanic Garden** (tgl. 9–16 Uhr), der auf den deutschen Botaniker Wilhelm Hillebrand zurückgeht. Verschiedene Orchideen-, Palmen- und Plumeriaarten gedeihen hier. Weitere Bereiche sind Gewürzpflanzen und giftigen Gewächsen gewidmet. Der buddhistische **Kuan Yin Temple** in der Nähe des Eingangs ist der Göttin der Gnade geweiht.

The Executive Hotel, ✆ 539-3000, 800-949-3932, Fax 523-1088, einziges Stadthotel in Honolulu, $$$. **Manoa Valley Inn,** ✆ 947-6019, 800-634-5115, Fax 946-6168, in der Nähe der Universität gelegenes historisches Hotel, das auf der Denkmalschutzliste steht, $$$. **The Pagoda Hotel,** ✆ 941-6611, 800-367-6060, Fax 955-5067, schlichtes Hotel, für alle, die nicht direkt in Waikiki wohnen möchten, $$.

Hostelling International Honolulu, ✆ 946-0591, Fax 946-5904, 2323A Seaview Ave., ruhig gelegene, saubere Jugendherberge.

Permits für State Parks bei der Division of State Parks, ✆ 587-0300, 1151 Punchbowl St., Raum 131; für County Parks beim Department of Parks & Recreation, ✆ 523-4525, Municipal Office Building, 650 S. King St.

Helena's Hawaiian Foods, 1364 N. King St., seit über 50 Jahren preiswertes, traditionelles hawaiisches

Geschäft in Chinatown

Essen. **El Burrito,** 550 Piikoi St., herzhafte, sehr gute mexikanische Speisen. **Alan Wong's,** 1857 S. King St., Pacific-Rim-Küche in modernem Ambiente. **Yanagi Sushi,** 762 Kapiolani Blvd., gutes Sushi. In *Chinatown:* **Doong Kong Lau,** River St., chinesische Küche, Spezialitäten der Region Hakka. **Indigo,** Nuuanu Ave., stilvollstes Restaurant des Viertels, phantasievolle Küche. **Maxime's Vietnamese Restaurant,** Maunakea St., preiswerte, authentische vietnamesische Küche.

Musik und Tanz: The Pier Bar, Aloha Tower Marketplace, Live-Musik, moderne hawaiische Musik. Rumors, Ala Moana Hotel, Atkinson Drive, Tanzen zu abwechslungsreicher Musik. Anna Bannanas, 2440 S. Beretania St., Do–So Live-Musik. **Kino:** Academy Theater, Honolulu Academy of Arts, anspruchsvolles Kino.

Führungen durch Chinatown: Chinatown Historical Society, ☎ 521-3045. The Hawaii Heritage Center, ☎ 521-2749. The Chinese Chamber of Commerce, ☎ 533-3181. **Helikopterflüge:** Rainbow Pacific Helicopters, ☎ 834-1111.

Chinesisches Neujahr, Chinatown, Mitte Jan.–Mitte Feb. **King Kamehameha Hula & Chant Competition,** Ende Juni, einer der größten Hula-Wettbewerbe. **Hawaiian Slack-Key Guitar Festival,** Ala Moana Beach Park, August.

Bootscharter: Aloha Ocean Charters, ☎ 734-4300. Windjammer Cruises of Hawaii, ☎ 367-5000.

Busse nach Waikiki. Fahrpläne im Internet: www.thebus.org/.

Die Umgebung von Honolulu

Geradezu ein Muß ist das **Bishop Museum** nordwestlich von Downtown Honolulu (1525 Berenice St., tgl. 9–17 Uhr), das als eines der weltweit besten anthropologischen Museen für Geschichte und Kultur des Pazifikraums gilt – ideal für die Einstimmung zu Beginn einer Hawaiireise. Die Hawaiian Hall ist der Kulturgeschichte der Inseln von der voreuropäischen Epoche bis ins 19. Jh. gewidmet. Auch den vielen Völkergruppen, aus denen sich die hawaiische Gesellschaft zusammensetzt, wird Rechnung getragen. Die anderen Räume beschäftigen sich mit der Kunst und Kultur Polynesiens, mit den ersten polynesischen Seefahrern und mit der Naturgeschichte der Region. Angeschlossen ist auch ein Planetarium mit Observatorium.

Oberhalb der Stadt liegt ein erloschener Vulkankrater, von dem sich ein wunderbarer Blick auf Honolulu und Waikiki bietet. Die Einheimischen nennen ihn wegen seiner Form **Punchbowl,** ›Punschschüssel‹. Sein hawaiischer Name lautet *puowaina,* ›Hügel der Menschenopfer‹ – vermutlich wurden hier Menschen geopfert, die gegen ein Tabu verstoßen hatten.

An menschliche Opfer erinnert auch der **National Memorial Cemetery of the Pacific** auf dem Krater – mehr als 25 000 Soldaten, die während des Zweiten Weltkriegs im Pazifischen Raum ums Leben kamen, sind hier beerdigt. Ein Ehrenmal verkündet die Namen der Vermißten des Zweiten Weltkriegs, des Korea- und des Vietnamkriegs.

Unterhalb des Punchbowl beginnt der Tantalus Drive. Er verläuft am Hang des 600 m hohen **Mount Tantalus**. Der 8,5 Meilen lange, schmale und kurvenreiche Rundkurs führt durch üppig wuchernde Vegetation aus Eukalyptus-, Bambus-, Ingwer- und Taropflanzen. Auch hier bieten sich immer wieder herrliche Ausblicke auf Stadt und Meer – ganz besonders schön während des Sonnenuntergangs. Auf der Ostseite des Berges geht der Tantalus Drive in den Round Top Drive über, der zurück in Richtung Stadt führt.

Über den Makiki Heights Drive gelangt man nach **Makiki,** eines der exklusivsten Wohnviertel Honolulus. Hier befindet sich das **Contemporary Museum** (2411 Makiki Heights Dr., Di–Sa 10–16 Uhr, So 12–16 Uhr), das mit Wechselausstellungen moderner nationaler und internationaler Künstler aufwartet.

Bus Nr. 2 aus Waikiki/Honolulu hält in der Nähe des Bishop Museums. Der Waikiki Trolley stoppt direkt vor dem Museum.

Waikiki

Kaum zu glauben – dort, wo sich heute Waikikis Wolkenkratzer in den Himmel recken, lag vor gut 100 Jahren nicht viel mehr als marschiges Sumpfland mit Fischteichen, Taro- und Reisfeldern. Als der Tourismus um die Wende zum 20. Jh. mit dem ersten Hotel Waikikis seinen Anfang nahm, verlangte man die Trockenlegung der Sümpfe, in denen es vor Malariamücken nur so schwirrte. Gesagt, getan – der Ala-Wai-Kanal wurde gegraben, die Tümpel und Teiche mit Korallenschutt aufgefüllt.

Ab den 1920er Jahren entstand ein Hotel nach dem anderen, Waikiki wurde zum exklusivsten Feriendomizil im Pazifik. Weltwirtschaftskrise und Weltkrieg dämpften den Aufschwung vorübergehend, doch in den 50er Jahren wurde wieder voll durchgestartet. Und an der Popularität der Stadt hat sich bis heute nichts geändert. Auch wenn sich an Waikiki, dieser Mischung aus Miami Beach und Tokio, die Geister scheiden. Zu viel Kommerz, zu viel Rummel, zu viel Verkehr, sagen die Kritiker. Traumhafte Lage zwischen Bergen und Meer, herrlicher Strand, tropische Vegetation, Nachtleben, Shopping und Restaurants an einem Ort, sagen die Fans. Fest steht: An Waikiki kommt man kaum vorbei.

Ausgangspunkt einer Waikiki-Tour könnte z. B. das **Royal Hawaiian Hotel** sein, das älteste Luxushotel Waikikis. Wie ein Relikt aus längst vergangenen Tagen nimmt sich das rosafarbene Gebäude mit seiner maurischen Architektur zwischen den modernen Hochhäusern aus. Und auch die Innenräume erinnern an die Zeiten, als man noch mit dem Luxusliner und Überseekoffern nach Hawaii reiste. Unweit vom Hotel liegt entlang der Uferstraße Kalakaua Avenue der **International Market Place,** ein lebhafter Basar unter freiem Himmel. Wer sich für den Touristentand nicht interessiert, sollte sich den eindrucksvollen Banyanbaum mit seiner weit ausladenden Krone und den Luftwurzeln anschauen.

Bei der Polizeistation am Central Waikiki Beach erinnert die **Duke Kahanamoku Statue** an den berühmtesten Surfer Hawaiis. Er machte die Sportart durch Vorführungen in der ganzen Welt berühmt. Kritiker bemängeln, daß die Statue die Surflegende mit dem Rücken zum Meer stehend zeigt – eine Haltung, die Duke Kahanamoku nie eingenommen hätte. Wie dem auch sei, der Aufstellungsort könnte nicht besser gewählt sein. Hinter der Figur er-

Waikiki   1 Royal Hawaiian Hotel   2 International Market Place   3 Duke Kahanamoku Statue   4 Kapiolani Park   5 Waikiki Aquarium

Waikiki Beach

streckt sich der wunderbare Strand von Waikiki, an dem es freilich hoch hergeht. Kein Wunder, der Strand eignet sich für alle nur erdenklichen Wassersportarten – von Schwimmen über Boogieboarden bis hin zu Surfen und Segeln. Da ist es auch eher von zweitrangiger Bedeutung, daß der Sand eigentlich von der Insel Molokai stammt und erst zum Waikiki Beach aufgeschüttet werden mußte.

Die Kalakaua Avenue führt zum **Kapiolani Park,** den die Bürger Waikikis von König Kalakaua 1877 geschenkt bekamen und begeistert annahmen. An der Begeisterung für den Park hat sich bis heute nichts geändert. Wer sich für Malerei einheimischer Künstler interessiert, der ist hier samstags und sonntags am richtigen Ort: Seit 25 Jahren stellen Künstler ihre Werke am Zaun des Zoos auf. Unter so manchem Kitsch findet sich auch das ein oder andere qualitätvolle Bild. Auf eine noch längere Geschichte als ›Art-in-the-Park‹ blickt die **Kodak Hula Show** (Di, Mi, Do 10–11.15 Uhr) zurück, eine dreimal wöchentlich stattfindende Vorführung von Hula-Tänzen. Die seit 1937 existierende Show sollte man sich ebensowenig entgehen lassen wie eines der vielen Konzerte in der **Waikiki Shell** – eine wunderbare Sache, unter freiem Himmel den Klängen des Honolulu Symphony Orchestra zu lauschen.

Zum Park gehört auch das **Waikiki Aquarium** (tgl. 9–17 Uhr), das einen interessanten Einblick in die Meeresflora und -fauna in den Gewässern um Hawaii gibt.

Hawaii Visitors and Convention Bureau, 2270 Kalakaua Ave., Suite 801, ✆ 923-1811, Fax 924-0290, gohawaii.com.

Royal Hawaiian Hotel, ✆ 923-7311, Fax 924-7098, 2259 Kalakaua Ave., ältestes Luxushotel am Platz, $$$$. **Halekulani Hotel,** ✆ 923-2311, 800-367-2343, Fax 926-8004, 2199 Kalia Rd., Top-Hotel mit unaufdringlichem Luxus, $$$$. **Kahala Mandarin Oriental,** ✆ 739-8888, 800-367-2525, Fax 739-8880, 5000 Kahala Ave., Lieblingshotel der Prominenz am Diamond Head, $$$$. **Waikiki Circle Hotel,** ✆ 923-1571, 800-922-7866, Fax 926-8024, 2464 Kalakaua Ave., zentral gelegenes, überschaubares Hotel, $$$. **Queen Kapiolani Hotel,** ✆ 922-1941, 800-533-6970, Fax 922-2694, 150 Kapahulu Ave., in Richtung Diamond Head gelegenes, ruhigeres Hotel mit dem Charme vergangener Tage, $$. **The Pacific Monarch,** ✆ 923-9805, 800-922-7866, Fax 924-3220, 142 Ulunui Ave., Appartementanlage mit recht großen Zimmern, $$–$$$. **The New Otani Kaimana Beach Hotel,** ✆ 923-1555, 800-356-8264, Fax 922-9404, 2863 Kalakaua Ave., am Sans Souci Beach gelegenes Hotel, alle Zimmer mit Balkon, einige Mehrbettzimmer auch mit Küchenzeile, $$–$$$. **The Outrigger Waikiki Tower,** ✆ 922-6424, zentral gelegenes Hotelhochhaus, einige Zimmer haben Küchenzeilen, $$.

Preiswerte Unterkunft, meist in Mehrbettzimmern bieten: **Polynesian Hostel Beach Club,** ✆ 922-1340, Fax 923-4146, 2584 Lemon Rd.; **Interclub Hostel Waikiki,** ✆ 924-2636, Fax 922-3993, 2413 Kuhio Ave.; **Hawaiian Seaside Hostel,** ✆ 924-3306, Fax 923-2110, 419 Seaside Ave., alle $.

Hostelling International Waikiki, ✆ 926-8313, Fax 922-3798, 2417 Prince Edward St., Mehrbett- und Einzelzimmer.

La Mer, ✆ 923-2311, Halekulani Hotel, hervorragende französische Küche mit hawaiischen Einflüssen. **David Paul's Diamond Head Grill,** ✆ 922-3734, 2885 Kalakaua Ave., im Colony Surf Hotel, abwechslungsreiche Pacific-Rim-Küche in gestylter Atmosphäre. **Golden Dragon,** ✆ 946-5336, Hilton

Nur noch ›ja‹ sagen

Heiraten auf Hawaii

Hawaii ist nicht nur ein Traumziel für die Flitterwochen, es ist auch ausgesprochen beliebt bei Paaren, die sich erst noch das Jawort geben wollen. So kommt es nicht von ungefähr, daß sich auf den Inseln rund ums Heiraten ein richtiger Wirtschaftszweig entwickelt hat. Mit dem typisch amerikanischen Sinn fürs Pragmatische haben sich mehr als 200 Agenturen etabliert, die für den ›schönsten Tag im Leben‹ ein Gesamtpaket mit allem Drum und Dran anbieten. Blumenschmuck, Smoking, Hochzeitskleid, ja sogar Trauzeugen – alles kann gestellt werden, mit Ausnahme des Ehepartners in spe.

Man kann in einer von Hawaiis vielen kleinen Holzkirchen heiraten, aber ebensogut kann die Hochzeit im Hotel stattfinden. Viele Hotels besitzen hierfür extra einen fahrbaren Altar, und jede halbwegs ordentliche

Hawaiian Village, sehr gute chinesische Küche mit Blick aufs Meer, auch preiswertere Gerichte. **Keo's,** 2028 Kuhio Ave., gilt als eines der besten thailändischen Restaurants Hawaiis, dennoch nicht sehr teuer. **Tanaka of Tokyo,** Waikiki Shopping Plaza, 2250 Kalakaua Ave. und King's Village, 131 Kaliulani Ave., japanisches Restaurant, in dem man den Köchen beim Zubereiten der Speisen zusehen kann. **The Parc Cafe,** Waikiki Parc Hotel, bietet Frühstücksbuffets, Mittag-

und Abendessen zu vernünftigen Preisen. **Irifune's,** 563 Kapahulu Ave., vor allem von Einheimischen frequentiertes, preiswertes japanisches Restaurant. **Ono Hawaiian Food,** 726 Kapahulu Ave., serviert traditionelles hawaiisches Essen.

Moose McGillycuddy's, 310 Lewer St., Rock 'n' Roll-Livebands. **Wave Waikiki,** 1877 Kalakaua Ave., bei jungen Leuten beliebteste Disco. **Nick's Fishmarket,** Gaeway Hotel, 2070 Kalakaua

Rezeption hält eine Liste mit Pfarrern bereit. Romantischer ist natürlich eine Vermählung bei Sonnenuntergang am Strand. Beliebt ist auch die echt hawaiische Hochzeit, die das Unternehmen Traditional Hawaiian Weddings in Waipahu (✆/Fax 671-8420, 800-884-9505) anbietet. Die Zeremonie wird auf hawaiisch abgehalten und von traditionellen Gesängen begleitet. Braut und Bräutigam tragen Kleidung aus Tapa-Stoffen. Besonders Japaner sind versessen auf eine Hochzeit auf Hawaii – vielleicht, weil drei Tage Hawaii alles in allem noch immer wesentlich günstiger kommen als eine Hochzeit daheim mitsamt der ganzen Belegschaft. Dennoch: Eine aufwendige Zeremonie kann leicht 700 $ und mehr kosten. Eine einfache Hochzeit an einem Werktag ist hingegen schon für 55 $ zu haben.

Das Mindestalter für Heiratskandidaten beträgt 18 Jahre (mit Zustimmung der Eltern 16 Jahre). Ganz ohne Papiere geht es aber auch im ›Paradies‹ nicht. Der Bundesstaat Hawaii verlangt, daß beide Partner zunächst persönlich beim *marriage license agent* der jeweiligen Insel (auf Oahu: 1250 Punchbowl St., HI 96813 Honolulu, ✆ 808-586-4544) erscheinen, um dort für 50 $ eine Lizenz zu erwerben. Diese wird auf der Stelle ausgestellt. An Unterlagen werden des weiteren die Pässe und die beglaubigten Kopien der Geburtsurkunden beider Partner benötigt.

Damit nach erfolgter Trauung die Ehe auch im Heimatland anerkannt wird, muß man beim County Courthouse mit der beglaubigten Kopie der Hochzeitsurkunde vorstellig werden. Mit adressiertem Rückumschlag ergeht ein Brief an das Secretary of State mit der Bitte um Ausstellung einer Apostille. Sobald letztere vorliegt, kann man die Ehe im Heimatort registrieren lassen.

Ave., Tanzmusik für die etwas Älteren. Moderne und traditionelle hawaiische Musik: **House Without a Key,** Halekulani Hotel; **Coconuts,** Ilikai Hotel, am Wochenende; **Banyan Veranda,** Sheraton Moana Surfrider's; **Duke's Canoe Club,** Outrigger Waikiki, Kalakaua Ave.; **Luaus,** im Royal Hawaiian Hotel, ✆ 923-7311.

The Little Hawaiian Craft Shop, Royal Hawaiian Shopping Center, hawaiisches Kunsthandwerk.

Surfkurse: Aloha Beach Services, in der Nähe des Duke's Canoe Club, oder Star Beach Boys, hinter der Polizeistation. **Windsurfing**: Waikiki Pacific Windsurfing, ✆ 949-8952, Fort Russy Beach, Unterricht. **Tauchen:** Aloha Dive Shop, ✆ 395-5922, Koko Marina Shopping Center, Tauchgänge und Tauchunterricht, ebenso Hawaii Dive College, ✆ 843-2882, 24 Sand Island Access Rd., Breeze Hawaii Diving Adventure, ✆ 735-1857, 3014 Kaimuki

Ave., Waikiki Diving Center, ☎ 922-2121, 424 Nahua St. **Kajaks** verleiht z. B. Prime Time Sports, ☎ 949-8952, Fort DeRussy Beach, oder Leahi Beach Services, ☎ 922-5665, Outrigger Reef Hotel. **Tennis:** Nicht-Gäste dürfen die Plätze des Ilikai Hotels, ☎ 944-6300, 1777 Ala Moana Blvd., nutzen, ebenso die des Pacific Beach Hotels, ☎ 922-1233, Kalakaua Ave. **Golf:** in Waikiki auf dem Ala Wai Golf Course, ☎ 733-7387. **Wanderungen/Touren:** The Sierra Club, ☎ 538-6616, veranstaltet am Wochenende geführte Wanderungen (unterschiedliche Schwierigkeitsgrade). Alala Eco Adventures bietet gute Touren rund um die Insel für Junge und Junggebliebene, Buchung über Hostelling International Honolulu, ☎ 946-0591. Konventionellere Ausflüge veranstalten z. B. E Noa Tours, ☎ 591-2561; Polynesian Adventure Tours, ☎ 833-3000; Roberts Hawaii, ☎ 539-9400.

 Waikiki Beach unterteilt sich in verschiedene Abschnitte: Kahanamoku Beach (Schwimmen), Fort DeRussy Beach (Schwimmen, Surfen), Gray's Beach (Schwimmen), Central Waikiki Beach (Schwimmen, Surfen), Kuhio Beach Park (Schwimmen), Kapahulu Groin (Boogieboarden), Kapiolani Beach Park (Schwimmen).

 Der **Waikiki Trolley** verkehrt auf einer festgelegten Route zwischen Waikiki und Honolulu und hält an verschiedenen für Touristen interessanten Punkten. Man kann aus- und einsteigen, wo man möchte, und mit dem nächsten Trolley weiterfahren. Ein Tagesticket kostet 17 $ für Erwachsene, 5 $ für Kinder unter 11 Jahren. Sehr viel preisgünstiger ist der öffentliche **Bus** – 1$ auf allen Strecken.

Auf das richtige Outfit kommt es an – zwei Ladies auf dem Weg zum Strand

Der Südosten

Für eine erste Inselerkundung bietet sich eine Fahrt rund um die Ausläufer der Koolau-Berge im Südosten der Insel an, die zu einigen der landschaftlich reizvollsten Ecken Oahus führt.

Über den Pali Highway (Hwy 61) geht die Fahrt von Honolulu hinauf in die dicht mit tropischer Vegetation bewachsenen Koolau-Berge. Auch Queen Emma, die Gattin von König Kamehameha IV., liebte die kühlen Berge und zog sich so oft es ging in den **Queen Emma Summer Palace** (tgl. 9–16 Uhr) zurück. Die Residenz, die an ein Plantagenhaus erinnert, zeigt wertvolle Möbel und persönliche Gegenstände der Königin, darunter auch eine Kette aus Tigerkrallen, ein Geschenk eines indischen Maharadschas.

Hinter dem Tunnel erreicht man den **Nuuanu Pali Lookout,** einen der spektakulärsten Aussichtspunkte der Insel. Aus 360 m Höhe gleitet der Blick über die grünen Berghänge hinunter zur Südostküste mit den Gemeinden Kaneohe und Kailua. Im Meer erkennt man das Felseninselchen Mokolii Island. Deutlich wird, daß man sich auf der windzugewandten Seite der Insel befindet – die Passatwinde wehen so stark, daß man sich sogar gegen sie ›lehnen‹ kann. Hier oben in den Bergen fand im 18. Jh. die letzte Schlacht während der Eroberung Oahus durch Kamehameha I. statt. Hunderte von Kriegern wurden von dem feindlichen Herrscher über die Klippen in den Tod getrieben.

Kurz vor Kailua zweigt der Kalanianaole Highway (Hwy 72) ab, der in Richtung Südostspitze führt. Wer dem herrlichen Sandstrand am **Kailua Beach Park** einen Besuch abstatten möchte, fährt zunächst geradeaus weiter. Der Strand, der unter Kennern als der ›Hot Spot‹ für Windsurfer gehandelt wird, eignet sich auch für ein erfrischendes Bad.

Das Örtchen **Waimanalo** wartet mit einem mehr als 8 km langen Sandstrand auf, der sich in mehrere Abschnitte unterteilt. Der **Waimanalo Beach Park** eignet sich hervorragend zum Schwimmen, am **Bellows Field Beach Park** finden Surfanfänger ein geeignetes Revier – letzterer ist allerdings nur an Wochenenden geöffnet.

Bald trifft der Highway auf die Küste und führt zum **Sea Life Park** (tgl. 9.30–17 Uhr), wo man in riesigen Bassins Meeresschildkröten, Hammerhaie, Adlerrochen und andere Fischarten beobachten kann. Geschmackssache sind die Kunststückchen, die Delphine und Pinguine aufführen. Auf jeden Fall sehenswert ist das Whaling Museum, das neben Gerätschaften rund um den Walfang auch das Skelett eines Spermwals aufbewahrt. Der riesige Meeressäuger wurde 1980 an Land gespült. Nachdem Versuche gescheitert waren, das Tier ins offene Meer hinauszuziehen und es verendete, wurde der Kadaver an das Museum übergeben. Zwei Jahre dauerte es, das Skelett mit Hilfe traditio-

Oahu

Pazifischer Ozean

mpbell Nat.
ife Refuge

huku
Makahoa Point
Malaekahana State
Recreation Area
Mormon Temple
Laie
olynesian
ultural Center
ula
acred
Falls
e Park
Punaluu
Kahana Bay
Beach Park
Kahana Bay
Kahana
Kaaawa
Sugar Mill Ruins
83
Mokolii Island
Kualoa Regional Park
Waiahole Beach Park
Waiahole
Kaalaea
Kahaluu
Ahuimanu
Heeia
Kea Pier
836
Heeia
Moku Manu Island
Mokapu Peninsula
Mokapu
Koolau Range
Kamehameha Hwy.
awa Stream
Valley of the Temples &
Byodo-In-Temple
Kaneohe
Kailua Bay
Kailua Beach Park
Kailua
Mokulua Islands
Wailea Point
arl
y
a
H3
Hoomaluhia
Botanic Garden
Halawa
Heights
63
83
Nuuanu Pali
Lookout
Maunawili
Bellows
Air Force Base
Bellows Field Beach Park
Waimanalo Beach Park
61
Likelike Hwy.
Pali Hwy.
Nuuanu Valley
Manoa Str.
Bishop
Museum
Queen Emma
Summer Palace
61
Waimanalo
Makapuu
Beach
Makapuu Point
72
Sea Life Park
olulu
irport
Sand
Island
Manoa Falls
Manoa
Valley
Kuliouou
Sandy
Beach
Ala Moana
Beach Park
Honolulu
Waikiki
Aina Haina
72
H1
Portlock
Halona Blowhole
Koko Head Regional Park
Hanauma Bay
Kahala
Diamond
Head Crater
Maunalua
Bay
Koko Head
Kaiwi Channel

neller Geräte von Fleisch und Tran zu befreien.

Am **Makapuu Point** markiert ein Leuchtturm die östlichste Stelle Oahus. Ringsumher auf den hohen Felsen kann man Drachenflieger beobachten, die sich von dort in die Lüfte erheben.

Das Mekka der Bodysurfer heißt **Sandy Beach.** Der Strand genießt den zweifelhaften Ruf, der gefährlichste der Insel zu sein. Nur Profis sollten das Spiel mit den Wellen wagen. Ein Stückchen weiter entlang des Highways liegt **Halona Blowhole,** wo Meerwasser durch einen Felsentunnel gedrückt wird und durch ein Loch im Gestein emporzischt. Je stärker die Brandung, desto eindrucksvoller das Schauspiel.

Hanauma Bay Beach Park gehört aus gutem Grund zu den populärsten Stränden der Insel: ein weißer Sandstrand vor Palmenkulisse, türkisblau schimmerndes Wasser, eingerahmt von steilen Berghängen. Zum Unterwasserschutzgebiet erklärt, bietet das Meer an dieser Stelle hervorragende Bedingungen zum Schnorcheln. Allerdings zeigt sich hier deutlich, welcher Schaden zu viele Menschen der Meeresflora und -fauna zufügen können. Das Korallenriff hat unter dem Ansturm stark gelitten, durch das Füttern der Fische wurde das biologische Gleichgewicht zerstört. Inzwischen versucht man durch Begrenzung der Besucherzahlen zu retten, was noch zu retten ist. Dienstags gönnt man der Natur eine Atempause,

dann ist der Beach Park geschlossen.

Entlang der Maunalua Bay führt der Highway in Richtung Honolulu. Über die Diamond Head Road erreicht man den **Diamond Head Crater,** neben dem Punchbowl der zweite erloschene Vulkankrater in der unmittelbaren Umgebung von Honolulu. Er entstand durch eine unterirdische Dampfexplosion, als alle anderen Vulkane der Insel bereits erloschen waren. Seinen Namen erhielt der Krater von einem englischen Seemann, der aus der Ferne funkelnde Kalkspatkristalle für Diamanten hielt. Über einen steilen, schattenlosen Wanderpfad kann man den Kraterrand erklimmen, von dem sich ein wunderbarer Blick auf die Bucht von Waikiki bietet.

In **Kailua:** Papaya Paradise Bed & Breakfast, ✆/Fax 261-0316, 395 Auwinala Rd., sauberes B & B inklusive Frühstück, $$. Sheffield House, ✆ 262-0721, 131 Kuulei Rd., in der Nähe des Kailua Beach gelegene Unterkunft, $–$$. Akamai Bed & Breakfast, ✆/Fax 261-2227, 800-642-5366, 172 Kuumele Pl., komfortable, moderne Zimmer, Innenhof mit Pool, $$.

Bellows Field Beach Park (nur an Wochenenden), **Waimanalo Bay Beach Park,** Permits beim Department of Parks & Recreation, s. S. 52.

In **Kailua:** Kailua Beach Restaurant, 130 Kailua Rd., Kailua Beach Center, Frühstück, chinesische Gerichte und leckeres hausgemachtes Eis. Buzz's, gegenüber Kailua Beach Park, mittags

›Wasserspiele‹ in der Hanauma Bay

Burger und Sandwiches, abends Steak-house. In **Waimanalo:** Bueno Nalo beim Postamt, preiswert mexikanisch. In der **Koko Head-Gegend:** Roy's, ✆ 396-7697, Hawaii Kai Corporate Plaza, Hwy 72, gute, einfallsreiche Pacific-Rim-Küche, nur abends, Reservierung empfohlen.

Windsurfing: Kailua Sailboards & Kayaks, ✆ 262-2555, 130 Kailua Rd., Kurse für Anfänger, Verleih von Aus-rüstung, ebenso: Naish Hawaii, ✆ 262-6068, 155A Hamakua Drive. **Tauchen:** Aaron's Dive Shop, ✆ 262-2333, 602 Kailua Rd oder Windward Dive Center, ✆ 262-2311, 789 Kailua Rd. **Kajakfah-ren:** Twogood Kayaks Hawaii, ✆ 262-5656, Verleih und Unterricht.

Bellows Field Beach Park (Schwim-men, Surfen; nur am Wochenende, da militärisches Gebiet), Waimanalo Bay Beach Park (Surfen), Waimanalo Beach Park (Schwimmen), Hanauma Bay Beach Park (Schwimmen, Schnorcheln, Tau-chen).

Von Honolulu an die Nordküste

Entlang der Ostküste mit ihrer tropi-schen Vegetation führt diese Route zwischen den Koolau-Bergen und dem Pazifik weiter gen Norden, vor-bei an legendären Surfstränden wie dem Sunset Beach, nach Haleiwa.

Über den Likelike Highway (Hwy 63) erreicht man bei **Kaneohe** die Ostküste. Segler schätzen die gleich-namige Bucht mit den ständig we-henden Passatwinden als ideales Re-vier. An den Hängen oberhalb des Ortes liegt Oahus größter botanischer Garten, der **Hoomaluhia Botanic Garden** (tgl. 9–16 Uhr). Auf mehreren Pfaden kann man Bäume und Sträucher aus verschiedenen tropischen Regionen der Welt kennenlernen.

Auf dem Kahekili Highway (Hwy 83) geht die Fahrt in Richtung Norden weiter. Links der Straße erstreckt sich das **Valley of the Temples & Byodo-In** (tgl. 8.30–16.30 Uhr), ein wunderschön gelegener Friedhof, auf dem Angehörige unterschiedlicher Konfessionen beerdigt sind. Höhepunkt der Anlage ist der eindrucksvolle Byodo-In-Tempel (›Tempel der Gleichheit‹). Die Replik eines alten japanischen Tempels wurde 1968 errichtet, um der ersten japanischen Einwanderer zu gedenken, die in den 60er Jahren des 19. Jh. nach Hawaii gekommen waren. In Teichen auf dem Gelände schwimmen unzählige Karpfen. Sie symbolisieren Ordnung, Beharrlichkeit und Ausdauer. Der Tempel mit seinen Pagodendächern bietet vor dem Grün der Koolau-Berge einen unvergeßlichen Anblick.

Ab Waiahole läßt die dichte Bebauung nach, die Szenerie wird ländlich. Der hübsch gelegene **Kualoa Beach Park** wartet mit guten Schwimm- und Picknickgelegenheiten auf. Auch das Campen ist mit einem Permit gestattet. Die kleine Insel im Meer heißt **Mokolii,** der Legende nach der Schwanz eines Hundes, der von einem erbosten Gott getötet und ins Meer geworfen wurde. Seit die ersten Chinesen nach Hawaii strömten, vergleicht man die Form der Insel auch mit einem Papale Pake, einem chinesischen Hut. Zum Beach Park gehören auch die **Molii Fishponds,** vor langer Zeit angelegte Fischteiche.

Vorbei an den Ruinen einer Zuckermühle, erreicht man kurz hinter Meile 27 das Crouching Lion Inn, das älteste Restaurant an der Ostküste. Hinter dem Restaurant erhebt sich ein Felsen, der mit einiger Phantasie an einen zusammenkauerten Löwen, einen *crouching lion,* erinnert.

Passiert man die Kahana Bay, rücken die Berge bald immer näher ans Meer, so daß für die Straße kaum Platz bleibt. Hinter dem Örtchen Punaluu erstreckt sich der **Sacred Falls State Park.** Ein 3,2 km langer, schwierig zu begehender Pfad führt durch das schmale Kaliuwaa-Tal zu einem 20 m hohen Wasserfall. Bevor man losgeht, sollte man unbedingt die Schilder beachten, die den aktuellen Zustand des Pfades bekanntgeben, oder Informationen einholen unter ☎ 587-0300.

Laie ist der größte Ort an der Ostküste. Er steht in engem Zusammenhang mit den Mormonen. Nachdem die Glaubensgemeinde auf Lanai gescheitert war, erwählte sie Laie zu ihrem Standort. Aus dem Jahr 1919 stammt der **Mormon Temple,** der jenem in Salt Lake City nachgebaut ist. Die großzügige Parkanlage mit ihren Kaskaden steht Besuchern offen, der Tempel selbst darf nur von Mormonen betreten werden. Auch das **Polynesian Cultural Center** (tgl.

Der Byodo-In-Temple ist der Nachbau eines alten japanischen Tempels

außer So 12.30–21 Uhr) befindet sich in mormonischer Hand. Auf amerikanisch-perfekte Weise werden hier Kultur und Lebensart der Pazifikvölker anschaulich gemacht. Vorführungen und Erläuterungen werden meist von Studenten der Brigham Young University gegeben, die selbst aus dem pazifischen Raum stammen.

Am Strand der **Malaekahana State Recreation Area,** kurz hinter Laie, kann man das ganze Jahr über baden und surfen. Gerade bei Familien ist der Strand sehr beliebt.

Seit die Zuckermühle von **Kahuku** 1971 ihre Pforten schloß, ist der kleine Ort in einen Dornröschenschlaf gefallen. Versuche, aus der alten Mühle eine Touristenattraktion zu machen, scheiterten, die alten Maschinen zur Zuckerrohrverarbeitung kann man dennoch bestaunen.

Vorbei an Feldern führt der Highway an die Nordküste. Über eine Stichstraße gelangt man zum **Turtle Bay Hilton Resort,** der einzigen großen Hotelanlage im Norden Oahus. Vor dem Hotel liegt die öffentlich zugängliche Kuilima Cove, die beste Badestelle der Gegend. Zu einem Strandspaziergang lädt der **Kaihalulu Beach** ein.

Bei Meile 9 erstreckt sich der legendäre **Sunset Beach,** dessen Name bei Surfern in aller Welt Verzückung hervorruft. Seit den 1950er Jahren versammelt sich hier und an den anderen Stränden der Nord-

Hier gilt es Standfestigkeit zu
beweisen – Surfer am Sunset Beach

küste Winter für Winter die internationale Surferelite, um auf den bis zu
10 m hohen Wellen zu reiten. Wenn
im Dezember die ›Tripple Crown‹
abgehalten werden – die drei wichtigsten Surfwettbewerbe –, ist ganz
Oahu auf den Beinen, um das Spektakel zu sehen.

Hoch über **Waimea** befinden sich
die Überreste des **Puu o Mahuka
Heiaus,** die größte Tempelanlage
der Insel. Hier an der Nordküste
begann die Besiedelung Oahus
durch Polynesier. Der Fischreichtum
der Gewässer sicherte das Überleben. Neben Haleiwa und Moku-
leiwa war Waimea einer der Sied-
lungsschwerpunkte der ersten Hawaiianer. Der schöne **Waimea Bay
Beach Park** bietet zwischen Juni
und September eine der wenigen si-
cheren Bade- und Schnorchelmög-
lichkeiten an der Nordküste. Gegenüber zweigt eine Straße zum
Waimea Valley Adventure Park (tgl.
10 bis Sonnenuntergang) ab, ein botanischer Garten mit nachgebauten
althawaiischen Gebäuden und kul-
turellen Darbietungen. Der Eintritts-
preis von 20 $ erscheint allerdings
etwas übertrieben.

Noch einige Meilen entlang der
Küste, dann hat man **Haleiwa** erreicht. Mit 2500 Einwohnern ist Haleiwa die größte Gemeinde an der
Nordküste. Zu den Alteingesessenen hat sich in den letzten Jahren eine bunte Alternativgemeinde aus
Surfern und Aussteigern gesellt.

Zwischen Surfshops, Galerien und Bioläden hat sich der alte Matsumoto's General Store behaupten können, dessen Spezialität *shave ice* ist, farbenprächtiges Wassereis, – das beste der Insel, wie Kenner behaupten. Die kleine Kirche gegenüber ist die Liliuokalani Church, benannt nach der letzten tragischen Königin Hawaiis, die die Sommermonate in Haleiwa verbrachte.

Von Haleiwa führt der Farrington Highway (Hwy 930) in Richtung **Kaena Point,** eine Verbindung zur Westküste besteht jedoch nicht. Entlang der Strecke gibt es einige Strände, die aber nicht sehr sauber sind.

Den Blick schweifen lassen – in Haleiwa

In **Kaneohe:** Alii Bluffs Windward Bed & Breakfast, ✆/Fax 235-1124, 800-235-1151, 46-251 Ikiiki St., Unterkunft in gemütlichem Privathaus, $–$$. In **Laie:** Rodeway Inn Hukilau Resort, ✆ 293-9282, 800-526-4562, Fax 293-8115, unspektakuläres Motel mit komfortablen Zimmern, $$. In der Nähe von **Kahuku:** Turtle Bay Hilton & Country Club, ✆ 293-8811, 800-445-8667, Fax 293-9147, einsam gelegenes Hotel mit Sportangebot: Golfen, Reiten, Tennis, $$$–$$$$. Turtle Bay Condos, ✆ 293-2800, Fax 293-2169, moderne Appartementanlage, alle Wohnungen sind mit Küche ausgestattet, $$–$$$. An der **Nordküste:** Thomsen's Bed & Breakfast, ✆ 638-7947, Fax 638-7694, 59-420 Kamehameha Hwy, in der Nähe des Ekuhai Beach Park, großes Studio mit Veranda, $. Ke Iki Hale, ✆ 638-8229, 800-377-4030, 59-579 Ke Iki Rd., Appartements direkt am Strand, $$–$$$. Backpacker, ✆ 638-7838, Fax 638-7515, 59-788 Kamehameha Hwy, besonders bei Surfern beliebtes Hostel, $.

In **Kaneohe:** Hoomaluhia Park (nur Fr, Sa und So, Permits am Eingangstor des Parks Mo–Sa 9–16 Uhr, eine der sichersten Campingmöglichkeiten auf Oahu!). In **Kualoa:** Kualoa Regional Park, Permits beim Department of Parks & Recreation, s. S. 52. Bei **Kaaawa:** Kahana Valley State Park, Permits bei der Division of State Parks, s. S. 52. Hinter **Laie:** Malaekahana State Recreation Area (auch *cabins*), Permits bei der Division of State Parks, s. S. 52, Reservierung der *cabins* wochentags von 10–15 Uhr unter ✆ 293-1736. In **Haleiwa:** Kaiakea Beach Park, Permits beim Department of Parks & Recreation, s. S. 52.

In **Kaneohe:** Chao Phya Thai Restaurant, Windward City Shopping Center, preiswerte, gute thailändische

Küche. Chart House, Haiku Gardens, Fisch- und Steakgerichte lassen sich in herrlicher Lage. genießen. In **Kahuku:** Ahi's Kahuku Restaurant, bietet fangfrische Shrimps, Burgers und Sandwiches. Sea Tide Room, Turtle Bay Hilton & Country Club, offeriert sonntags ein Brunch-Buffet. Vornehmer speist man im The Cove, dem Restaurant des Hotels. An der **Nordküste:** Im D'Amicos, nördlich Sunset Beach, stärken sich die Surfer bei Pizza und Sandwiches, auch Frühstück. In **Haleiwa:** Cholos's, North Shore Market Place, in dem farbenfroh gestalteten Restaurant wird leckeres mexikanisches Essen serviert. Kua Aina bruzzelt hervorragende Hamburger. Cafe Haleiwa bietet sättigende, preiswerte Speisen wie Pfannkuchen und Sandwiches, aber auch mexikanische Gerichte. Jameson's by the Sea ist ein beliebtes Restaurant am Ortseingang, nicht ganz billig.

Überall wird **Surf-** und **Strandkleidung** angeboten. **Ralston Antiques** ist ein hübscher kleiner Sammlerladen.

In **Kaneohe:** Pali Golf Course, ☎ 266-7612, 45-50 Kamehameha Hwy. In **Kualoa:** Kualoa Ranch, ☎ 237-8515 veranstaltet Ausritte. In **Kahuku:** Turtle Bay Hilton & Country Club, ☎ 293-8811 bietet ebenfalls Ausritte an, außerdem kann man auf den Tennisplätzen des Hotels spielen. In **Waimea:** Kayak Oahu Adventures, ☎ 638-8189, vemietet Kajaks im Waimea Falls Park. In **Haleiwa:** Surf-N-Sea, ☎ 637-9887, Verleih von (Wind-)Surfausrüstung und Unterricht.

In **Kualoa:** Kualoa Regional Park (Schwimmen, Schnorcheln). In **Laie:** Pounders (nur im Sommer: Schwimmen). **Außerdem:** Malaekahana State Recreation Area (Schwimmen, Surfen), Kuilima Cove (Schwimmen), Sunset Beach Park (Surfen), Ekuhai Beach Park (nur im Sommer: Schwimmen), Sharks Cove (nur im Sommer: Schwimmen, Schnorcheln, Tauchen), Three Tables (nur im Sommer: Schnorcheln), Waimea Beach Park (nur im Sommer: Schwimmen, Schnorcheln), Haleiwa Alii Beach Park (Surfen).

Durch das Inselinnere

Die schnellste Verbindung zwischen der Nordküste und Honolulu führt durch das Inselinnere, das von einem Hochplateau zwischen der Koolau Range im Osten und der Waianae Range im Westen eingenommen wird. Zuckerrohrfelder und Ananasplantagen prägen die Landschaft, die beiden Ortschaften Wahiawa und Mililani sind wenig spektakulär.

Von Haleiwa führt der Kamehameha Highway (Hwy 99) in Richtung Süden. Kurz vor Wahiawa liegt der **Dole Pineapple Pavillon** (tgl. 9–18 Uhr), eine Showfarm im Herzen des Ananasanbaugebietes. Im Shop wird alles Erdenkliche rund um die Ananas feilgeboten, im angrenzenden Garten sind verschiedene Pflanzen aus der Familie der Bromelien, zu der die Ananas gehört, zu sehen.

Gegenüber der Whitmore Avenue zweigt eine Piste ab, die zu den **Royal Birthstones** führt. An den Steinen gebaren adelige Frauen ihre Kinder in dem Glauben, ihnen auf diese Weise das Wohlwollen der Götter zu sichern. Und tatsächlich wurden viele einflußreiche Häuptlinge an dieser Stelle zur Welt gebracht.

Die Atmosphäre in der Gemeinde **Wahiawa** wird von den Soldaten der nahen Militärbasis geprägt – ein etwas rauhes Pflaster mit Tätowierläden und schrägen Bars.

Über die Kunia Road (Strecke 750) gelangt man zu den **Schofield Barracks,** zu deren Gelände der Kolekole-Paß gehört. Die Senke in den Waianae-Bergen ist in die Geschichte eingegangen und in mehreren Kriegsfilmen verewigt worden: Hier drangen im Winter 1941 japanische Bomberpiloten auf dem Weg nach Pearl Harbor unbemerkt in den Luftraum der Insel ein (s. S. 72 f.). Die Straße hinunter zum Meer darf nur von Militärpersonal befahren werden.

Durch ausgedehnte Plantagen führt die Kunia Road nach Waipahu. An der Waipahu Street lohnt das sehr interessante **Hawaiian Plantation Village** (Mo–Sa 9–16 Uhr) einen Besuch. Hier wurde ein typisches Plantagendorf aus der Zeit des frühen 20. Jh. nachgebaut. Die Häuser vermitteln ein Bild von dem Leben der vielen verschiedenen ethnischen Gruppen, die nach Hawaii kamen, um auf den Zuckerrohr- und Ananasfeldern zu arbeiten. Zu besichtigen sind auch eine Reihe von Gerätschaften, die man bei der Arbeit auf den Plantagen verwendete. Über den Freeway H-1 gelangt man zurück nach Honolulu.

Pearl Harbor

Wohl kaum ein anderer Kriegsschauplatz hat sich so tief in das Gedächtnis der Amerikaner eingegraben wie Pearl Harbor. Am 7. Dezember 1941 holten die Japaner zu einem Überraschungsschlag aus und griffen mit mehr als 350 Flugzeugen Pearl Harbor, den Stützpunkt der amerikanischen Pazifikflotte, an (s. S. 72 f.). Mehr als 2000 Soldaten wurden bei dem zwei Stunden dauernden Angriff getötet, auch weite Teile des übrigen Oahu waren betroffen.

Den Auftakt zum Besuch des **USS Arizona Memorial** (tgl. 7.30–17 Uhr), das an den verhängnisvollen Tag erinnert, bildet das Besucherzentrum am Ufer. Hier wird zunächst ein Film über den Angriff auf Pearl Harbor gezeigt. Dann besteigt man eines der Boote, die zum Ehrenmal im Hafenbecken pendeln. Das Memorial wurde 1962 über dem gesunkenen Kriegsschiff USS Arizona errichtet, das man tief unten im Meer liegen sieht. Es ist die Grabstätte von 1177 Männern, die nie aus dem Wrack geborgen wurden. Auf einer Wand sind ihre Namen aufgelistet.

Wer sich für U-Boote interessiert, kann sich im **Bowfin Park** umsehen, der in der Nähe des Besucherzentrums liegt. Hier ist das restaurierte U-Boot USS Bowfin ausgestellt, das während des Zweiten Weltkriegs 44 Schiffe im Pazifik versenkte. Zum Park gehört auch das **Pacific Submarine Museum** (tgl. 8–17 Uhr), das

Pearl Harbor – Amerikas Trauma

60 Jahre sind vergangen, doch die verhängnisvollen Ereignisse des 7. Dezember 1941 sind noch immer tief in den Köpfen der Menschen auf Oahu verankert. Nicht nur, daß die Amerikaner an diesem Tag die größte militärische Niederlage auf eigenem Boden erleben sollten, der 7. Dezember bedeutete auch den Eintritt der USA in den Zweiten Weltkrieg, der mit den Bomben auf Nagasaki und Hiroshima enden sollte.

Pearl Harbor war als Ziel von den Japanern gut gewählt. Hier befand sich der größte Flottenstützpunkt der amerikanischen Marine im Pazifik. Diese konnte von hier aus die gesamte Region kontrollieren. Mit unglaublicher Präzision – ohne Kriegserklärung und ohne Rücksprache mit den anderen Achsenmächten – gingen die Japaner zu Werke. Vorbereitet wurde die Attacke auf den Kurilen-Inseln im Norden Japans. Ende November 1941 liefen die Trägerschiffe mit den Kampfbombern an Bord in Richtung Hawaii aus. 200 Seemeilen nördlich des Archipels gingen die Japaner in Stellung. Der Angriff erfolgte in den frühen Morgenstunden. Durch Zufall hatten zwei Soldaten ungewöhnliche Flugzeugbewegungen auf dem Radar bemerkt, die sie sofort ihrem Vorgesetzten meldeten. Der beruhigte sie jedoch und erklärte, es handle sich um zwei der eigenen Maschinen auf Übungsflug. Ein fataler Irrtum.

Niemand hatte einen japanischen Angriff ernsthaft für möglich gehalten. Vielmehr hatten die Amerikaner Sabotage aus den eigenen Reihen befürchtet, weshalb die eigenen Flugzeuge zur besseren Bewachung dicht an dicht im Freien standen – ideal für eine Bombardierung. 350 Sturzkampfbomber und andere Flugzeuge flogen den Angriff auf Pearl Harbor und warfen ihre Bomben über acht großen Schlachtschiffen und mehr als 80 anderen Schiffen der Pazifikflotte ab. Da die ganze Insel Oahu mit militärischen Einrichtungen und Flughäfen bestückt war, beschränkte sich das Inferno nicht allein auf den Hafen. Die Bilanz war erschreckend: Über 2000 Tote und mehr als 1000 Verletzte waren zu beklagen. 1177 Menschen gingen allein mit dem Kriegsschiff USS Arizona unter. Viele Zivilisten wurden getötet oder verletzt. 18 große Kriegsschiffe waren versenkt worden und annähernd 200 Flugzeuge zerstört.

Der Angriff auf Pearl Harbor war der Höhepunkt in einem seit langem schwelenden Konflikt zwischen den USA und Japan. Im Zentrum der Auseinandersetzungen stand die Frage der Rolle Chinas und der Sicherheit im südostasiatischen Raum. Die Lage spitzte sich zu, als die Japaner 1931 in die Mandschurei einmarschierten. Die heftigen Proteste der USA

Das USS Arizona Memorial erinnert an die Opfer des Angriffs auf Pearl Harbor

wurden von Japan ignoriert. Als die Japaner im Sommer 1937 China auf breiter Ebene angriffen, kam es zum japanisch-chinesischen Krieg. Mit Wirtschaftsboykotten versuchten Australien und die USA die Japaner zum Einlenken zu bewegen. Umsonst. Unterdessen war in Europa der Zweite Weltkrieg ausgebrochen, Japan stand auf Seiten Deutschlands. Wieder verstärkten die Amerikaner ihre Wirtschaftssanktionen. Japan geriet so sehr in wirtschaftliche Bedrängnis, daß man sich um die innere Sicherheit zu fürchten begann. Mitte des Jahres 1941 hatte sich der Konflikt derart verschärft, daß es für Japan und die USA kein Zurück mehr gab, ohne das nationale Prestige des eigenen Landes aufs Spiel zu setzen. In dieser Situation entschloß sich der japanische Ministerpräsident Hideki Tojo zu einem Überraschungsschlag.

Nach dem Angriff auf Pearl Harbor wurde Hawaii unter Kriegsrecht gestellt. Während die japanische Bevölkerung auf dem Festland den ganzen Zorn der Amerikaner zu spüren bekam, war die Situation der Japaner auf Hawaii nicht ganz so problematisch. Es kam zu Enteignungen, aber nicht zu Internierungen wie auf dem Festland. Viele hawaiische Japaner traten als Beweis ihrer Loyalität zu den USA in die Armee ein.

Der Angriff auf Pearl Harbor hatte auch lange nach Ende des Zweiten Weltkriegs noch Auswirkungen. So spielte er eine wichtige Rolle bei der Entscheidung, die Inseln zum 50. Bundesstaat der USA zu machen. Auch die Verteidigungspolitik wurde durch das Ereignis geprägt. Nie wieder ein ›Pearl Harbor‹, schworen sich die Amerikaner. Der militärische Stützpunkt Hawaii wurde noch stärker ausgebaut und in ständige Alarmbereitschaft versetzt. Erst 1991 wurde dieser Zustand aufgehoben – der Kalte Krieg war damit auch auf Hawaii vorüber.

die Entwicklung des U-Bootes im Laufe des 20. Jh. aufzeigt.

Die Westküste

Nur wenige Reisende verschlägt es an Oahus Westküste. Im Windschatten der Waianae Mountains gelegen, kommt es im Westen der Insel kaum zu Regenfällen. Vor allem Kiawebäume gedeihen auf dem trockenen Boden. Entlang der Küste leben fast ausschließlich Hawaiianer und andere Polynesier, die meisten in ärmlichen Verhältnissen – vielleicht ein Grund dafür, daß man Fremde hier nicht gerade mit offenen Armen empfängt. Wer sich ein Bild von Hawaii abseits der ›Südseeidylle‹ machen möchte, dem empfiehlt sich dennoch eine Fahrt in den Inselwesten.

Über den Freeway H-1 gelangt man von Honolulu zum Farrington Highway (Hwy 93), der an der Yokohama Bay endet. **Nanakuli** heißt die größte Gemeinde an der Küste. Die 9500 Einwohner sind fast alle hawaiischer Abstammung. Vor der Ortschaft liegt ein breiter Strand, der sich in den Sommermonaten zum Schwimmen und Schnorcheln anbietet. Im Winter überläßt man das Terrain besser den Surfern. Das gleiche gilt für alle Strände zwischen Nanakuli und Waianae. Erst am **Pokai Bay Beach Park** kann man das ganze Jahr über sorglos schwimmen. Die schützende Bucht und das

flache Wasser haben den Beach Park besonders bei Familien mit Kindern populär gemacht.

Wenn es doch so etwas wie Tourismus an der Westküste gibt, dann spielt er sich in dem Örtchen **Makaha** ab, wo es einige Ferienwohnungen und sogar einen Golfplatz gibt. Der **Makaha Beach Park** ist im Winter ein Dorado der Surfgemeinde. Hier findet im Februar einer der berühmtesten Surfwettbewerbe des Archipels statt, der ›Buffalo's Big Board Surfing Classic‹, bei dem altmodische, bis zu 4,5 m lange und mehr als 36 kg schwere Surfbretter wieder zum Einsatz kommen. Wenn das Wasser in den Sommermonaten ruhig ist, wird auch gerne geschwommen.

Oberhalb des Ortes, im Makaha Valley, liegt eine der am besten restaurierten Tempelanlagen der Insel, der **Kaneaki Heiau** (in der Regel Di–So 10–14 Uhr, besser vorher erkundigen unter ☎ 695-8174). Da er sich auf privatem Gelände befindet, erhält man erst Zugang, nachdem man am Eingangstor Führerschein und Mietwagenvertrag inklusive Versicherungsnachweis vorgezeigt hat. Der Heiau war zunächst dem Erntegott Lono geweiht, später dem Kriegsgott Ku. Vermutlich huldigte Kamehameha I. in diesem Tempel seinem Gott nach der Eroberung Oahus. In den 1970er Jahren wurde die Kultstätte von Wissenschaftlern des Bishop Museum in den Originalzustand zurückversetzt, mitsamt seinen Aufbauten aus Ohia-Holz und Pili-Gras.

Surfer's Paradise

Hawaii und Surfen gehören untrennbar zusammen, schließlich schlug die Geburtsstunde des Wellenreitens mit Brett auf den hawaiischen Inseln. Das ›Surfen‹ ohne Brett, bei dem man seinen Körper von der Welle an den Strand tragen läßt, war allerdings schon lange in der polynesischen Inselwelt verbreitet. Wann genau die Althawaiianer auf die Idee kamen, mit einem Brett unter den Füßen über die Wellen zu reiten, läßt sich nicht mehr genau bestimmen. Jedenfalls wurde das Surfen, wie man es heute kennt, schon in alten hawaiischen Liedern besungen.

Welche Bedeutung das Surfen für die Hawaiianer hatte, läßt sich bereits an der Aufmerksamkeit erkennen, die sie dem Bau der Bretter schenkten. Genau wie beim Bau ihrer Auslegerkanus wurde zunächst mit größter Sorgfalt das richtige Holz ausgewählt, wobei nur jenes des Wiliwili-, des Koa- und des Brotfruchtbaumes in Frage kam. Der gesamte Prozeß, vom Fällen des Baumes über das Herstellen des Brettes bis hin zum ersten Wässern, wurde von religiösen Ritualen und Gesängen begleitet und erfolgte in Anwesenheit eines Priesters. Auf diese Weise wollte man sich der Gunst der Götter versichern.

Drei Brettarten waren im alten Hawaii gebräuchlich. Das kurze *alaia* aus Koaholz benutzten Frauen und Kinder gern für die niedrigeren Wel-

len in Strandnähe. Das *kikoo* war wegen seiner Länge von über 3,50 m sehr schwerfällig und stellte einige Anforderungen an das Können des Surfers. Das *olo* war in der Mitte dick und wurde zu den Rändern hin dünner. Nach der strengen Hierarchie der hawaiischen Gesellschaft durften nur Häuptlinge mit diesem Brett surfen. Ein weiteres Tabu sorgte dafür, daß die *alii* an den besten Surfstränden unter sich blieben. Kein Wunder, daß sie bald die besten Surfer Hawaiis waren. Schon damals gab es vermutlich Surfwettbewerbe, bei denen die Besten gegeneinander antraten, während die Zuschauer auf ihre Favoriten Wetten abschlossen.

Im 19. Jh. geriet das Surfen in eine Krise. Schuld daran waren die Missionare, denen das Wellenreiten als ›dekadentes, unnützes Vergnügen‹ ein Dorn im Auge war. Viele Surftraditionen und die besten Surfspots gerieten in Vergessenheit. Einige wenige ließen sich jedoch nicht beirren und gingen weiterhin ihrem Sport nach. Vielleicht würde heute kein Mensch mehr surfen, wäre nicht Jack London nach Hawaii gereist. Der amerikanische Erzähler beobachtete einige ›Beach Boys‹ beim Ritt über die Wellen und war derart begeistert, daß er ein Stück über diesen Sport schrieb. Der erste Schritt zur Wiedergeburt des Surfens war getan. Dann gründeten 1908 einige Privatleute am Strand von Waikiki den Outrigger Canoe Club, der es sich zur Aufgabe machte, das traditionelle Kanufahren zu pflegen. Aber auch das Surfen wurde im Club wieder aufgegriffen. Von diesem Zeitpunkt an gab es kein Halten mehr. Bald strömten die ersten Touristen nach Hawaii und fanden Gefallen am Surfen. Die hawaiische Surflegende Duke Kahanamoku sorgte auf Reisen dafür, daß der Funke auch bald nach Kalifornien und Australien übersprang. Von dort aus trat der Sport seinen Siegeszug um die ganze Welt an.

Seit den frühen Tagen des Surfens hat sich einiges getan. Längst sorgen moderne Materialien wie Schaumstoff und Fiberglas für leichte, wendige Bretter. Hin und wieder kommen aber auch noch die alten, mehrere Meter langen und über 40 kg schweren Bretter zum Einsatz, z. B. beim Buffalo's Big Board Classic, einem der beliebtesten Surfwettbewerbe an der Westküste Oahus. Er findet alljährlich im Februar statt. Überhaupt sind die Wintermonate die Hochsaison der Surfprofis. Zwischen November und März jagen die Winterstürme im Nordpazifik die Wellen quer über den Stillen Ozean bis nach Hawaii, wo sie sich an den Riffen zu meterhohen Wellenbergen auftürmen. Nur die Elite der Surfprofis wagt dann den lebensgefährlichen Ritt auf den *jaws,* wie man die bis zu 10 m hohen Wellen nennt. Berühmt-berüchtigt ist auch die Banzai-Pipeline, ein Wellentunnel, der selbst Könnern gehörigen Respekt einflößt und ihren Adrenalinpegel in die Höhe schnellen läßt.

Im Kaena Point State Park

Vorbei am **Makua Valley,** einem militärischen Sperrgebiet, erreicht man den **Kaena Point State Park,** der sich von der Yokohama Bay bis zum Kaena Point erstreckt. In den herrlichen, unter Naturschutz stehenden Sanddünen sind viele seltene Pflanzen beheimatet, darunter das Kaena akoko, das nur an dieser Stelle des Archipels wächst. Das weißblühende Naupaka mit seinen wasserspeichernden Blättern findet man häufig in Meeresnähe.

Mit etwas Glück sieht man Delphine vorbeiziehen. Ein Bad im Meer sollte man nur an windstillen Sommertagen unternehmen. Wanderfans haben die Möglichkeit, die 4 km bis zum Kaena Point durch einsame Landschaft auf Schusters Rappen zurückzulegen.

Die meisten Appartementanlagen vermieten ihre Wohnungen nur für mehrere Wochen/Monate. Zwei Ausnahmen: Makaha Surfside, ✆ 695-9574 oder 524-3455, 85-175 Farrington Hwy, und Makaha Shores, ✆ 696-8415, Fax 696-1805, 85-833 Farrington Hwy, beide vermieten auch auf Wochenbasis, $. Von den Campingmöglichkeiten an der Westküste sollte man als Tourist aus Sicherheitsgründen Abstand nehmen.

Der **Makaha Valley Country Club** bietet mittags Kleinigkeiten wie Hamburger und Teriyaki-Hühnchen.

Hawaiian Electric Beach (im Sommer Schwimmen, im Winter Surfen), Pokai Beach Park (Schwimmen), Makaha Beach Park (an ruhigen Tagen Schwimmen).

Kauai – die Garteninsel

Inselgeschichte(n) im Kauai
Museum in Lihue

Gischtfontänen am Spouting
Horn

Rote Erde im Hanapepe Valley

Legendäre Sonnenuntergänge
am Polihale Beach

Waimea Canyon – der ›Grand
Canyon des Pazifiks‹

Atemberaubende Ausblicke –
Wandern an der Na Pali-Küste

Kanuverleih an der Nordküste von Kauai

Kauai mit seiner üppigen Tropenvegetation ist geologisch die älteste der acht großen hawaiischen Inseln. Seit Jahrtausenden prägt die Erosion das Gesicht der Insel mit ihren tiefen Schluchten und steilen Küsten. Dem Regenreichtum verdankt Kauai Flußtäler und einen tropischen Regenwald. Im Westen liegt der eindrucksvolle Waimea Canyon, im Norden die atemberaubende Na Pali-Küste.

Mit einer Größe von 1433 km^2 ist Kauai die viertgrößte Insel des hawaiischen Archipels. Im schwer zugänglichen Landesinneren ragen die Überreste eines Vulkankegels empor – der Mount Kawaikini bildet mit seinen knapp 1600 m die höchste Erhebung der Insel. In unmittelbarer Nähe erhebt sich der Mount Waialeale. An seinem 1544 m hohen Gipfel regnen sich die zu Wolken kondensierten Wassermassen, die vom Pazifik aufsteigen, ab und machen das Gebiet um den Berg zum regenreichsten der Erde. Die Wassermassen speisen sieben Flüsse, darunter auch den einzigen schiffbaren Fluß der hawaiischen Inseln, den Wailua River.

Im Westen der Insel liegt der Waimea Canyon, ein tiefer Graben, der durch das Erosionswerk der Natur entstanden ist. An der West- und der Südküste der Insel herrscht ein trockenes, sonniges Klima vor, das diesem Teil Kauais ein beinahe wüstenhaftes Aussehen verleiht. Im äußersten Westen liegt auch der Polihale Beach, eingerahmt von hohen Sanddünen. Der langgestreckte Strand mit seinem feinen Sand gehört zu den schönsten der Insel. Ganz anders präsentiert sich der Norden und Nordwesten: üppig bewachsene Berghänge mit tiefen Tälern, in die sich Wasserfälle ergießen, und die tief zerklüftete Na Pali-Küste mit einsamen Stränden. Am weitesten entwickelt ist der Inselosten mit der kleinen Hauptstadt Lihue und dem Straßendorf Kapaa. In den Küstenregionen wird intensiv Zuckerrohranbau betrieben, eine der Haupteinnahmequellen von Kauai.

Kauai gestern und heute

Archäologische Funde belegen: Die ersten Siedler Kauais stammten von den Marquesas-Inseln. Der Legende nach handelte es sich um kleinwüchsige Menschen, die man später *menehune* nannte. Sie wurden von nachrückenden Tahitianern unterworfen, versklavt und dazu gezwungen, Tempelanlagen, Bewässerungs-

Strand von Hanalei

gräben und Fischteiche anzulegen. Im 12. Jh. folgte eine zweite Einwanderungswelle aus Tahiti. Der tahitianische Häuptling Moikeha brachte durch Heirat Kauai unter seine Herrschaft und führte den Anbau von Süßkartoffeln und Taro ein. Kauai blieb als die geographisch abgelegenste Insel des Archipels lange Zeit autonom. Dafür nahm die Geschichte der Weißen auf Hawaii hier ihren Anfang. Im Januar 1778 ging Captain James Cook in Waimea an Land. Die Krankheiten, die Cook und seine Leute einschleppten, kosteten unzähligen Ureinwohnern das Leben.

Kaumualii hieß der letzte Häuptling, der über ein unabhängiges Kauai herrschte. Ende des 18. Jh. versuchte König Kamehameha I. vergeblich, auch die letzte der hawaiischen Inseln zu erobern, 1804 scheiterte ein zweiter Versuch. Sechs Jahre später schlossen die beiden Herrscher ein Abkommen, durch das Kauai zwar dem Königreich Hawaii eingegliedert, Kaumualii jedoch in seiner Rolle als höchster Häuptling der Insel bestätigt wurde. Am gegenseitigen Mißtrauen der beiden Herrscher änderte diese Vereinbarung aber nichts.

1815 strandete ein russisches Handelsschiff auf Kauai. Der Häuptling konfiszierte die Ladung. Doch die russisch-asiatische Handelsgesellschaft wies ihren Agenten Georg Anton Scheffer an, die Ware zurückzufordern. Geschickt gewann Scheffer das Vertrauen des Häuptlings, indem er ihm versprach, die

Kauai

Anini
Beach Park
Kilauea **Vogelkolonie**
rinceville
Lighthouse Kilauea Point
National Wildlife
Refuge
Kalihiwai
Kepuhi
Point
Hanalei
Hanalei Valley
Scenic Overlook
Kilauea

Kuhio Highway

Anahola Mountains
56
Anahola Beach Park

HANALEI
Anahola

KAWAIHAU

Olohena Road
581
Kapaa

Waialeale
Wailua
1569 m
N. Fork Wailua River
Nounou Mountains
Coconut Plantation
Kawaikini
Opaekaa Falls
580
Coco Palms Resort
1598 m
Wailua River
Fern
Lydgate State Beach Park
Wailua River
State Park
Grotto
Wailua
Hauola Place of Refuge
Falls
56
Hana
Kaiwaloa
maulu St.
Kilohana Crater
583
LIHUE
345 m
Kapaia
Hanamaulu
56
Kilohana
Plantation
Lihue
Estates
Lihue Airport
Puhi
50
Grove Farm
Alakoko
Homestead
KOLOA
Kaumualii Hwy.
Fishpond
Nawiliwili Bay
50
Maluhia Rd.
Huleia Stream
Omao
Koloa Rd.
Haupu Ridge
Koloa
Kauai Channel
530
Koloa Mill
uting
St. Raphael's
Horn
Church
520
oloa Landing
ipu Beach Park
Poipu

N

0   8 km

Russen würden ihm bei der Eroberung Oahus zur Seite stehen. Als
Gegenleistung garantierte Kaumualii den Russen die Hälfte der Nachbarinsel sowie die gesamten Sandel-
holzvorkommen Oahus und Kauais.
1816 ließ Scheffer zwei Forts in
Waimea und Hanalei errichten und
stellte die Insel unter russisches Protektorat, angeblich im Auftrag Zar
Alexanders. Doch als der russische
Entdecker Otto von Kotzebue König
Kamehameha davon unterrichtete,
daß der Zar von den Plänen Schef-
fers nichts wisse, drohte der König
mit einem erneuten Angriff auf Kauai. Scheffer mußte fliehen.

Nach dem Tod Kamehamehas I.
bestieg sein Sohn Liholiho als Kamehameha II. den Thron. Auch er trau-
te dem Häuptling der Nachbarinsel
nicht. Er entführte den Rivalen nach
Oahu und zwang ihn, die Königin-
witwe Kaahumanu zu heiraten. Damit hatte man Kaumualii unter Kontrolle. Als dieser schließlich starb,
verlor Kauai auch den letzten Rest
seiner Unabhängigkeit.

Gegen Ende des 19. Jh. wurde auf
der Insel der Zuckerrohranbau eingeführt, der bis in die 40er Jahre des
20. Jh. die Wirtschaft bestimmte. Inzwischen hat die Mechanisierung
viele Arbeitsplätze überflüssig gemacht. Heute baut man auch Guaven, Taro und Papayas an und setzt
verstärkt auf Kaffee, Sonnenblumen
und Saatkorn. Noch vor der Landwirtschaft sind jedoch der Dienstlei-
stungssektor, der Groß- und Einzel-
handel sowie die Verwaltung die
größten Arbeitgeber.

Einen enormen Rückschlag erlebte Kauai 1992, als der Hurrikan Iniki
die Insel heimsuchte und große Ver-
wüstungen anrichtete. Noch immer
hat Kauai unter den Nachwehen zu
leiden. Der Tourismus stagnierte
und ließ die Arbeitslosenquote in
die Höhe schnellen. Sie liegt bei 10
% – weit über dem staatlichen
Durchschnitt.

Lihue und Umgebung

Nur knapp 6000 der 56 000 Insulaner leben in der Inselhauptstadt Lihue, die zugleich das Wirtschafts-
und Verwaltungszentrum Kauais ist.

Selten halten sich Reisende länger in dem Örtchen auf, das für den
Touristen nicht allzuviel zu bieten
hat. Eine Ausnahme macht das
Kauai Museum (4428 Rice Street,
✆ 245-6931, Mo–Fr 9–16 Uhr, Sa
10–16 Uhr), das einen interessanten
Überblick über die wechselvolle
Geschichte der Insel gibt.

Die **Lihue Sugar Mill** gehört zu
den wenigen Zuckermühlen Hawaiis, die noch in Betrieb sind. Auf
dem Förderband, das über den Highway 50 führt, wird das geerntete
Zuckerrohr von den Feldern in die
Mühle transportiert. Zuweilen ist
die Luft mit schwerem, süßlichem
Melassegeruch erfüllt.

An der Hoomana Road liegt die
Old Lutheran Church aus den 80er
Jahren des 19. Jh. Eine typische
schlichte Holzkirche, deren Inneres

jedoch ungewöhnlich ist: Deutsche Immigranten haben den Kirchenraum jenem Schiff nachempfunden, das sie in die neue Heimat brachte. Einige der Einwanderer sind auf dem Friedhof hinter der Kirche beerdigt – und zwar mit den Köpfen in Richtung der Zuckerrohrfelder, auf denen sie gearbeitet hatten. Im 19. Jh. entwickelte sich Lihue zu einer von Deutschen dominierten Gemeinde, denn es waren zwei deutsche Unternehmer, Heinrich Hackfelt und Paul Isenberg, die die großen Zuckerrohrplantagen anlegten.

Am Ortsrand von Lihue befindet sich an der Nawiliwili Road (Hwy 58) die **Grove Farm Homestead** (Mo, Mi, Do um 10 und 13 Uhr Führungen, Reservierung erforderlich, ✆ 245-3202). Das restaurierte Farmhaus ist eingebettet in einen schönen Garten. Es wurde 1864 von dem Sohn eines Missionarsehepaars errichtet, der mit dem Anbau von Zuckerrohr ein Vermögen verdiente. Alte Möbel und andere Einrichtungsgegenstände versetzen einen in die Zeit der Plantagenwirtschaft zurück. Auch die einstigen Unterkünfte der Arbeiter können besichtigt werden.

Folgt man der Nawiliwili Road, erreicht man den **Hafen** Lihues an der Nawiliwili-Bucht, über den die Inseln mit Waren versorgt werden.

Am Kauai Marriot Hotel liegt der **Kalapaki Beach Park,** der für jedermann zugänglich ist. An windstillen Tagen kann man hier – auch im Winter – gefahrlos schwimmen.

Vor den Toren Lihues befindet sich an der Hulemalu Road ein Aussichtspunkt, von dem man einen herrlichen Blick über die **Alakoko Fishponds** und die Hoary-Berge hat. Die Fischteiche sind auch unter dem Namen Menehune Ponds bekannt, denn der Legende nach sollen sie von *menehune* (s. S. 80) in einer einzigen Nacht errichtet worden sein.

Nördlich von Lihue führt die Maalo Road (Hwy 583) zu den **Wailua Falls.** Nach 4 Meilen auf einer von Zuckerrohrfeldern gesäumten schmalen Straße hat man die Wasserfälle erreicht. Über eine 24 m hohe Felswand ergießen sich die Wassermassen in das Tal – nach starken Regenfällen ein besonders beeindruckender Anblick.

ℹ️ **The Kauai Visitor Bureau,** ✆ 245-3971, 4334 Rice St., Suite 101, kauaivisitorsbureau.org.

🛏️ **Kauai Marriott,** Kalapaki Beach, ✆ 245-50 50, 800-228-92 90, Fax 241-60 25, Luxushotel an der Nawiliwili-Bucht mit breitem Sportangebot – Fitness, Tennis, Golf. **Garden Island Inn,** 3445 Wilcox Rd., ✆ 245-72 27, 800-648-01 54, kleines Mittelklasse-Hotel mit sauberen Zimmern, etwas laut.

🏕️ **Permits:** für State Parks bei der Division of State Parks, 3060 Eiwa St., Zimmer 306, ✆ 274-34 44; für County Beach Parks bei der Division of Parks & Recreation, 4444 Rice Street, Suite 150, Lihue Civic Center, ✆ 241-66 60.

🍴 **Hamura Saimin,** 2956 Kress St., einfaches, preiswertes Restaurant in Familienbesitz, Spezialität *saimin* (Nudelsuppe). **Fish Express,** 3343 Kuhio

Hwy, südlich des Wilcox Memorial Hospital, frische Fischspezialitäten. **Tokyo Lobby,** Pacific Ocean Plaza, authentisches japanisches Restaurant mit sehr guter japanischer Küche. **Duke's Canoe Club,** im Kauai Marriott, gutes Preis-Leistungsverhältnis, frischer Fisch, Salatbar.

 Gilligan's, Outrigger Kauai Beach, Fr und Sa Tanz.

 Hawaiiana im Shop des Kauai Museums.

Angeltouren auf hoher See veranstaltet True Blue Fishing Charters, ☏ 245-96 62. **Helikopterflüge:** Will Squyer Helicopter Tours, ☏ 245-8881, 245-7541, Flüge z. B. zum Waimea Canyon und zur Na Pali Coast. Ohana Helicopter Tours, ☏ 245-3996, 800-222-6989, Rundflüge über die Insel. **Golf:** Grove Farm Golf Course, ☏ 245-8756.

Entlang der Südküste – von Lihue zum Polihale Beach

Die Tour führt entlang der sonnenreichen Südküste mit dem Touristenzentrum Poipu, wo schöne Strände fast ganzjährig zum Schwimmen und Schnorcheln einladen. Die kleine malerische Gemeinde Koloa mit ihren hübschen alten Holzhäusern erinnert an die Ära des Zuckerrohranbaus. Auch in den anderen Orten entlang der Strecke scheint die Zeit stehengeblieben zu sein. Die Fahrt endet am Polihale Beach, einem der schönsten Strände der Insel.

Die gesamte Tour entlang der Südküste führt über den Kaumualii Highway (Hwy 50), der in Lihue seinen Anfang nimmt. Kurz hinter dem Städtchen erreicht man die **Kilohana Plantation** (Mo–Sa 9–21.30 Uhr, So 9–17 Uhr). Das stattliche Anwesen im Tudor-Stil wurde Mitte der 1930er Jahre von Gaylord Wilcox errichtet, dem einstigen Chef der Grove Farm Plantage. In den Räumen des prächtigen Wohnhauses sind heute Läden untergebracht, die ausgesuchtes Kunsthandwerk anbieten.

Weiter geht die Fahrt durch ausgedehnte Zuckerrohrfelder. Ungefähr 5 Meilen hinter Puhi zweigt die Maluhia Road (Strecke 520) ab, die durch eine Allee von Sumpfmahagonien, einer Eukalyptusart, führt. Vor dem verheerenden Wirbelsturm Iniki bildeten die Baumkronen einen regelrechten Tunnel, der nun langsam wieder entsteht.

Bald hat man **Koloa** erreicht, dessen Geschichte eng mit dem Zuckerrohranbau verbunden ist. Schon die ersten polynesischen Siedler hatten die Zuckerrohrpflanze mitgebracht, doch der Anbau im großen Stil begann erst um 1835, als ein junger Bostoner Unternehmer nach Koloa kam. Er lieh Land vom König und bezahlte die *alii,* die Häuptlinge, dafür, daß er Hawaiianer als Arbeiter beschäftigen durfte. Koloa wurde zum ersten Ort der Insel, der ganz im Zeichen des Zuckerrohranbaus stand.

Im Herzen Koloas erinnert eine Skulptur an vergangene Zeiten; dargestellt sind die verschiedenen Bevölkerungsgruppen, die auf den Zuckerrohrfeldern ihre schwere Arbeit verrichteten: Hawaiianer, Chinesen, Portugiesen, Koreaner, Japaner, Filipinos und Puertoricaner. Auf einer Schaurabatte sind unterschiedliche Zuckerrohrarten angepflanzt. Von der Zuckermühle selbst ist nur noch der verfallene Schlot übriggeblieben.

Seit dem Zweiten Weltkrieg spielt der Zuckerrohranbau keine Rolle mehr in Koloa, wohl aber der Tourismus – wie man auf ersten Blick erkennen kann. In den alten Holzgebäuden, die Koloa den Touch einer Westernstadt verleihen, haben sich heute die verschiedensten Läden eingerichtet. Hinter ›Crazy Shirt‹, einem Laden mit reicher T-Shirt-Auswahl, sind in alten Gebäuden Gegenstände und Fotos aus der Blütezeit des Zuckerrohranbaus ausgestellt. Exotisch muten die beiden buddhistischen Tempel der Koloa Jodo Mission an der Waikomo Road an. Der linke stammt aus dem Jahr 1910, der rechte ist neueren Datums. Geschichtsträchtig sind auch die beiden Kirchen des Ortes – die Koloa Church aus dem Jahr 1837 und die St. Raphael's Church von 1854, die älteste katholische Kirche der Insel.

Nach 2 Meilen hat man bei Poipu die Südküste erreicht, wo der Waikoko-Fluß ins Meer mündet. Hier befindet sich **Koloa Landing,** einst der wichtigste Hafen von Kauai, über den Obst, Gemüse und vor allem Zucker verschifft wurde. Auch Walfänger legten hier an, um neuen Proviant aufzunehmen.

Poipu selbst präsentiert sich als Konglomerat aus Strandhotels, Resortanlagen, Condominiums und Golfplätzen. Daß gerade dieser Teil der Insel zur Touristenhochburg avancierte, hängt mit der günstigen Wetterlage zusammen. Das sonst so regenreiche Kauai zeigt sich hier fast ganzjährig von der Sonnenseite. Strände laden zum Schwimmen und Schnorcheln ein, in den Sommermonaten herrschen gute Bedingungen für Surfer.

Folgt man der Küstenstraße nach Westen, dann erreicht man am Ende der Lawai Road **Spouting Horn,** wo man mit ein wenig Glück Gischtfontänen beobachten kann, die durch Spalten im Lavagestein emporschießen. Je stärker die Brandung, desto eindrucksvoller das Spektakel. Zurück in Richtung Koloa Landing passiert man linker Hand **Allerton Gardens**, wo man im Rahmen einer Führung (Mo–Sa 8.30–17.30 Uhr, Führungen nur nach Reservierung, ☎ 742-2623) tropische Pflanzen bewundern kann.

Von der Poipu Road in östliche Richtung verlaufende Stichstraßen enden an einigen schönen Stränden. Wegen seines flachen Wassers ist der **Poipu Beach Park** besonders für Kinder geeignet. Wer es etwas einsamer liebt, dem empfiehlt sich der abgelegene **Mahaulepu Beach** – man folgt der Poipu Road, die nach dem Hyatt Regency Hotel in eine ungeteerte Straße übergeht. Vor dem

Auch wenn das Wasser am Poipu
Beach recht flach ist – Lifeguards
sind immer zur Stelle

Tor biegt man rechts ab. Nach dem
Wachhäuschen ist es noch eine halbe Meile bis zum Parkplatz, wo
rechter Hand ein Pfad zum Strand
führt. Hier finden je nach Wetterlage
Surfer, Windsurfer und Boogieboar-
der ein geeignetes Revier.

Über Koloa und die Koloa Road
(Strecke 530) erreicht man wieder
den Kaumualii Highway (Hwy 50).
Die erste nennenswerte Ortschaft
heißt **Kalaheo.** Hier sind viele Einwohner portugiesischer Abstammung. Sehenswert sind die **Olu Pua
Gardens** (dreimal wöchentlich Tou-

ren, Reservierung ✆ 332-8182), die
landeinwärts an der Kreuzung von
Highway 50 und der Halewili Road
(Strecke 540) liegen. Hier erwarten
tropische Pflanzen, wie verschiedene Hibiskus-, Orchideen- und Pal-
menarten, den Besucher.

Vorbei an Kaffeeplantagen erreicht man kurz nach Meile 14 den
Hanapepe Valley Lookout, von
dem sich ein herrlicher Blick ins
Hanapepe Valley bietet, das von
steil aufragenden Felswänden eingerahmt wird. Die tiefrote Farbe der
Erde, die auf den nächsten Meilen
zu beiden Seiten des Highways auf-
fällt, geht auf oxidiertes Eisen zurück. Es werden sogar T-Shirts in
dieser Farbe eingefärbt und unter
dem Namen ›Red Dirt Shirts‹ in den
Inselorten verkauft.

Obwohl **Hanapepe** 1992 besonders hart vom Hurrikan Iniki getroffen wurde, hat sich das Örtchen mit seinen Holzhäusern viel von seinem historischen Charme bewahren können. Am besten läßt man den Wagen stehen und erkundet die Seitenstraßen zu Fuß. Die wenig befahrene Awawa Road, die von der Hanapepe Road abzweigt, führt vorbei an Tarofeldern mitten hinein ins ländliche Hawaii. Das Café im Hanapepe Bookstore eignet sich für eine Rast.

Am Ende des Ortes, hinter Meile 17, gelangt man über Seitenstraßen zum **Salt Pond Beach Park,** dessen Name auf die Teiche zurückgeht, in denen Hawaiianer bis heute Meersalz gewinnen. Am bewachten Sandstrand kann man picknicken und im Wasser sicher schwimmen.

Kurz vor Waimea erreicht man die Überreste des russischen **Fort Elizabeth.** Es stammt aus dem Jahr 1817, als Kauai russisches Protektorat wurde. Unter der Herrschaft Kamehamehas I. wurde das Fort noch einige Jahre von der hawaiischen Armee genutzt, bevor man es aufgab. Heute sind nur noch die rudimentären Außenmauern, die die Form eines Hexagons bilden, erhalten.

In der Geschichte der Besiedlung durch Weiße spielte die Ortschaft **Waimea** ein wichtige Rolle, denn hier setzte Captain Cook am 18. Januar 1778 zum ersten Mal seinen Fuß auf hawaiischen Boden. Im Lucy Wright Park erinnert eine schlichte Tafel an die historische Stelle des ersten Landgangs. Im Ortszentrum steht die Replik einer Statue zu Ehren des großen Seefahrers. Gut vierzig Jahre nach Cook erreichten die ersten Missionare in Waimea das Inselreich. Ihnen folgten Walfänger und Händler, bis schließlich Ende des 19. Jh. der Zuckerrohranbau Einzug hielt, der heute noch eine gewisse Rolle spielt.

Über die Menehune Road gelangt man zum **Menehune Ditch,** den Überresten eines Bewässerungssystems aus der voreuropäischen Epoche. Es soll von der versklavten Urbevölkerung errichtet worden sein. Noch immer wird die Wasserleitung, die heute weitgehend unter der Straße verschwunden ist, zur Bewässerung von Tarofeldern genutzt.

Kekaha heißt der nächste Ort entlang der Route. Auch er verdankt seine Existenz dem Zuckerrohranbau. Bis zum heutigen Tag wird in der örtlichen Mühle Zuckerrohr verarbeitet. Am bemerkenswertesten ist der Strand, der sich am gesamten Ort entlangzieht. Bei hohem Wellengang ist das Baden jedoch gefährlich. Vom Strand aus sieht man Niihau und das vorgelagerte halbmondförmige Inselchen Lehua.

Hinter Kekaha wechseln sich Felder mit Weideflächen ab. Die Berge im Inselinneren werden schroffer und steiler. Vorbei an dem militärisch genutzten Gebiet von **Barking Sands,** erreicht man über ungeteerte Schotter- und Sandpisten den **Polihale State Park,** der mit einem herrlichen, weiten Sandstrand, ein-

Hanapepe: drei Fenster, drei Figuren

gerahmt von Felsklippen, aufwartet. Die Sonnenuntergänge sind legendär, vom Baden aber sollte man wegen der starken Brandung absehen. Der State Park bietet Campingmöglichkeiten, Toiletten, Duschen, Trinkwasser und Picknicktische.

In **Poipu:** Hyatt Regency Kauai, 1571 Poipu Rd., ☎ 742-1234, 800-233-1234, Fax 742-1557. Hotel der Luxusklasse in herrlicher Gartenanlage, Sportangebot, $$$$$. Poipu Kapili, 2221 Kapili Rd., ☎ 742-6449, 800-443-7714, Fax 742-9162, luxuriöse Appartementanlage mit großzügigen Wohnungen, $$$. Garden Isle Cottages, 2666 Puuholo Rd., ☎ 742-6717, 800-742-6711, preisgünstige Appartements, z. T. mit Küche, umgeben von tropischem Garten, $$–$$$.

Gloria's Spouting Horn B & B, 4464 Lawai Beach Rd., ☎/Fax 742-6995, hübsches Bed & Breakfast mit drei Zimmern, alle mit Balkon und Meerblick, $$$. In **Kalaheo:** Classic Vacation Cottages, ☎ 332-9201, Fax 332-7645, zweckmäßig eingerichtete Räume z. T. mit Kochgelegenheit, $$. Kalaheo Inn, ☎ 332-6023, 888-332-6023, 2711 Milo Hae Loop, preisgünstige Unterkunft in zentraler Lage, $-$$. In **Waimea:** Waimea Plantation Cottages, 9600 Kaumualii Hwy, ☎ 338-1625, 800-992-4632, Fax 338-2338, restaurierte Häuser von Plantagenarbeitern unter Palmen, nicht ganz billig, dafür wunderschön, $$$-$$$$.

Hanapepe, Salt Pond Beach, Polihale State Park.

In **Poipu:** Keoki's Paradise, Poipu Shopping Village, neben Fisch- und Fleischgerichten auch Vegetarisches. Roy's Poipu Bar & Grill, Poipu Shopping Village, nur Abendessen, tgl. neue Karte, gute Pacific-Rim-Küche, aber auch Pizza,

Pasta und Salat. Pattaya Asian Café, Poipu Shopping Village, hervorragende thailändische und chinesische Küche zu vernünftigen Preisen. In **Kalaheo:** Brick Oven Pizza, leckere Pizza und Salate, sehr beliebt. In **Hanapepe:** Hanapepe Cafe, ☎ 335-5011, vegetarisch, Waffeln, frische Croissants, Pfannkuchen, auch Abendessen (nur Mi–Sa), dann reservieren. In **Waimea:** Wrangler's, einfache Küche zum Sattessen. Waimea Brewing Co., im Waimea Plantation Cottages untergebrachter Pub mit selbstgebrautem Bier und Snacks.

 In **Poipu:** Kuhios Nightclub, im Hyatt Regency, Fr und Sa.

 Ausgesuchte **Souvenirs,** u. a. wertvolle Muschelleis aus Niihau, in den Läden der Kilohana Plantation, 1 1/2 Meilen südlich von Lihue (Hwy 50).

 In **Poipu:** The Chopper Shop, ☎ 742-7000, Verleih von Motorrädern. Outfitters Kauai, ☎ 742-9667, unternimmt Kajaktouren entlang der Küste von Poipu, außerdem Mountainbike-Verleih. Blue Dolphin Charters, ☎ 742-6731, Segeltouren mit Gelegenheit zum Schwimmen, Schnorcheln und Tauchen. Tauchen mit Seaport Divers, ☎ 742-9303. CJM Country Stables, ☎ 742-6096, veranstaltet Ausritte entlang einsamer Strände. Golf: Kiahuana Golf Club, 742-9595, Poipu Bay Resort Golf Course, ☎ 742-8711. In **Koloa:** Mana Divers, ☎ 742-9849, Tauchkurse für Anfänger und Fortgeschrittene. Fathom Five Divers, ☎ 742-6991, bietet Tauchgänge und Schnorcheltouren. Blue Dolphin Charters, ☎ 742-6731, bietet Touren entlang der Na Pali-Küste. Hochseefischen mit Sport Fishing Kauai, ☎ 639-6013. In **Hanapepe:** Bali Hai Helicopter, ☎ 335-3166, Helikopterrundflüge über Waimea Canyon und Na Pali Coast. In **Waimea:** Liko Kauai Cruises, ☎ 338-0333, bietet interessante Bootstouren entlang der Na Pali-Küste unter hawaiischer Leitung. Segeln mit Captain Andy's Sailing, ☎ 335-6833.

 Lawai Beach (Surfen, Schnorcheln), Poipu Beach (Schwimmen, Surfen, Schnorcheln), Poipu Beach Park (Schwimmen, Schnorcheln), Shipwreck Beach (Surfen), Mahaulepu Beach (Surfen, Schnorcheln).

Waimea Canyon

Die spektakuläre Felsenlandschaft des Waimea Canyon mit seinen tiefen Schluchten und Wasserfällen gehört zu den landschaftlichen Highlights des gesamten Inselreiches. Oft als ›Grand Canyon des Pazifiks‹ bezeichnet, braucht der Waimea Canyon den Vergleich mit dem Gegenstück in Arizona nicht zu scheuen. Auch wenn letzterer größer und 200 Mio. Jahre älter ist – der Waimea Canyon ist nicht minder beeindruckend.

Die über 20 km lange und an manchen Stellen bis zu 1000 m tiefe Schlucht wird vom Waimea-Fluß durchschnitten, der im Laufe der Jahrmillionen den Canyon in das Gestein gewaschen hat. Wind und Regen haben ihren Teil zum Erosionswerk beigetragen und steile Felswände hinterlassen, die in den verschiedensten Farbtönen schimmern. Zahlreiche Regenfälle sorgen dafür, daß überall eine üppige tropische Vegetation sprießt, die einen atemberaubenden Kontrast zu dem farbigen Gestein bildet. Oft herrscht dunstiges Wetter, meist bietet sich morgens und am Vormittag die beste Sicht. Am schönsten ist ein Sonnentag nach ergiebigen Regenfällen – dann leuchtet der Stein am intensivsten, und an verschiedenen Stellen donnern Wasserfälle in die Tiefe.

Bevor man die Fahrt zum Canyon antritt, sollte man in Waimea oder Kekaha auftanken, entlang des Canyon besteht dazu keine Möglichkeit. Vom Highway 50 führen zwei Straßen hinauf zum Canyon, wobei der Waimea Canyon Drive, der in Waimea abzweigt, der landschaftlich schönere ist und eine herrliche Aussicht auf den Pazifik mit den Inseln Niihau und Lehua sowie erste Ausblicke in den Canyon bietet.

Entlang der Straße beginnen mehrere unterschiedlich anspruchsvolle Wanderwege. Keine große Anstrengung erfordert der **Illiau Nature Loop,** der nur einen halben Kilometer lang ist und an seltenen, einheimischen Pflanzen vorbeiführt, z.B. dem Iliau, der mit dem auf Maui vorkommenden Silberschwert verwandt ist. Der Trail beginnt kurz vor Meile 19. Der **Kukui Trail,** der hinunter in den Canyon führt, stellt einige Anforderungen an die Kondition. Sein Anfang liegt kurz vor Meile 9.

Unter den zahlreichen Aussichtspunkten ist der ausgeschilderte **Waimea Canyon Lookout** der schönste: Von hier schweift der Blick aus 930 m Höhe über die faszinierende Canyon-Landschaft. Durch üppige Tropenvegetation mit Eukalyptus- und Ohia-Bäumen, Wandelröschen

und Glorybush geht die Fahrt weiter zum **Kokee State Park,** zu dem auch die **Kokee Lodge** gehört. Hier befindet sich ein kleines Restaurant und ein interessantes Museum (tgl. 10–16 Uhr), das sich mit der Entstehung des Canyon und seiner Flora und Fauna beschäftigt. Im Museumsshop erhält man Kartenmaterial und Informationen zu den Wanderungen entlang des Canyon. In Blockhütten und auf dem Campingplatz bestehen Übernachtungsmöglichkeiten.

Die Kokee Road hält noch zwei weitere Aussichtspunkte bereit: Vom 1200 m hoch gelegenen **Kalalau Valley Lookout** blickt man in das tiefgrüne Kalalautal und bis hin zu den steilen Klippen der Na Pali-Küste. Nach einer weiteren Meile hat man dann den **Puu o Kila Lookout** erreicht, an dem die Straße endet. Pläne, ihn mit Haena an der Nordküste zu verbinden, wurden aufgrund des schwierigen Terrains fallengelassen. Auch hier genießt man – schwindelerregende – Ausblicke hinunter ins Kalalautal und gen Osten zu den **Alakai Swamps,** zu denen auch Waialeale gehört, der regenreichste Ort der Erde. Am Aussichtspunkt beginnen einige Trails von unterschiedlicher Länge und unterschiedlichen Schwierigkeitsgraden.

Kokee Lodge, ✆ 335-6061, 12 Blockhütten mit Kochgelegenheit, lange im voraus buchen. **Camp Sloggett** (Buchungen durch YWCA, ✆ 245-5959), einfache Unterkunft in Mehrbettzimmern, eigene Bettwäsche und Hand-

Waimea Canyon

tücher mitbringen, auch Möglichkeit zu zelten.

 **Kokee State Lodge,** einfaches Restaurant im Cafeteria-Stil, das Kleinigkeiten anbietet.

 Kokee State Park, Permits bei der Division of State Parks, s. S. 85. Zwei weitere Campingplätze, kurz bevor man den Kokee State Park erreicht, Infos beim YWCA's Camp Slogett im Kokee State Park, ✆ 335-6060.

 **Wandern:** Die Angestellten im Kokee Museum geben Auskunft über Wandermöglichkeiten.

So nah, so fern – die Insel Niihau

Niihau ist ein Kuriosum: Die knapp 29 km lange und 10 km breite Insel befindet sich im Besitz der Brüder Robinson, die sorgsam darüber wachen, daß die 230 Bewohner keinen unerwünschten Einflüssen – oder was man dafür hält – ausgesetzt sind. Mit soviel Fürsorge waren die Insulaner nicht bedacht, als gegen Ende des 18. Jh. Captain Cook auf Niihau aufkreuzte. Seine Mannschaft brachte nicht nur Ziegen mit, die der einheimischen Flora zusetzten, sondern – schlimmer noch – die Syphillis, an der viele Ureinwohner starben. 1864 kam die Schottin Elizabeth Sinclair nach Hawaii, deren Einfluß auf Niihau sich als nicht weniger weitreichend erweisen sollte. Sie kaufte König Kamehameha IV. die Insel ab, führte die Schafzucht ein und gründete jene Ranch, die heute ihre beiden Urenkel leiten.

Fest steht, daß sich auf keiner anderen Insel des Archipels die hawaiische Kultur so umfassend erhalten hat wie auf Niihau. In den Adern fast aller Bewohner fließt reines hawaiisches Blut. Noch immer ist Hawaiisch die Hauptsprache, auch wenn die Kinder inzwischen Englisch als zweite Sprache in der Grundschule lernen. Ein Flughafen, geteerte Straßen, Autos oder gar Telefon sind ebenso unbekannt wie elektrischer Strom. Die Insel ist ›trocken‹, sprich: Alkohol gibt es nicht. Die Insulaner leben von der Viehwirtschaft und der Produktion von Holzkohle, die sie aus dem Holz des Kiawebaums gewinnen. Auch das Herstellen von wertvollen Leis aus winzigen Niihau-Muscheln stellt eine Einnahmequelle dar.

Zum Schutz der traditionellen Lebensweise war Fremden der Zugang zur Insel lange Zeit verwehrt. Inzwischen hat man die Tür zur übrigen Inselwelt einen Spalt breit geöffnet: Damit der Helikopter, den man zur Sicherung der medizinischen Versorgung angeschafft hat, sich rentiert, werden teure, dreistündige Helikoptertouren veranstaltet (Niihau Helicopters, ✆ 335-3500), die Touristen einen – wenn auch selektiven – Blick auf Niihau gewähren. Kontakt zu den Einheimischen bekommt man während des Aufenthaltes in der Regel nicht. Überhaupt ist der Kontakt der Einheimischen zur Außenwelt recht beschränkt. Zwar sind Besuche auf der Nachbarinsel Kauai jederzeit erlaubt, Fremde dürfen aber nicht mitgebracht werden. Auch bei der Wahl der Ehepartner reden die Robinsons ein Wörtchen mit. Soziale Probleme wie Drogensucht und Gewalt, deren Ursache oft auch in einer Entfremdung von der eigenen Kultur liegt, sind auf Niihau unbekannt. Vielleicht ist dies mit ein Grund dafür, daß die Bewohner von Niihau ihrem Eiland vor den anderen Inseln den Vorzug geben.

Von Lihue zum Kee Beach Park

Diese Tour führt entlang der Ostküste mit ihren interessanten archäologischen Stätten bei Wailua und weiter zur Nordküste, wo grüne Weideflächen, Tarofelder, tiefe Bergtäler und herrliche Strände die Landschaft prägen. Neben dem Waimea Canyon ist die wildzerklüftete Steilküste von Na Pali ein weiterer landschaftlicher Höhepunkt, den man sich auf keinen Fall entgehen lassen darf.

Von Lihue geht es über den Prince Kuhio Highway (Hwy 56), der bis zur Na Pali-Küste führt, nach **Wailua.** Populär sind die Bootsausflüge auf dem Wailua River zur **Fern Grotto,** einer von Farnen überwucherten Grotte, inklusive Animation und Show-Programm – nicht jedermanns Geschmack. Die Bootstouren (s. S. 99) beginnen im Wailua Marina State Park, links vom Hwy 56.

Lohnend ist ein Stopp am **Lydgate Beach Park,** wo ein Seewasserpool sorglose Badefreuden garantiert. Am Parkplatz sind die Überreste des **Hikina A Ka La Heiau** zu sehen. Er stammt vermutlich aus dem 12. Jh. In der Nähe erinnert eine Plakette an den Zufluchtsort **Hauola,** an dem in althawaiischer Zeit jene Schutz suchten, die gegen eines der strengen Tabus verstoßen hatten.

Ein Abstecher ins Inselinnere führt zu einigen archäologischen Stätten entlang der Kuamoo Road (Hwy 580). Den Auftakt macht der **Holoholoku Heiau,** der zum *luakini*-Typus gehört. Er war also eine Stätte, an der Menschenopfer dargebracht wurden. In unmittelbarer Nähe steht der **Pohaku Hoohanu,** ein Geburtsstein, wo die Königinnen ihre Kinder zur Welt brachten. Der **Poliahu Heiau,** benannt nach der Schwester der Halbgöttin Pele, diente ebenfalls der Opferung von Menschen. Ein Stückchen weiter liegt rechts ein ausgeschilderter Aussichtspunkt, von dem man die **Opaekaa Falls** bewundern kann.

In Richtung Kapaa führt der Prince Kuhio Highway vorbei an einer Reihe von Einkaufszentren mit sehr guten Restaurants und Supermärkten. Erst die Ortschaft **Kapaa** versprüht mit ihren alten Holzhäusern, kleinen Läden und Cafés wieder Lokalkolorit. Durch ausgedehnte Zukkerrohrplantagen verläuft der Highway gen Norden, im Hintergrund erkennt man die Anahola-Berge.

In **Kilauea** hat man die Nordküste erreicht. Hier lohnt sich ein Abstecher zur Vogelkolonie des National Wildlife Refuge (tgl. 10–16 Uhr, außer an Feiertagen, Informationen zu Führungen, ☎ 828-1413), wo verschiedene Vogelarten wie Tölpel und Fregattvögel nisten und ihre Jungen aufziehen. Vom Leuchtturm kann man auf Steilküste und Meer blicken und im Winter mitunter sogar Wale beobachten.

Kurz vor Meile 25 zweigt die Kalihiwai Road ab, die am **Anini Beach** endet – ein herrlicher Platz zum Schwimmen, Schnorcheln und Windsurfen. Direkt am Wasser darf auch gezeltet werden.

Leuchtturm von Kilauea

Kurz vor Hanalei zweigt die Straße nach **Princeville** ab, eine aus dem Boden gestampfte Gemeinde mit luxuriösen Hotelanlagen, manikürten Golfparcours, Condominiums und großzügig angelegten Privathäusern. Überall herrscht gepflegter Wohlstand – so manchen fröstelt es allerdings beim Anblick von soviel Künstlichkeit.

Kurz hinter Princeville passiert man einen Aussichtspunkt, von dem sich der Blick ins Hanalei-Tal öffnet – das Wasser des Hanalei Rivers ermöglicht ausgedehnten Taroanbau. Auch viele Vogelarten finden hier gute Brutbedingungen vor.

Die **Hanalei-Brücke** ist die erste von vielen einspurigen Brücken im Inselnorden. Gegen Pläne, diese schmalen Brücken zu erweitern und so die Erschließung der Region voranzutreiben, setzten sich die Einheimischen erfolgreich zur Wehr.

Bald hat man die Ortschaft **Hanalei** erreicht, wo viele junge Leute für eine entspannte Atmosphäre sorgen. Von den Wunden, die der Hurrikan Iniki riß, ist nichts mehr zu sehen: Viele der alten Holzhäuser wurden originalgetreu wiederaufgebaut. Aus dem alten Ching Young Store ging das Ching Young Village hervor, in dem einige interessante Läden Kunsthandwerk anbieten. Sportlich Aktive können sich im Ausrüsterladen ausstatten. Auch die alte Grundschule gegenüber wurde liebevoll restauriert und in einen Ladenkomplex mit Restaurants umgewandelt.

Die alte, grüngestrichene Holzkirche Waioli Huiia Church vor dem Hintergrund der Namolokama-Berge bietet ein reizvolles Fotomotiv. Sonntags dringen die hawaiischen Gesänge des Waioli Church Choir, des besten Kirchenchors der Insel, aus dem Gotteshaus. Hinter der Kirche befindet sich das Waioli Mission House (✆ 245-32 02, Di, Do, Sa 9–15 Uhr) aus dem Jahr 1837, das von dem Missionarsehepaar Alexander errichtet wurde. Heute ist darin ein Museum untergebracht, das einen interessanten Eindruck vom Leben der Missionare im 19. Jh. vermittelt.

Besonders reizvoll ist die halbmondförmige **Hanalei-Bucht,** eine der malerischsten ganz Hawaiis. Die schönsten Sonnenuntergänge erlebt man am Hanalei Beach Park am nördlichen Ende der Bucht.

Die Strecke zwischen Hanalei und dem Kee Beach Park ist zauberhaft: Vorbei an herrlichen Stränden wie dem **Lumahai Beach** und dem **Haena Beach Park** führt der Highway über einspurige Brücken durch eine immer tropischer werdende Vegetation, die an steilen Berghängen sprießt. Hier und da bieten sich Ausblicke auf den tiefblauen Ozean.

Wainiha und **Haena** heißen die letzten Siedlungen vor der Na Pali-Küste – beide nur ein paar Häuser. Zwecks besserer Belüftung stehen einige auf Stelzen. Hinter Haena erblickt man große Höhlen im Felsgestein, die vor vielen tausend Jahren geformt wurden. Wie die Legende zu berichten weiß, dienten sie einst der Göttin Pele als Unterkunft.

Der Highway führt nun am **Limahuli Valley** vorbei, wo ein botanischer Garten zum Schutz seltener endemischer Pflanzen eingerichtet wurde (Di–Fr und So 9.30–16 Uhr). Kurz vor dem Kee Beach Park stößt man auf die **Waikanaloa-Höhle,** die tief ins Felsgestein führt und zum größten Teil unter Wasser steht.

Am **Kee Beach Park** endet der Highway. Hier nimmt die Na Pali-Küste ihren Anfang. Dort, wo ein Korallenriff den Strand schützt, kann man gefahrlos baden. Schnorchlern bietet sich ein wahres Unterwasserparadies – in das Gebiet jenseits des Riffs sollte man sich jedoch nur an windstillen Sommertagen begeben. Spaziert man ein kurzes Stück zum nördlichen Ende des Strandes, bietet

sich ein herrlicher Blick auf die Na Pali-Küste.

In **Wailua:** Kauai Sands Hotel, ☏ 822-4951, 800-367-7000, preisgünstiges Hotel am Meer, $–$$. Kapaa Sands, ☏ 822-4901, ältere Appartementanlage, alle Wohnungen mit Veranda, $$. Kauai Coconut Beach Resort, ☏ 822-3455, 800-222-5642, Fax 822-1830, recht ruhig gelegen, die Zimmer im 4. Stock sind die besten, auf Anfrage Zimmer plus kostenloser Mietwagen, $$$. Weiter landeinwärts liegen einige schöne B & B: z. B. House of Aleva, 5509 Kuamoo Rd., ☏ 822-4606, preisgünstige Unterkunft inklusive Frühstück bei freundlichen Gastgebern, $. Rosewood B & B, 872 Kamalu Rd., ☏ 822-5216, Fax 822-5478, Unterkunft in einem herrlichen alten Plantagenhaus, auch einfache, preiswerte Zimmer, $–$$. In **Kapaa:** Pono Kai Resort, 4-1250 Kuhio Hwy, ☏ 822-9831, Appartementanlage mit großen, gut ausgestatteten Räumen. Zur Anlage gehören Tennisplätze, Pool und ein Strand, $$$. Hotel Coral Reef, 1516 Kuhio Highway, ☏ 822-4481, 800-843-4659, kleines Hotel in Familienbesitz, direkt am Strand gelegen, $$. Keapana Center, 5620 Keapana Rd., ☏ 822-7968, 800-822-7968, herrlich gelegenes B & B oberhalb des Ortes mit esoterischem Touch, auf Wunsch erhält man eine Massage, $. Kauai International Hostel, 4532 Lehua St., ☏ 823-6142, 800-822-2295, Treffpunkt junger Rucksackreisender, leider etwas nachlässig geführt, $. In **Hanalei:** Historic B & B, ☏ 826-4622, gemütliches, mit Antiquitäten stilvoll eingerichtetes B & B, $–$$. Bed & Breakfast & Beach, ☏ 826-6111, in der Nähe des Strandes gelegen, besonders schön sitzt man auf der Veranda im 2. Stock, $$. In **Haena:** Kauai YMCA Camp Naue, bei Meile 8 am Hwy 560, ☏ 826-6419, Fax 246-4411, einfache Unterkunft in rustikalen Hütten am

Blick auf Hanalei

Strand, keine Reservierung möglich, $. Hanalei Colony Resort, ☎ 826-6235, 800-628-3004, Fax 826-9893, idyllisch gelegene Appartementanlage mit voll ausgestatteten Wohnungen, direkt am Strand, $$–$$$.

 Anini Beach, Hanalei Beach Park (Campen Fr, Sa und an Feiertagen erlaubt), Haena Beach Park.

In **Wailua:** Entlang des Highways gibt es einige Shoppingmalls, in denen man essen kann. Aloha Kauai Pizza, Coconut Marketplace, preiswerte Pizzeria. Caffé Coco, 4-369 Kuhio Hwy, nettes Café-Restautant, das auch vegetarische Speisen bietet. Kintaro, hervorragendes und authentisches japanisches Restaurant. Mema, thailändisches Restaurant, auf Anfrage werden Gerichte auch vegetarisch zubereitet. Kauai Village, Pacific Cafe, ☎ 822-0013, zweifelsohne ist dies eines der besten Restaurants der Insel, phantasievolle Pacific-Rim-Küche, aufmerksamer Service, Reservierung sehr empfohlen. In **Kapaa:** Hana-Ya, kleines japanisches Restaurant mit guter Küche. Norberto's El Café, herzhafte mexikanische Küche ohne viel Brimborium. Kountry Kitchen, 1485 Kuhio Hwy, populäres Restaurant mit deftiger Küche. In **Kilauea:** Kilauea Bakery & Pau Hana Pizza, Kong Lung Center, Pizza und frisch gebackenes Brot kann man an Tischen vor der Tür verzehren. Roadrunner Café, nettes Restaurant in Familienbesitz, leckere Salate und mexikanische Speisen, auch vegetarische Gerichte. In **Princeville:** Bali Hai Restaurant, Hanalei Bay Resort, herrlicher Blick auf die Hanalei-Bucht, nicht ganz billig. In **Hanalei:** Old Hanalei Coffee & Co.,

beliebter Treffpunkt zum Frühstücken. Hanalei Gourmet, Snackbar und Restaurant in einem, gutes Frühstück, Sandwiches und Salate. Zelo's, zur Zeit populärstes Restaurant im Herzen Hanaleis, viel junges Publikum, verschiedene Burger und Salate. Postcards, abwechslungsreiche Fischgerichte und Vegetarisches aus organischem Anbau, gutes Preis-Leistungsverhältnis.

In **Wailua:** Coconut Market Place Cinemas, Kino mit zwei Sälen am Coconut Market Place. In **Princeville:** In der Happy Talk Lounge des Hanalei Bay Resort jeden So 14–17 Uhr Jazz Sessions. In **Hanalei:** Hanalei Gourmet bietet am Abend ein abwechslungsreiches Musikprogramm.

In **Hanalei:** Pedal & Paddle, Ausrüster für Fahrrad- und Camping-

Kilauea Point Wildlife Refuge, ☎ 828-1413, jeden Morgen um 10 Uhr zweistündige Führung durch das Vogelreservat. Voranmeldung erbeten. In **Princeville:** Wassersport: Hanalei Watersports, ☎ 826-7509, bietet Tauchgänge und geführte Schnorcheltouren, Verleih von Wassersportgeräten. Golf: Princeville Golf Club, ☎ 826-1105. In **Hanalei:** Tauchen: North Shore Divers, ☎ 826-1921, Kurse für Fortgeschrittene. Kajak: Kayak Kauai, ☎ 826-9844, Touren entlang der Na Pali-Küste, Verleih von Wassersportgeräten, Fahrrädern und Campingausrüstung.

Lydgate Beach Park (Schwimmen), Anini Beach (Schwimmen, Schnorcheln, Surfen), Hanalei Beach Park (Schwimmen, Schnorcheln, Surfen), Pinetrees Beach Park (Surfen), Kee Beach (Schwimmen, Schnorcheln).

In **Wailua:** Bootsausflüge zur Fern Grotto veranstaltet Smith Motor Boat Service, ☎ 822-4111. In **Hanalei:** Segel-/Bootstouren: Blue Water Sailing, ☎ 828-1142. Na Pali Sail, ☎ 826-5585, Segeltouren mit Walbeobachtung. Hanalei Sea Tours, ☎ 826-7254, spezialisiert auf Bootstouren entlang der Na Pali-Küste, ebenso: Paradise Adventure Cruises, ☎ 826-9999, Na Pali Eco Adventurers, ☎ 826-6804.

Na Pali-Küste

Ohne Zweifel ist die Na Pali-Küste die spektakulärste Steilküste des gesamten Archipels. Na Pali heißt übersetzt ›die Klippen‹, und darum handelt es sich auch: Steil aufragende, üppig bewachsene Klippen prä-

touren. Evolve Love, hübsches Kunsthandwerk einheimischer Künstler.

In **Wailua:** Wailua Golf Club, ☎ 241-6666. In **Kapaa:** Esprit de Corps, ☎ 822-4688, Ausritte ins Inselinnere. Wassersport: Kauai Waterski & Surf Company, ☎ 822-3574, Kajaktouren, auch Wasserski und Surfen, Verleih von Wassersportgeräten. Wailua Kayak Adventures, ☎ 822-5795, Kajaktouren auf dem Wailua River. Guided Kayaking & Adventure Tours, ☎ 822-1112, Kajaktouren u. a. entlang der Na Pali-Küste. Kayak Rentals, ☎ 822-7759, geführte Kajaktouren, auch Kajakverleih. Touren und Wanderungen speziell für Kinder: Keiki Adventure, ☎/Fax 822-7823. In **Anahola:** Geführte Wanderungen: Kauai Trail Guides, ☎ 821-2345. In **Kilauea:** Reiten: Silver Falls Ranch, ☎ 828-6718, Fax 828-2829, Ausritte ins Bergland von Kauai.

Na Pali-Küste

gen den 35 km langen Küstenabschnitt zwischen Kee Beach Park im
Norden und Polihale State Park im
Westen. Fünf große Flußtäler, die
bis zur Ankunft weißer Missionare
bewohnt waren, durchschneiden
die Steilküste. Beeinflußt von westlicher Lebensweise gaben die Bewohner dann im Laufe des 19. Jh.
ihre abgelegenen Siedlungen auf
und zogen an leichter zugängliche
Orte. Heute haben sich einige Aus-
steiger in die abgeschiedenen Täler
zurückgezogen.

Es gibt mehrere Möglichkeiten,
die Na Pali-Küste zu erleben. An
windstillen Sommertagen kann man
die Küste bei einem Bootsausflug erkunden. Noch bequemer ist ein Flug
mit dem Helikopter. Wanderfans
können auf dem schönsten Wanderweg der Insel, dem **Kalalau Trail,** den
Spuren der Ureinwohner folgen, die
den Pfad schon vor langer Zeit nutz-
ten, um zu ihren Siedlungen zu gelangen. Möchte man die gesamten
18 km vom Kee Beach Park bis zum
Kalalau Valley auf diesem Wanderweg zurücklegen, bedarf es allerdings einer guten Kondition und
Wandererfahrung. Profis erreichen
das Tal am Ende des Trails in gut acht
Stunden, weniger anstrengend ist es,
die Wanderung in mehrere Etappen
zu unterteilen und in einem der
Täler entlang der Strecke zu campen. Die Permits für die Benutzung
des Trails (ab der Hanakapiai-Bucht)
und der Campingplätze stellt das Division of State Park Office in Lihue (s.
S. 85) aus.

Wer sich die gesamte Strecke
nicht zutraut, kann am Kalalau Trail
›schnuppern‹. In gut zwei Stunden
hat man die Bucht von Hanakapiai
erreicht. Nach einem Picknick am
Strand geht es zurück zum Ausgangspunkt. Dennoch – auch dieser

erste Abschnitt hat es in sich: Der Pfad ist, besonders nach Regenfällen, schlammig und ausgesprochen rutschig, an manchen Stellen geht es über Stock und Stein. Gute Kondition und die entsprechende Ausrüstung – Wasser nicht vergessen! – sind ein Muß. Belohnt wird man mit spektakulären Ausblicken auf Steilklippen und einen türkisblauen Pazifik, dazu üppiger Regenwald mit Guajavenbäumen, Palmen, Orchideen, Mimosen – ein unvergeßliches Erlebnis!

Entlang des Na Pali-Trails gibt es mehrere einfache Campingmöglichkeiten. Die Permits für die Zeit zwischen Mai und September muß man mehrere Monate im voraus bei der Division of State Parks in Lihue (s. S. 85) buchen.

Maui – Insel mit vielen Gesichtern

Buntes Alltagsleben
in Kahului und Wailuku

Lahaina – einstiges Mekka der
Walfänger und Missionare

Kihei und die Südwestküste

Nichts für Eilige – die
berühmte ›Road to Hana‹

Ein Fest fürs Auge –
Blumenzucht im Hochland

Wanderungen durch eine
Mondlandschaft – der
Haleakala National Park

Landschaft an der ›Road to Hana‹

Kurvenreich schlängelt sich die herrliche Küstenstraße in Richtung Hana durch tropische Vegetation. Wanderfans finden in der Mondlandschaft des Haleakala-Kraters ein reiches Betätigungsfeld. Ein historisches Kleinod ist das lebhafte Städtchen Lahaina. Die Sonnenküsten der Insel laden zum Baden, Surfen und Windsurfen ein. Nirgendwo sonst auf Hawaii lassen sich Buckelwale in den Wintermonaten besser beobachten als auf Maui.

Wie die Nachbarinsel Molokai ist auch Maui aus zwei Vulkanen entstanden, die aus dem Meer emporragten. Immer neue Eruptionen sorgten dafür, daß die Meeresstraße zwischen den beiden Vulkanen allmählich verschwand. Es entstand ein flaches Tal, das beide Landmassen miteinander verband. Der größere Ostteil der Insel wird von dem über 3000 m hohen Haleakala dominiert, dem jüngeren der beiden Vulkane. Weit weniger hoch sind die Berge der West Maui Mountains im Westteil der Insel. Die höchste Erhebung ist dort der Puu Kukui mit 1673 m.

Die gesamte Nordküste wird von tief eingegrabenen Tälern durchfurcht, in denen tropische Vegetation beheimatet ist. An der West- und Südwestküste herrscht ein sonniges, trockenes Klima vor, der Norden und Osten ist regenreicher. Für die Temperaturunterschiede ist nicht so sehr die jeweilige Jahreszeit, sondern die Höhenlage verantwortlich. Während an der Küste die Sonne für angenehm warmes Wetter sorgt, können gleichzeitig auf dem Haleakala-Krater Minusgrade herrschen.

Maui gestern und heute

Bis ins 14. Jh. wurde Maui von mehreren Häuptlingen regiert, im 16. Jh. jedoch brachte Häuptling Piilani die gesamte Insel unter seine Kontrolle. Unter ihm entstanden der größte Tempel der Insel, der Piilanihale Heiau, und ein ausgedehntes Wegesystem entlang der Küste. Der letzte unabhängige Herrscher über Maui war Häuptling Kahekili, dem es gelang, Molokai und Oahu zu erobern. Nach der Schlacht im Iao Valley im Jahr 1790 fiel die Insel an König Kamehameha I. Nachdem dieser den gesamten Archipel erobert hatte, wurde Lahaina Hauptstadt des neugegründeten Königreichs Hawaii.

Um 1820 begannen die ersten Missionare von Lahaina aus mit der Christianisierung der Insel. Zur gleichen Zeit wurde die Stadt zum Stützpunkt der Walfangflotte im Pazifik. Als der Walfang an Bedeutung verlor, kam die Zeit des Zuckerrohranbaus. Ein künstliches Bewässerungssystem sorgte dafür, daß der Anbau zu einem erfolgreichen Unterfangen wurde.

Mit Beginn der 1960er Jahre hat der Tourismus – nach Oahu ist Maui die Insel mit dem höchsten Besucheraufkommen – die Zuckerindustrie als Haupteinnahmequelle abgelöst. Dennoch spielt sie bis heute eine Rolle. Auch Ananas werden angebaut, fallen aber in wirtschaftlicher Hinsicht nicht sehr ins Gewicht. Auf zwei großen Farmen im Inselosten wird Viehzucht betrieben. Darüber hinaus ist Maui der größte Blumen- und Gemüseproduzent Hawaiis.

Im Osten von Maui liegt das landwirtschaftliche Herzland der Insel. Hier werden auf mehreren Farmen exotische Blumen gezüchtet, z. B. Proteen

Kahului und Wailuku

Wäre da nicht der Flughafen, die meisten Besucher der Insel würden **Kahului** links liegen lassen. Mauis größte Gemeinde hat Fremden wenig touristische Attraktionen zu bieten. Am nördlichen Ende des Isthmus gelegen, bot sich dem Ort viel Platz, sich auszudehnen. Und so präsentiert sich Kahului nach dem Vorbild einer typischen US-amerikanischen Kleinstadt – breite, gerade Straßen mit Shoppingzentren, Supermärkten und Fast-Food-Ketten bestimmen das Bild. Dennoch: Für wen der Reiz eines Ortes auch im Alltagsleben der Bewohner liegt, der sollte sich durchaus umschauen. Das gilt besonders für **Wailuku,** das sich nahtlos an Kahului anschließt. Historischen Charme besitzen vor allem die Market und die Vineyard Street, wo noch einige alte Häuser erhaltengeblieben sind. Antiquitätenläden laden zum ausgedehnten Stöbern ein. Die Tante-Emma-Läden und kleinen Restaurants werden fast nur von Einheimischen frequentiert.

An der Ecke High Street/Iao Valley Road liegt die **Kaahumanu Kirche,** die älteste Congregational Church Mauis aus dem Jahr 1837. Benannt wurde das Gotteshaus nach Königin Kaahumanu, die traditionellen Glaubensvorstellungen ein Ende setzte und dem Christentum damit Tür und Tor öffnete. Die heutige Kirche wurde 1876 von dem Missionar Edward Bailey errichtet, nach dem das **Bailey House Muse-**

Pailolo Channel

Honokohau Bay
Lipoa Point
Honolua Bay
Mokuleia Bay

Honokohau
Nakalele Point
Honolua
Kahakuloa
Kahakuloa Bay
Hakuhee Point

30 Napili
Kapalua

Honokowai
Kaanapali Beach
Whalers Village
Kaanapali

Honoapiilani Hwy.

340 Waihee Point

Hookip
Beach Par
Mantokuji
Mission

Waihee

West Maui Mountains

Waihee River

Kahekili Hwy.

Waiehu
Kanaha Beach Park
Spreckels- ville

36

Iao Needle
Puu Kukui
1764 m
686 m
Iao Valley
Iao Valley State Park
Iao Str.
Wailuku
32
Kahului
Kahului Airport
P

Lahaina

Olowalu Stream

Kepaniwai Heritage Gardens Park

Waikapu
30
380

Puunene
Alexander & Baldwin Sugar Museum

37

Puka

Launiupoko Point

Olowalu

Ukumehame Beach Park

Honoapiilani Hwy.

Mokulele Hwy.

370

350

Maalaea
31

Auau Channel

Papawai Point Lookout

Maalaea Beach

Maipoina Oleau Beach Park

Kihei

Kamaole Beach Park
Mokapu Beach Park
Ulua Beach Park

Wailea

Kula High

37

Polo Beach

Marine Life Conservation District

Makena
Keawalai Church

Ulupalaku Ranch
Tedeschi Winery

Little Beach
Molokini Island
Puu Olai

Kahoolawe

Big Beach
Cape Kinau
Keoneoio
La Pérouse Bay

Alalakeiki Channel

Kamanamana Point

Maui

Pauwela

Haiku

Kaulanapueo
Church
● Huelo

365

Twin Falls

Ulumalu   Kailua   360

Puohokamoa
Falls

Haipuaena
Falls

Makawao

Kaumahina State
Wayside Park

Keanae Peninsula
Keanae

Wailua

Keanae
Arboretum

377

Nahiku

Piilanihale
Heiau   Kahanu
Gardens

Puaa Kaa
State
Wayside

Keanae Valley

Hana Highway

360

Waianapanapa
State Park

Kaeleku

Sunrise Protea
Farm

Park Head Quarters

Flower
Farms

378

Kula Botanical
Gardens

a

Puu Ulaula
3055 m

Visitor
Center

Haleakala Crater Rd.

Koolau Gap

Haleakala
National Park

Hana

Hana
Bay

Kumuiliahi

Haleakala Crater

Haupaakea Pk. 2570 m
2792 m

'ipoli
73 m

Kaupo Gap

Kipahulu Valley

Paikea St.

Waihoi Valley

Hamoa

Woimoku
Falls

Wailua
Falls

Wailua

Makahiku Falls

Palapala Hoomau
Church

Oheo Gulch
(Seven Pools)

Kipahulu

Pukaauhuhu

Kaupo

Huialoha
Church

Lelekea
Bay

Piilani Highway

Pakowai
Point

Kailio Point

Alenuihaha Channel

N

0   8 km

Haleakala Hwy.

um (2375-A Main St., Mo–Sa 10–16 Uhr) benannt ist. Es befindet sich im ehemaligen Wohnhaus der Familie Bailey. Möbel und persönliche Gegenstände vermitteln ein Bild vom Leben der Missionare. Interessant ist auch die Hawaiiana-Sammlung mit traditionellen Objekten wie Kleidung aus Tapa, einem Auslegerkanu, Kalebassen und Steinwerkzeugen.

Über die Iao Valley Road gelangt man in das traumhaft schöne **Iao Valley**. 1790 war das Tal Schauplatz eines dramatischen Ereignisses. Geschickt jagte König Kamehameha I. während seines Angriffs die feindlichen Krieger hier in die Falle. Wer die steil aufragenden Felswände sieht, dem ist sofort klar, daß nur wenigen die Flucht gelingen konnte. Die anderen wurden niedergemetzelt, ihr Blut soll das Wasser des Iao-Flusses rot gefärbt haben.

Friedlich geht es dagegen in den **Tropical Gardens of Hawaii** (Mo–Sa 9–16.30 Uhr) zu, in dem zahlreiche einheimische Pflanzen gedeihen. Im **Kepaniwai County Park** hat man verschiedene Häusertypen nachgebaut – von einem hawaiianischen Grashaus über eine chinesische Pagode bis hin zu einem Missionarshaus im Neuengland-Stil – die den verschiedenen Bevölkerungsgruppen Mauis Tribut zollen. Hier picknicken die Einheimischen am Wochenende.

Das Ende des Tales ist am **Iao Valley State Park** erreicht, wo die steilen, dichtbewachsenen Felswände geradezu auf einen einzustürzen scheinen. Hier ragt der **Iao Needle,**

ein erodierter Basaltfelsen, 360 m in die Höhe. Nach der Legende handelt es sich bei dem Felsen um den versteinerten Liebhaber Iaos, der wunderschönen Tochter der Halbgötter Hina und Maui.

ℹ In **Wailuku:** The Maui Visitors Bureau, 1727 Wili Pa Loop, ✆ 244-3530, Fax 244-1337, visitmaui.com.

🛏 In **Wailuku:** The North Shore Inn, ✆ 242-8999, 2080 Vineyard St., einfaches, aber gemütliches Hostel für Junge und Junggebliebene, $.

✗ In **Wailuku:** Siam Thai, 123 N. Market St., gutes thailändisches Restaurant, Gerichte auch zum Mitnehmen. Ramon's, 2101 Vineyard St., herzhafte mexikanische Küche. Aki's, 309 Market St., authentische hawaiische Küche!

🏃 **Wanderungen:** Hike Maui, ✆ 879-5270, Fax 893-2515, veranstaltet Wanderungen. **Windsurfen:** z. B. Hawaiian Island Surf & Sport, ✆ 871-4981, 800-231-6958, 415 A Dairy Rd., Kahului; Hi-Tech Surf Sports, ✆ 877-2111, 800-736-6284, 425 Koloa, Kahului. **Helikopterflüge**: Blue Hawaiian Helicopters, ✆ 871-8844, Sunshine Helicopters, ✆ 871-0722.

Der Westen von Maui

Am Fuße der West Maui Mountains, die den gesamten Westteil der Insel einnehmen, verläuft die Küstenstraße, über die man nach Lahaina und zu den Touristenzentren bei

Kaanapali gelangt. Entlang der Strecke liegen herrliche Strände und Buchten. Über eine äußerst schmale, sehr kurvenreiche Straße kehrt man nach Wailuku zurück. Die Leihwagenfirmen untersagen die Benutzung des letzten Abschnitts der Küstenroute, wohl weil im Pannenfall das Abschleppen des Wagens aus diesem abgelegenen Gebiet zu teuer wäre. Die Entscheidung für oder gegen die Rundreise liegt demnach – mit allen Konsequenzen – beim Mieter des Fahrzeugs.

Von Wailuku führt der Honoapiilani Highway (Hwy 30) durch eine herrliche Baumallee in Richtung Süden. Vorbei an Zuckerrohrfeldern

gelangt man nach **Maalaea** an der gleichnamigen Bucht. An der Maalaea Road erwartet das größte Aquarium Hawaiis, das **Maui Ocean Center** (✆ 270-7000, tgl. 9–17 Uhr), seine Besucher. Ob tropische Fische, Korallenriffe oder Meeresschildkröten – die ganze hawaiische Unterwasserwelt kann man hier betrachten, ohne naß zu werden. Besonderer Stolz des Aquariums ist ein männlicher Tigerhai.

Von dem kleinen Yachthafen starten Ausflugsboote nach Molokini Island. Einige Meilen weiter liegt der **Papawai Point Lookout,** hervorragend geeignet, um einen spektakulären Sonnenuntergang zu erleben. Die Hauptattraktion sind aber die Buckelwale, die sich in den Wintermonaten in unmittelbarer Küstennähe aufhalten und hier ihre Jungen aufziehen. Von dem Aus-

Mit Haien auf Tuchfühlung gehen – im Maui Ocean Center

Vom Gesang der Wale

Jahr für Jahr tauchen vor den Küsten der hawaiischen Inseln, vor allem vor jener von Maui, Buckelwale auf, um in den warmen Gewässern zu überwintern. Der Buckelwal zählte einst zu den am häufigsten vorkommenden Walarten, bis der Mensch ihn fast völlig ausrottete. In der Zeit um 1900 wurden noch 15 000 Tiere gezählt, doch da die Jagd erst in den 60er Jahren verboten wurde, sind es heute nur noch 2000 Exemplare.

Die Buckelwale gehören zur Untergruppe der Bartenwale, die anstelle von Zähnen sogenannte Barten besitzen. Geschickt wissen die Tiere das Plankton aus dem Wasser zu filtern. Sie bilden ein spiralförmiges Netz aus Luftblasen, mit denen sie die winzigen Organismen zusammentreiben. Dann schlucken sie das Wasser, wobei das Plankton an den Barten hängenbleibt. Auf diese Weise nehmen sie bis zu einer Tonne Nahrung pro Tag zu sich. Da kältere Gewässer besonders planktonreich sind, verbringen die Buckelwale die Sommermonate vor den Küsten Alaskas. Dort legen sie sich eine dicke Fettschicht zu, von der sie während der Wintermonate leben. Während ihres Aufenthaltes vor Hawaii pflanzen sich die Tiere fort und bringen dann in der nächsten Saison am gleichen Ort ihre Jungen zur Welt. Die Jungtiere sind bei der Geburt bereits über 3 m lang und wiegen schon über 1000 kg. Sie werden mehrere Monate gesäugt und legen pro Tag 45 kg an Gewicht zu. Um vor Angriffen von Haien geschützt zu sein, verbleiben sie mit ihren Müttern in flachen, küstennahen Gewässern. Ein Glück für den Menschen, der den Tieren vom Land aus zuschauen kann. Auch spezielle Bootstouren werden während der Saison veranstaltet. Dabei wird strikt darauf geachtet, daß ein Abstand von mindestens 200 m eingehalten wird, denn die Tiere sind hochempfindlich gegen Störungen durch den Menschen. So meiden Buckelwale Plätze, an denen Wassersport betrieben wird. Besonders der Lärm, der von Jetskis ausgeht, scheint sie zu verschrecken. Wer den Sicherheitsabstand zu den Walen nicht einhält, wird mit einem Bußgeld von 25 000 $ zur Kasse gebeten.

Der Buckelwal ist in vielerlei Hinsicht ein einzigartiges Tier. Seine unglaublichen akrobatischen Fähigkeiten haben ihm den Beinamen ›Clown der Meere‹ eingebracht. Trotz seines enormen Gewichtes von über 40 t und einer Länge von bis zu 19 m springt er mitunter fast vollständig aus dem Wasser, um sich dann mit voller Wucht ins Meer platschen zu lassen. Wissenschaftler vermuten, daß die Schallwellen,

Die Gesänge
und Sprünge
der Buckelwale
sind noch längst
nicht vollständig
erforscht

die diese Bewegungen erzeugen, der Kommunikation mit Artgenossen dienen.

Beinahe noch faszinierender als die Sprünge des Buckelwals ist sein Gesang. Auch andere Wale geben Laute von sich, aber keiner tut dies in einer so differenzierten Form wie der Buckelwal. Daß Buckelwale ›singen‹ können, wurde zufällig in den 50er Jahren während militärischer Abhörmaßnahmen vor den hawaiischen Küsten entdeckt. Allerdings singen nur die männlichen Tiere. Sie bringen lange, komplexe Tonfolgen hervor. Ein ›Lied‹ dauert bis zu 10 Minuten und wird dann exakt wiederholt. Und überdies: Alle männlichen Mitglieder einer Herde singen die gleichen Lieder in der gleichen Reihenfolge. Im Laufe der Jahres verändern sich die Lieder, alte Tonfolgen werden fallengelassen, neue hinzugefügt. Inzwischen scheint festzustehen, daß die Buckelwale in den kalten Gewässern vor Alaska nicht singen. Ihre Gesänge, die vermutlich sowohl der Verständigung mit den Artgenossen als auch der Brautwerbung dienen, nehmen sie erst wieder auf, wenn sie nach Hawaii zurückkehren, und zwar genau an der Stelle des ›Liedes‹, an der sie sechs Monate zuvor aufgehört haben.

sichtspunkt lassen sich die Tiere aus nächster Nähe beobachten. Die beiden Inseln im Hintergrund sind Molokini und Kahoolawe.

Zwischen dem Ozean und den Berghängen der West Maui Mountains geht die Fahrt weiter, vorbei an einigen schmalen Sandstränden, an denen sich Surfanfänger in den Wellen tummeln. Der **Launiopoko Wayside Park** lädt zum Picknick ein. Oft gibt hier die Sonne eine Galavorstellung, wenn sie hinter der Nachbarinsel Lanai versinkt.

In **Maalaea:** Pacific Whale Foundation Eco Adventures, ☎ 879-8811, Schnorcheltouren nach Molokini und Lanai. Molokini und Turtel Town Adventure, ☎ 875-1112, Schnorcheltouren nach Molokini, Walbeobachtung auf einem alten Segelschiff.

Maalaea Bay (Windsurfen), Maipoina Oe Iau Beach Park (Schwimmen, Windsurfen), Kamaole Beach Park (Schwimmen), Keawakapu Beach (Schnorcheln).

Lahaina

Kein anderer Ort auf Maui atmet soviel Geschichte wie Lahaina. Noch immer steht das Zentrum ganz im Zeichen des 19. Jh., dem das kleine Städtchen seine Boomjahre zu verdanken hat. Zwischen 1810 und 1845 war Lahaina nicht nur Hauptstadt des neugegründeten Königreichs Hawaii, sondern auch Mekka der Walfänger und Missionare. Bis in die 1940er Jahre suchten Jahr für Jahr Hunderte von Walfangschiffen im Hafen von Lahaina Schutz vor den Winterstürmen. Hoch her ging es an Land, wo sich die Seeleute nach entbehrungsreichen Monaten

auf See in Bars, Bordellen und Spiel-
höllen vergnügten. Sehr zum Miß-
fallen der Missionare, die seit 1823
in Lahaina weilten, entwickelte sich
der Ort zum Sündenbabel des Pazifiks. Durch Tabus gelang es ihnen,
dem wilden Treiben ein Ende zu setzen, was wiederum auf wenig Ge-
genliebe bei den Walfängern stieß.
Doch die Missionare, die mit ihren puritanischen Moralvorstellun-

gen inzwischen Rückhalt bei der
königlichen Familie gefunden hatten, behielten die Oberhand.

Ab Mitte des 19. Jh. waren die
Boomjahre für Lahaina dann Geschichte: Erdöl machte Waltran
überflüssig, das günstiger gelegene
San Francisco wurde zum Pazifik-
hafen Nummer eins. Dann begann
die Zeit des Zuckerrohranbaus auf
Maui, und bald wurde der Ort von

Gut behütet ist man in Lahaina

Plantagenarbeitern aus aller Herren Länder bevölkert.

Rund um die Front Street mit ihren historischen Gebäuden wird die Erinnerung an glorreiche Zeiten sorgfältig konserviert, und auch wenn der Tourismus den Ort inzwischen fest im Griff hat – dem Charme Lahainas kann man sich nur schwer entziehen.

Ein Spaziergang durch das Zentrum beginnt am legendären **Pioneer Inn.** In dem zweistöckigen Gebäude mit der typischen Veranda ist ein Saloon untergebracht, der ganz im Zeichen der Walfängerjahre steht. Daß das Haus erst viel später, um die Wende zum 20. Jh., er-

richtet wurde, scheint niemanden weiter zu stören. Im Park nebenan beeindruckt ein gewaltiger **Banyanbaum,** der 1873 zu Ehren der ersten Missionare gepflanzt wurde. Dahinter liegt das **Old Courthouse,** das im 19. Jh. aus dem Korallengestein des alten Königspalastes errichtet wurde. Neben Zollamt, Post und Büro des Gouverneurs war auch das Gefängnis darin untergebracht.

Rechts daneben erkennt man die Überreste eines alten **Forts.** Hier wurden aufmüpfige Walfänger festgesetzt. Im **Lahaina Harbor** liegt eine Replik des Zweimastschoners **Carthagian** (tgl. 10–16 Uhr zugänglich) vor Anker, auf dem man im 19. Jh. Waren zwischen Asien und der Ostküste Amerikas hin und her transportierte. Das Original lief vor dem Hafen von Lahaina auf ein Riff und sank.

Ecke Front/Dickinson Street befindet sich der **Masters' Reading Room,** wo sich die Kapitäne der Walfangschiffe ausruhen konnten, ohne das Geschehen im Hafen aus dem Auge zu verlieren. Nebenan steht das älteste Haus von Lahaina, das **Baldwin House** (tgl. 10–16.30 Uhr) aus dem Jahr 1834. In dem aus Korallenstein errichteten Gebäude lebte der Missionar Dwight Baldwin, der auch als Arzt tätig war. Heute kann man noch Möbel, Porzellan und andere persönliche Gegenstände der Missionarsfamilie besichtigen.

Folgt man der Front Street, gelangt man zum **Wo Hing Temple** (tgl. 10–16.15 Uhr), der 1912 von der chinesischen Gemeinde des Ortes errichtet wurde. Hier traf man sich, um die Erinnerung an die alte Heimat wachzuhalten. In den 1980er Jahren wurde das heruntergekommene Gebäude von der Lahaina Restoration Foundation restauriert und in ein Museum verwandelt. Besonders interessant sind die alten Fotos sowie die Filme, die Thomas Edison um 1900 auf Hawaii gedreht hat. Letztere werden im alten Küchenhaus nebenan gezeigt.

Wer sich für die Geschichte des Walfangs interessiert, ist im **Lahaina Whaling Museum** (im Crazy Shirt-Laden, tgl. 9–22 Uhr) am richtigen Ort. Hier sind die verschiedensten Gegenstände rund um den Walfang ausgestellt.

Ein weiteres Überbleibsel aus den quirligen Tagen der Walfänger ist das **Hale Paahao Prison** in der Prison Street. Das Gebäude entstand im Jahre 1852. Gefangene waren dazu verdonnert worden, das alte Fort am Hafen abzureißen und die Steine zur Baustelle des Gefängnisses zu transportieren. Dort mußten sie dann die Wände ihres eigenen Kerkers hochziehen. Die Zellen können besichtigt werden. Aufschlußreich ist die Liste, auf der vermerkt ist, welche Missetaten Gefängnisstrafen zu Folge hatten. Ganz oben rangiert – man ahnt es schon – Trunkenheit, gefolgt von Ehebruch und Unzucht.

The Plantation Inn, ✆ 667-9225, 800-433-6815, Fax 667-9293, 174 Lahainaluna Rd., elegantes, kleines Hotel im Stil der Zeit um 1900, $$$. **The Lahaina Inn,** ✆ 661-0577, 800-669-3444, Fax 667-9480, 127 Lahainaluna Rd., liebevoll eingerichtetes kleines Hotel mit viel Charme, $$. **Pioneer Inn,** ✆ 661-3636, 800-457-5457, Fax 667-5708, 658 Wharf St., im Zentrum des Geschehens, entsprechend laut, $$. **Lahaina Roads,** ✆ 661-3166, 800-624-8203, 1403 Front St., Appartementanlage mit vollausgestatteten Wohnungen, $$. Old Lahaina House B & B, ✆ 667-4663, 800-847-0761, Fax 667-5615, nettes B & B, mit Frühstück, tgl. außer So.

Camp Pecusa, in Olowalu, 5 Meilen südlich von Lahaina, unter Leitung der Episcopal Church, ✆ 661-4303.

David Paul's Lahaina Grill, ✆ 667-5117, 127 Lahainaluna Rd., exzellente Pacific-Rim-Küche, anheimelnde Atmosphäre, entsprechend teuer. **Pacific'O,** ✆ 667-4341, 505 Front St., phantasievolle Küche, Blick aufs Meer. **Aloha**

Cantina, 839 Front St., mexikanisch-texanische Speisen, Meerblick. **Kimos,** 845 Front St., beliebter Treffpunkt bei Sonnenuntergang. **Lahaina Coolers,** 180 Dickenson St., u. a. thailändische Gerichte, gutes Preis-Leistungsverhältnis.

Musik: Maui Brews, 900 Front St., gute Musik und gutes Bier. Longhi's, 888 Front St., Fr und Sa manchmal Live-Bands. Pacific'O, 505 Front St., Live Jazz, Do–Sa. Aloha Cantina, 839 Front St., Live Music, Fr und Sa, meistens Folk. **Kino:** Lahaina Cinemas, Wharf Cinema Center und Front Street Theaters, Lahaina Center.

South Seas Trading Post, 780 Front St., origineller Laden, Kunst aus Polynesien und Südostasien.

Am Hafen von Lahaina werden viele Touren nach Molokini, zum Schnorcheln, Tauchen und zur Wal-/Delphinbeobachtung angeboten. **Tauchen:** Lahaina Divers, ✆ 667-7496, 800-998-3483, Kurse und Touren. **Parasailing:** West Maui Parasail, ✆ 661-4060. **Sportfischen:** Hinatea, ✆ 667-7548. **Surfen:** Goofy Foot Surf School, ✆ 244-9283. Maui Surfing School, ✆ 875-0625. Surf Dog Maui, ✆ 250-7873. Outrageous Adventure Surf, ✆ 669-1400. **Verleih:** Rental Warehouse, ✆ 661-1970, Wassersportgeräte, Fahrräder, Golfausrüstungen. **Walbeobachtung:** Pacific Whale Foundation, ✆ 879-8811. **Bootscharter/Segeltouren:** Paragon Sailing Charters, ✆ 244-2087. Navatek II, ✆ 661-8787. **Fahrten mit dem Sugar Cane Train:** The Lahaina Kaanapali & Pacific Railroad, ✆ 661-0089/0080, Fax 661-4143.

Zwischen Lahaina und Kaanapali: Wahikuli Wayside Beach Park (Schwimmen), Hanakoo Beach Park (Schwimmen, Schorcheln).

 Fähre nach Lanai: Expeditions, ✆ 661-3756, 5 x täglich.

The Lahaina Express verkehrt mehrmals täglich zwischen Lahaina (Wharf Cinema Center) und Kaanapali Resorts.

Von Lahaina über den Nakalele Point nach Wailuku

Nach Lahaina führt der vielbefahrene Honoapiilani Highway (Hwy 30) in Richtung Kaanapali. Rechts der Straße verläuft der Schienenstrang des historischen Sugar Cane Train, mit dem einst Zuckerrohr zu den Mühlen transportiert wurde. Heute fahren Touristen mit dem restaurierten Zug durch die Zuckerrohrfelder.

Den Auftakt zu den Hotelanlagen im Westteil der Insel macht **Kaanapali,** wo Anfang der 1960er Jahre die ersten Resorts außerhalb Waikikis entstanden. Direkt am Ufer reihen sich heute sechs große Hotels wie Perlen auf einer Kette aneinander. Hinzu kommen Condominiumanlagen, zwei Golfplätze und ein Shopping Center – alles in allem ein ausgesprochen gepflegter, wenn auch recht künstlich anmutender Ort. Ein Abstecher lohnt dennoch: die luxuriösen Hotels **Hyatt Regency Maui** und **Westin Maui** warten mit museumswürdigen Kunstsammlungen und opulenten Gartenanlagen auf. Auch Nicht-Gäste sind herzlich willkommen, sich umzuschauen. Vor den Hotels erstreckt sich **Kaanapali Beach,** ein knapp 5 km langer Sandstrand, der ebenfalls für die Öffentlichkeit zugänglich ist. Schilder mit der Aufschrift ›Public Beach Access‹ weisen den Weg. Nicht immer ist das Baden ungefährlich, am besten, man erkundigt sich in einem der Hotels nach den Bedingungen.

Wem im exklusiven Shopping-Zentrum Whalers Village der Sinn nicht nach Einkaufen steht, der sollte dem kleinen **Whaling Museum** (tgl. 9.30–22 Uhr) einen Besuch abstatten, in dem sich alles um den Walfang dreht: Neben Harpunen und Gerätschaften, mit denen Waltran verarbeitet wurde, werden alte Fotos und aufwendige Schnitzarbeiten aus Walknochen gezeigt. Auf Tafeln wird die Geschichte des Walfangs erzählt.

Kurz hinter Kaanapali zweigt die Küstenstraße Lower Honoapiilani Road vom Highway ab, von der man bei **Honokowai** schöne Ausblicke auf Lanai und Molokai genießt. Bei **Napili** lädt die gleichnamige Bucht – bei ruhiger Wetterlage – zum Baden und Schwimmen ein. Schon Mitte der 1960er Jahre wurde auf Druck der Bewohner Napilis ein Gesetz erlassen, das verbot, höher als eine Kokospalme zu bauen. So blieb Napili von Bausünden, wie man sie hier und da auf den Inseln findet, weitgehend verschont.

Das vornehmere **Kapalua** wartet mit dem schönen **Kapalua Beach** auf, wo man sommers wie winters sicher baden und hervorragend

schnorcheln kann. Auch der etwas weiter nördlich gelegene **Fleming Beach Park** mit feinem Sandstrand vor einer Kulisse aus Eisenholzbäumen ist sehr ansprechend. Beim Schwimmen sollte man wegen der gefährlichen Strömungen jedoch äußerste Vorsicht walten lassen.

Hinter Kapalua beginnt wieder das ländliche Maui. Bei den Namen **Mokuleia** und **Honolua Bay** geraten Surfprofis ins Schwärmen, denn in den Wintermonaten herrschen hier für Könner perfekte Bedingungen. In den Sommermonaten dagegen kann man gefahrlos schwimmen und besser noch schnorcheln und tauchen – beide Buchten sind Unterwasserschutzgebiete.

Die Straße wird immer schlechter und kurvenreicher, die Vegetation üppiger und grüner. Etwa in Höhe des **Nakalele Point** endet der Highway 30. Es beginnt eine kurvenreiche, zum Teil einspurige Straße, die durch eine der unberührtesten Ecken von Maui führt. Hier gilt wieder wie an anderen Stellen der Insel: Die Weiterfahrt mit dem Mietwagen liegt mit allen Konsequenzen (hohe Abschleppgebühren!) beim Mieter.

Tief eingeschnittene Täler, Weideflächen und eine zerklüftete Küstenlandschaft mit steilen Klippen begleiten die Fahrt. **Kahakuloa** ist der einzige Weiler entlang des Weges. Hier leben einige hawaiische Familien, die sich nach wie vor von Taroanbau und Fischerei ernähren.

Kurz hinter dem Waihee River geht die Küstenstraße in den Kahekili Highway (Hwy 340) über, der in

Richtung Wailuku/Kahului führt. Über den Kahului Beach Drive gelangt man zu einer der wichtigsten prähistorischen Stätten Mauis. Am **Halekii-Pihanakalani Heiau,** heute umgeben von Wohnhäusern, brachte König Kamehameha I. nach der siegreichen Schlacht im Iao Valley dem Kriegsgott Ku vermutlich das letzte Menschenopfer auf Maui dar.

🛏 In **Kaanapli:** Zahlreiche internationale Luxushotels und Appartementanlagen, u. a. Hyatt Regency Maui, ☎ 661-1234, 800-233-1234, Fax 667-4714, erstes Haus am Platz, phantastische Poolanlage, $$$$. Kaanapali Beach Hotel, ☎ 661-0011, 800-262-8450, Fax 667-5978, unprätentiöses Hotel, direkt am Strand, $$$. Kaanapali Royal, ☎ 667-7200, 800-676-4112, ruhig gelegene Appartementanlage, $$$. Maui Eldorado, ☎ 661-0021, 800-688-7444, Fax 667-7039, freundliche Condoanlage mit individuellen Zimmern, $$$. In **Napili:** Hale Napili, ☎ 669-6184, 800-245-2266, Fax 665-0066, Appartementanlage am Strand, $$. In **Kapalua:** Kapalua Bay Hotel & Villas, ☎ 669-5656, 800-637-8000, Fax 669-4690, luxuriöse Hotelanlage, auch Appartements mit großen Verandas, $$$$. The Ritz-Carlton, ☎ 669-6200, 800-241-3333, Fax 669-3908, Luxushotel mit allen Annehmlichkeiten, $$$$.

🍴 In **Kaanapali:** Nikko, im Marriot Hotel, japanisches Restaurant mit authentischer Küche, Moana Terrace, im Marriot Hotel, bietet abwechslungsreiches Buffet, preiswert. Hula Grill, im Whalers Village Shopping Center, Pizza, Pasta, Sandwiches, frischer Fisch. In **Napili:** Sea House Restaurant, ☎ 669-1500, Napili Bay Beach Club, ganztägig geöffnet, Frühstück, Burger, Fisch und Steak,

Freitag abend Hula Show (dafür Reservierungen erwünscht). In **Kapalua:** Plantation House Restaurant, am Plantation House Golf Course, bietet zwischen 8 und 15 Uhr recht preiswerten Brunch, Abendessen teurer.

🍸 In den großen Hotels in Kaanapali finden am Abend Unterhaltungsshows statt. Im Hyatt Regency, ☎ 667-4420, Royal Lahaina Resort, ☎ 661-3611, und Maui Marriott, ☎ 661-5828, werden allabendlich Luaus veranstaltet.

🏃 Golf: Kaanapali Golf Courses, ☎ 661-3691, Fax 661-0203. **Wandern:** Kapalua, West Maui Mountain Hikes, ☎ 669-8088, geführte Wanderungen durch die West Maui Mountains. **Walbeobachtung:** Sun Charters, Kapalua, ☎ 669-2051. **Reiten:** Ironwood Ranch, Napili, ☎ 669-4991, Ausritte in die West Maui Mountains.

🏖 Kaanapali Beach (Schnorcheln vor dem Hyatt Hotel, nach den Wasserbedingungen in den Hotels erkundigen), Kapalua Beach (Schwimmen), Fleming Beach Park (Surfen), Mokuleia Bay (›Slaughterhouse Beach‹) und Honolua Bay (Schnorcheln, Surfen).

Kihei und die Südwestküste

Sonnenschein und herrliche Strände machen die Südwestküste von Maui zu einem der beliebtesten Touristenziele der Insel.

Zwei Wege führen in Richtung Kihei. Entweder man wählt von Wailuku den Honoapiilani Highway

(Hwy 30) in Richtung Süden. Kurz vor Maalaea zweigt die North Kihei Road (Strecke 31) ab, die am langgestreckten Sandstrand Maalaea Beach entlangführt. Die **Maalaea Bay** ist ein beliebter Treffpunkt für Surfer. Links der Straße liegt das Vogelschutzgebiet **Kealia Pond National Wildlife Refuge,** wo man seltene Vögel beobachten kann. Oder man nimmt von Kahului aus den Mokulele Highway (Hwy 350). Wählt man die letztgenannte Variante, kann man südlich von Kahului im Örtchen Puuene dem kleinen **Alexander & Baldwin Sugar Museum** (Mo–Sa 9.30–16.30 Uhr, Juli/Aug. auch So) einen Besuch abstatten. Hier erfährt man alles Wissenswerte über den Zuckerrohranbau auf Hawaii. Einblicke in das Leben der Plantagenarbeiter gewähren Arbeitsverträge und alte Fotos.

Über die South Kihei Road gelangt man in die Ortschaft **Kihei,** die sich über mehrere Kilometer an der Küste entlangzieht. Kaum zu glauben, daß es hier vor nicht allzulanger Zeit nichts gab außer ein paar Fischerhütten, einigen Ferienhäusern und stacheligen Kiawebäumen. Heute belegt das schier unüberschaubare Konglomerat aus Condominiums, Einkaufszentren, Tankstellen und Fast-Food-Ketten die Auswüchse unkontrollierter Bauwut. Sonnenschein, Strände und die zahlreichen Wassersportmöglichkeiten lassen viele Besucher des Ortes darüber hinwegsehen.

Der am nördlichen Ende von Kihei gelegene **Maipoina Oleau**

Kihei: Baseballspiel im Abendlicht

Beach Park eignet sich vormittags zum Schwimmen und Sonnenbaden. Nachmittags, wenn der Wind auffrischt, machen hier Surfschüler ihre ersten ›Gehversuche‹. Die meisten Gemeindemitglieder der hübschen Keolahou Congregational Hawaiian Church stammen aus Tonga. Der Gottesdienst am Sonntag wird in ihrer Muttersprache abgehalten.

In **Wailea** lockert die dichte Bebauung auf und macht Platz für Villen, vornehme Hotels, gepflegte Golfanlagen und Tennisplätze. Der Ort nennt einige schöne Strände sein eigen, wie den Mokapu Beach, den Ulua, den Wailea und den Polo Beach. Hier finden Schwimmer, Surfer, Taucher und Bodysurfer ein geeignetes Revier. Der **Ulua Beach** bietet beste Voraussetzungen zum Schnorcheln.

An der Makena Bay befindet sich die Anlegestelle **Makena Landing,** über die im 19. Jh. Vieh nach Honolulu verschifft wurde. Hier steht die pittoreske **Keawalei Church** von 1823, eine der ältesten Kirchen Mauis, die von Missionaren gegründet wurde. Hawaiische Gesänge untermalen den Gottesdienst am Sonntag. Auch die Predigt wird zum Teil in hawaiischer Sprache gelesen.

Südlich von Makena liegt der **Big Beach,** der alles bietet, was das Herz begehrt: einen langen, breiten, feinsandigen Strand und türkisblaues Wasser. Die mitunter mächtigen Wellen sind eher zum Surfen denn zum Schwimmen geeignet. In einer Bucht des Vulkankegels **Puu Olai,** liegt der **Little Beach,** der gerne von Nacktbadern aufgesucht wird. Im Meer erblickt man das Felseninselchen **Molokini,** den sichelförmigen Kraterrand eines untergegangenen Vulkans. Hier kann man in glasklarem Wasser hervorragend tauchen und schnorcheln. In den Touristenzentren werden Touren nach Molokini angeboten.

Die schmaler werdende Straße führt weiter durch die Lavalandschaft von **Ahihi-Kinau,** die beim letzten Ausbruch des Haleakala 1790 entstand. An der **La Pérouse Bay** endet die Straße. Die Bucht ist nach dem französischen Entdecker La Pérouse benannt, dem ersten Weißen, der seinen Fuß auf die Insel Maui setzte.

In **Kihei:** Einige Beispiele aus einem schier unüberschaubaren Angebot: The Maui Coast Hotel, ☎ 874-6284, 800-895-6284, Fax 875-7431, recht ruhig gelegenes Hotel, $$$. Koa Resort, ☎ 879-3328, 800-541-3060, Appartementanlage mit großen Wohnungen, Tennisplatz, Pool, $$. Kamaole Beach Royale, ☎ 879-3131, 800-421-3661, ruhig gelegene Appartementanlage gegenüber Kamaole Beach Park, $$. Wailana Kai, ☎ 877-5796, ruhige Appartementanlage, gutes Preis-Leistungsverhältnis, $$. Wonderful World B & B, ☎ 879-9103, nette Unterkunft inklusive Frühstück auf der Veranda, $$. In **Wailea:** Kea Lani Hotel, ☎ 875-4100, 800-882-4100, Fax 875-1200, Luxushotel mit phantasievoller maurischer Architektur, $$$$. The Grand Wailea Resort, ☎ 875-1234, 800-888-6100, Fax 874-5143, extravagantes Resort mit wunderbarer Poolanlage, $$$$. Destination Resort, ☎ 879-1595, 800-367-5246, Fax 874-3554, vermietet Appartements u. a. in Wailea,

Molokini, der Kraterrand eines untergegangenen Vulkans

ab $$. Hinter **Makena:** Maui Prince Ho-
tel, ✆ 874-1111, 800-321-6284, Fax
879-8763, im japanischen Stil gestaltetes
Luxushotel, $$$$.

❌ In **Kihei:** Margarita's Beach Canti-
na, Kealia Beach Plaza, hier gibt's
mexikanisches Essen. Ukulele Grill,
Maui Lu Resort, 575 S. Kihei Rd., gute At-
mosphäre, gutes Essen zu vernünftigen
Preisen. A Pacific Cafe Maui, ✆ 879-
0069, Azeka Place II, hier schlemmt
man wohl in der besten Pacific-Rim-
Küche der Insel, Reservierung wird un-
bedingt empfohlen. Stella Blues, 1215
S. Kihei Rd., nettes Deli, das auch vege-
tarische Speisen zubereitet. Kihei Prime
Rib & Seafood House, 2511 Kihei Rd.,
leckere Steak- und Fischgerichte kom-
men auf den Tisch. In **Wailea:** Cafe Ciao,
Kea Lani Hotel, sehr gutes Essen – Tortel-

lini, Hühnchen, Fisch – auch zum Mit-
nehmen. Pacific Grill, Four Seasons Re-
sort, 3900 Wailea Alanui Dr., ✆ 874-
8000, Pacific-Rim-Küche. In **Makena:**
Prince Court, Maui Prince Hotel, Pacific-
Rim-Küche. Hakone, Maui Prince Hotel,
japanische Küche. Cafe Kiowai, Maui
Prince Hotel, preiswertestes Restaurant
des Hotels, Salate und Sandwiches, am
Wochenende Buffet.

🍸 In **Kihei:** Hapa's Brew House,
41 Lipoa St., Tanzen zu Live-Mu-
sik. *Kino* in der Kukui Mall. In **Wailea:**
Tsunami, Nachtclub im Grand Wailea
Resort. Luau u. a. im Aston Wailea Re-
sort, ✆ 879-1922.

🏃 **Golf** und **Tennis:** Wailea Golf
& Tennis, Wailea, ✆ 875-5111,
879-1958, 800-332-1614. **Walbeobach-
tung:** Pacific Whale Foundation Eco
Adventures, Kihei, ✆ 879-8811, Touren
ab Lahaina und Maalaea. **Verleih:** Ren-
tal Warehouse, Wailea, ✆ 875-4050,

Kahoolawe – die mißbrauchte Insel

Nur 11 km Pazifik trennen Maui von der Nachbarinsel Kahoolawe, und doch eignet sich letztere nicht als Ausflugziel. Bis heute darf das nur 117 km^2 große, unbewohnte Eiland nicht betreten werden, denn noch immer ist die Insel, die die US-Marine zwischen 1945 und 1990 als Übungsgelände für Bombenabwürfe nutzte, von Munition verseucht. Dabei ist Kahoolawe – besonders für die hawaiische Urbevölkerung – von großer Bedeutung. Nicht weniger als 500 Heiaus und Schreine belegen die lange Geschichte des Eilandes, das auf der nationalen Denkmalliste steht. Die ersten Bewohner des hawaiischen Archipels traten von Kahoolawe aus mit ihren Kanus Reisen nach Tahiti an, und Neulinge in Sachen Schiffahrt erhielten hier ihr erstes Rüstzeug.

Die Schändung ihrer heiligen Orte wurde von der hawaiischen Unabhängigkeitsbewegung als weiterer Beweis für die Unterdrückung ihrer Kultur und Identität betrachtet. Es begann zu brodeln, als Forderungen, die Insel wieder an den Staat Hawaii zurückzugeben, trotz dahingehender Versprechungen nicht erfüllt wurden. In den 1970er Jahren kam es immer wieder zu Besetzungen der Insel durch Hawaiianer. Als einer der Aktivisten auf mysteriöse Weise verschwand, wurde die ›Protect Kahoolawe Ohana‹-Bewegung ins Leben gerufen. In ihr bündelten sich alle Forderungen nach einem unabhängigen hawaiischen Staat und einer Rückbesinnung auf die traditionelle Kultur. 1980 begannen sich erste Erfolge abzuzeichnen. Per Gerichtsbeschluß wurde eine Einigung zwischen der Unabhängigkeitsbewegung und der US-Navy herbeigeführt. Den Mitgliedern von ›Protect Kahoolawe Ohana‹ wurde der Zugang zur Insel gewährt, und die Marine verpflichtete sich, die Bombardierung historischer Stätten zu beenden. Doch erst 1990 wurde das Abwerfen von Bomben auch offiziell von Präsident George Bush untersagt. Der amerikanische Kongreß bewilligte 400 Mio. $ für Aufräumungsarbeiten und beschloß die Rückgabe der Insel an den Staat Hawaii. Am 7. Mai 1994 war es endlich soweit. Während einer von traditionellen hawaiischen Riten, Gesängen und Gebeten begleiteten Zeremonie übergaben Marine und amerikanische Regierung Kahoolawe dem Bundesstaat Hawaii. Inzwischen hat die Kahoolawe Island Reserve Commission die Verwaltung der Insel übernommen. Über die Frage, ob Kahoolawe nach Abschluß der Säuberungsarbeiten Zentrum einer unabhängigen hawaiischen Nation wird, wie es einige Hawaiianer fordern, besteht selbst innerhalb der Unabhängigkeitsbewegung noch keine Einigkeit.

Golf- und Wassersportausrüstungen sowie Mountainbikes.

In **Maalaea:** s. S. 112. In **Wailea:** Ulua Beach (Schnorcheln), Wailea Beach (Schwimmen, Schnorcheln), Polo Beach (Schnorcheln, Bodysurfen). In **Makena:** Big Beach (Surfen), Little Beach (Bodysurfen).

Von Kahului nach Hana

Diese Inseltour von Kahului über Paia nach Hana führt über die berühmte ›Road to Hana‹. Die schmale, kurvenreiche Straße schlängelt sich hoch über der Küste durch einzigartigen tropischen Regenwald mit tief eingeschnittenen Tälern und Wasserfällen – sie ist mit Sicherheit die schönste Küstenstrecke Hawaiis.

Von Kahului gelangt man zügig über den Hana Highway (Hwy 36) nach **Paia,** das seine Existenz dem Zuckerrohranbau verdankt. Auch wenn die Zuckermühle oberhalb des Ortes immer noch in Betrieb ist, die goldenen Tage des Zuckerrohranbaus sind vorüber. Daß es trotzdem putzmunter zugeht, dafür sorgt ein internationales Windsurfervölkchen – an der Küste findet es Weltklasse-Bedingungen vor. Und so präsentiert sich Paia als bunte Mischung aus alten Holzhäusern, Surfshops, Cafés und Bioläden. Wer sich für qualitätvolles Kunsthandwerk einheimischer Künstler interessiert, sollte bei der Maui Crafts Guild

Unterwegs in Paia

am Ortseingang vorbeischauen – und bei der Tankstelle, der letzten bis Hana!

Vorbei an der **Mantokuji Mission,** einem buddhistischen Tempel von 1921, geht die Fahrt weiter in Richtung Hana. Kurz hinter Paia kann man am **Hookipa Beach Park** die Weltelite der Windsurfer in Aktion erleben: spektakuläre Ritte auf schaumbekrönten Wellen. 4 Meilen hinter Pauwela trägt der Hana Highway die Nummer 360. Hier beginnt die eigentliche ›Road to Hana‹. 1927 ließ man die schmale Straße mit ihren unzähligen Haarnadelkurven und 54 meist einspurigen Brükken von Strafgefangenen aus dem Felsen schlagen. Oberstes Gebot für die nächsten 35 Meilen: Langsam fahren und Einheimische, die es eiliger haben, passieren lassen! Allmählich wird die Vegetation üppiger und tropischer. Statt Gräsern wachsen Farne, verschiedene Orchideenarten und Passionsfrüchte neben der Straße.

Das erste Örtchen heißt **Huelo.** Die aus Korallensteinen erbaute Kaulanapueo Church aus dem Jahr 1853 ist meist geschlossen. Guaven-, Rosenapfel- und Christmasberry-Bäume säumen den Weg nach Kailua. Die meisten Bewohner arbeiten für die East Maui Irrigation Company, die ein altes, weitverzweigtes Bewässerungssystem unterhält. Mit dem Wasser werden die Zuckerrohrfelder um Paia und Kahului versorgt.

Kurz hinter Meile 9 beginnt der 2 km lange **Waikamoi Ridge Trail,** der an Eukalypten, Philodendren und Farnen vorbeiführt. Kurz vor Meile 10 lohnt ein Stopp an der Brücke, um den Waikamoi-Wasserfall zu bewundern. Es folgen Bambushaine und kurze Zeit später ein weiterer Wasserfall, der **Puohokamoa Fall.** Der Pool am Fuße des versteckt liegenden **Haipuena Fall** hinter Meile 11 lädt zu einem erfrischenden Bad ein.

Der **Kaumahina State Wayside Park** ist mit Picknicktischen und *restrooms* bestückt. Zudem bietet sich ein herrlicher Ausblick auf die **Honomanu Bay** mit ihrem schwarzen Sandstrand. Afrikanische Tulpenbäume mit großen, orange-roten Blüten, Helikonien und verschiedene Ingwerarten blühen an der Straße. Im **Keanae Arboretum** zwischen Meile 16 und 17 kann man sich in Ruhe einen Überblick über tropische Pflanzen verschaffen. Auch verschiedene Taroarten wurden angepflanzt.

Vom **Keanae Peninsula Lookout** hinter Meile 17 hat man einen sehr schönen Ausblick auf die Keanae-Halbinsel, die durch Lavaströme nach einem Ausbruch des Haleakala entstanden ist. In dem Örtchen **Keanae** leben einige hawaiische Familien vom Taroanbau und Fischfang.

Ein Abstecher führt nach **Wailua** mit der 1860 erbauten Kapelle Our Lady of Fatima. Als Baumaterial diente Korallengestein, das auf wundersame Weise während eines heftigen Sturmes an den Strand gespült worden sein soll.

Vom **Wailua Wayside Lookout** bietet sich eine schöne Aussicht hinunter in das grüne Keanae-Tal. Als nächstes erreicht man den **Puaa Kaa State Wayside Park,** wo Tische und Bänke für ein Picknick bereitstehen. Ein Pool bietet eine willkommene Erfrischung.

Einige Meilen vor Hana zweigt links eine Straße ab, die zunächst zu den **Kahanu Gardens** führt. Hier werden neben Pflanzen mit medizinischem Nutzen auch Baumarten aus dem polynesischen Raum gezeigt. An der Küste liegt die größte althawaiische Tempelanlage Mauis. Sie stammt aus dem 14. Jh. Der **Piilanihale Heiau** kann nur im Rahmen einer geführten Tour besichtigt werden. Unter ✆ 248-8912 erfährt man, wann die Führungen stattfinden.

Kurz nach Meile 32 zweigt eine schmale Straße zum **Waianapanapa State Park** an der reizvollen Pailoa Bay ab. Zum Park gehören ein kleiner, schwarzer Strand und zwei Höhlen aus Lavagestein. Das Wasser der einen Höhle färbt sich mitunter rot. Die Ursache hierfür sind Schwärme kleiner Schrimpse, die manchmal zwischen den Felsen emporsteigen. Eine Erklärung anderer Art hält eine Legende parat: Die rote Farbe stammt vom Blut einer Prinzessin, die hier von ihrem eifersüchtigen Ehemann erschlagen wurde.

Wanderer gelangen über den **Hana-Waianapanapa Trail** nach Hana, Autofahrer kehren auf den Hana Highway zurück, der kurze Zeit später in Hana endet.

 In **Paia:** Mama's Beachfront Cottages, ✆ 579-9764, Fax 579-8594, 799 Poho Place, auch Appartements, $$.

 Baldwin Beach Park (aus Sicherheitsgründen nicht zu empfehlen), **Waianapanapa State Park,** Permits und Reservierung der Cabins bei der Division of State Parks, ✆ 984-8109, State Office Building, 54 High St., Wailuku.

 In **Paia:** Mama's Fish House, sehr gutes Fischrestaurant, nicht ganz billig. Bangkok Cuisine, von einer thailändischen Familie geführtes Thai-Restaurant.

In **Paia:** Jacques, 89 Hana Hwy, ein beliebter Treffpunkt für den Abend.

In **Paia:** Maui Crafts Guild, tgl. 9–18 Uhr, hochwertiges Kunsthandwerk einheimischer Künstler.

Hana

Am Ende des Highway 36 liegt eingebettet in grünes Weideland die Ortschaft Hana. Dank der abgeschiedenen Lage scheinen die Uhren hier ein wenig langsamer zu gehen. Auch das Traditionsbewußtsein der mehrheitlich hawaiischen Einwohner ist eine nicht zu unterschätzende Kraft. So setzten sich die Bewohner erfolgreich gegen Pläne für einen Ausbau der touristischen Infrastruktur zur Wehr.

Ende des 19. Jh. versuchte man sich auch in Hana im Zuckerrohran-

Hana Beach

bau, doch die Konkurrenz rund um Kahului war zu mächtig. In den 40er Jahren des 20. Jh. verwandelte Paul Fagan, ein Geschäftsmann aus San Francisco, die ehemaligen Zucker- rohrfelder in Weideland und begann Rinder zu züchten. Aber nicht nur die so gegründete Hana Ranch, son- dern auch das erste Hotel des Ortes gehen auf Fagan zurück. Noch heu- te erinnert das **Fagan Memorial** an den 1959 verstorbenen Wohltäter. Es steht auf dem Lyon's Hill gegen- über vom Hotel Hana-Maui. Von dort oben hat man einen wunder- schönen Blick auf den Ort und die gleichnamige Bucht. Die **Wanana- lua Church** an der Hauptstraße erin- nert mit ihrem wuchtigen Turm und ihren dicken Mauern an eine engli- sche Dorfkirche. Das Gotteshaus er- setzte 1838 einen Vorgängerbau, der noch aus Grasgeflecht bestanden hatte. Auch der Hasegawa General Store ist ein Nachbau des Originals an anderer Stelle. Nachdem der alte Laden 1990 abgebrannt war, wurde dieser neue ›Tante-Emma-Laden‹ im alten Theater eröffnet. Das heillose Durcheinander von Waren aller Art ist sehenswert.

Interessant ist auch das **Hana Cul- tural Center** (tgl. 10–16 Uhr), in dem traditionelle Werkzeuge, alte Fotografien, hawaiische Quilts, Ta- pa-Stoffe und Holzschnitzereien ausgestellt sind.

Ein beliebter Treffpunkt der Ein- heimischen ist der **Hana Beach Park,** am südlichen Ende der Bucht.

Der Vulkankegel **Kauki Head** soll der Legende nach der Wohnort des Halbgottes Maui gewesen sein, der der Insel ihren Namen gab. Hier wehrten Krieger erfolgreich einen Eroberungsversuch durch Häuptlinge der Nachbarinsel Hawaii ab. In einer Höhle wurde 1768 Kaahumanu, die Lieblingsfrau König Kamehamehas I., geboren. Ein Pfad führt zu einer Tafel, die an den Geburtsort einer der einflußreichsten Frauen in der Geschichte der Inseln erinnert (s. S. 27).

🛏️ **Hotel Hana-Maui,** ☎ 248-8211, 800-321-4262, Fax 248-7202, wunderschönes Hotel mit gediegenem Charme, $$$$. **Tradewind Cottages,** ☎ 248-8980, 800-327-8097, nördlich Hanas, auf einer Blumenfarm gelegene Unterkunft, $$$. **Joe's Place,** ☎ 248-7033, einfache, saubere Unterkunft, Gemeinschaftsküche, $.

🏕️ **Oheo Gulch,** kurz vor Kipahulu, kein Permit nötig, Trinkwasser mitbringen!

🍴 **Hotel Hana-Maui,** man serviert hier nur Abendessen, etwas überteuert. **Hana Gardenland Cafe,** etwas außerhalb von Hana in Richtung Kahalui gelegen Restaurant, das sich auf Gesundes und Leckeres aus dem heimischen Anbau versteht. **Hana Ranch Restaurant,** einfache Gerichte: Steak, Salat, Hamburger, Sandwiches.

🏖️ Hana Beach Park (Schnorcheln, Tauchen), Waikoloa Beach (Surfen), Red Sand Beach (FKK).

🎭 **East Maui Taro Festival,** an einem Wochenende im März.

Von Hana nach Kaupo

Südlich von Hana gehen die Weideflächen bald wieder in dichte, tropische Vegetation über. Schraubenpalmen (Hala), Guajaven-, Wiliwili-, Mango- und Banyanbäume sind zu sehen, ebenso wie Bougainvilleas, und die rotblühende Tigerklaue. Die Straße, die nun den Namen Piilani Highway (Hwy 31) trägt, wird wieder schmal, holprig und kurvenreich. Nichtsdestotrotz beginnt nach Ansicht vieler Maui-Kenner nun der interessanteste Teil der Strecke.

7,5 Meilen hinter Hana stürzen die besonders schönen **Wailua Falls** aus 300 m Höhe in die Tiefe. **Oheo Gulch** markiert das südöstliche Ende des Haleakala National Park. Auf seinem Weg zum Meer sprudelt das Wasser des **Palikea Stream** in verschiedene Felsenbecken, in denen man ein erfrischendes Bad nehmen kann. Gegenüber vom Parkplatz beginnt ein Pfad, der zu den Wasserfällen von **Makahiku** und **Waimoku** führt.

In **Kipahulu** zeugen die Ruinen der Zuckermühle vom Zuckerrohranbau. Doch wie in Hana machte die Konkurrenz in Kahului dem Anbau den Garaus. Nun setzt man verstärkt auf die Viehzucht. Auf dem Friedhof der kleinen **Palapala Hoomau Kirche** liegt der berühmte Transatlantik-Flieger Charles Lindbergh begraben, der bis zu seinem Tod 1974 in Kipahulu lebte.

Kurz hinter dem Ort setzt sich der Highway als streckenweise schwer befahrbare Piste entlang der Südküste fort. Mit einem Allradwagen ist die Fahrt bei gutem Wetter nach längerer Trockenzeit möglich. Die Autoverleiher untersagen das Befahren der Strecke allerdings, das Risiko liegt also beim Mieter des Wagens. Es ist sinnvoll, sich bei den Fahrern entgegenkommender Wagen über den aktuellen Zustand der Piste zu erkundigen.

An der **Lelekea Bay** führt die Straße so dicht am Meer vorbei, daß die Gischt heraufspritzt. Kurz vor Kaupo, oberhalb des Mokulau Beach, liegt die kleine schlichte **Huialoha Church** aus dem Jahr 1859. Das Gotteshaus, umgeben von einer niedrigen Mauer und einigen windzerzausten Bäumen, ist ein besonders malerischer Anblick. In der Umgebung der Kirche befinden sich die Überreste von drei Heiaus aus dem 18. Jh. Dann erreicht man **Kaupo.** Die meisten Menschen, die hier leben, sind *paniolos*, Cowboys, die für die Kaupo Ranch arbeiten. Zentrum der Ansiedlung ist der Kaupo General Store, auf dessen Öffnungszeiten man sich besser nicht verläßt. Bleibt der Imbißwagen, an dem man gute Hamburger und Sandwiches erstehen kann.

Vorbei an dem tief eingeschnittenen, zerklüfteten Tal **Kaupo Gap** führt die holprige Piste entlang der Küste. Allmählich verbessert sich der Zustand des Piilani Highway wieder und geht dann in eine geteerte Straße über. Man durchquert ein weites Lavafeld, das 1790 beim Ausbruch des Haleakala entstand.

Nach ein paar Meilen hat man die Ulupalakua Ranch (s. S. 129) erreicht.

Das Hochland im Osten

Hinter Kahului zweigt der Haleakala Highway (Hwy 37) ab und führt durch Zuckerrohrfelder nach Pukalani. Hier beginnt das Hochland an den Westhängen des Haleakala-Kraters, ein ländliches Gebiet mit kleinen Gemeinden, Wiesen und Weideland. *Cowboy country* wird es auch genannt – aus gutem Grund, denn viele der Bewohner arbeiten als *paniolos* auf den beiden Ranchs Haleakala und Ulupalakua.

Über die Makawo Avenue (Strecke 365) lohnt sich ein Abstecher nach **Makawo,** das mit seinen hübschen alten Holzhäusern und ihren *false fronts* geradewegs einem Western entsprungen zu sein scheint. Auch wenn sich in den letzten Jahren hier eine ausgeprägte Alternativkultur mit Bioläden, vegetarischen Restaurants, Yoga- und Tantrakursen etabliert hat, ist Makawo ein Cowboy-Städtchen geblieben – mehrmals im Jahr finden Rodeos statt.

Hinter Pukulani geht die Fahrt weiter gen Süden in das landwirtschaftliche Herzland Mauis. Fruchtbarer Boden, warme Tage und kühle Nächte bieten die idealen Voraussetzungen für den Anbau von Tomaten, Salat, Zwiebeln, Blumenkohl und Karotten. Als wichtiger Wirtschaftsfaktor hat sich auch die Blumenzucht etabliert. Ein Fest fürs Auge sind die Proteen, deren ursprüngliche Heimat Australien und Südafrika ist. Benannt nach Proteus, dem Gott der Wandelbarkeit, präsentieren sich diese Blumen in den unterschiedlichsten Formen und Farben. Proteen und andere exotische Blumen kann man z. B. in der **Cloud's Rest Protea Farm** (tgl. 8–16 Uhr), dem **Kula Botanical Garden** (tgl. 9–16 Uhr), bei der **Sunrise Market and Protea Farm** (Mo–Fr 8–16 Uhr, Sa und So 7–17 Uhr) und in den **Enchanting Floral Gardens** (tgl. 9–17 Uhr) bewundern.

Viele der Bewohner rund um **Kula** sind chinesischer und portugiesischer Abstammung. Ihre Vorfahren fanden Arbeit in der Landwirtschaft, nachdem ihre Verträge auf den Zuckerrohrplantagen nicht verlängert wurden. Die weithin sichtbare, acht-eckige Holy Ghost Church in **Waia-koa** wurde im Jahre 1897 von portugiesischen Immigranten errichtet, die viele der Einrichtungsgegenstände aus der alten Heimat mitgebracht hatten. In **Keokea** lassen der Fong Store und der Ching Store erkennen, daß der Ort eine größere chinesische Gemeinde hat. Grandma's Coffee House lädt zu einer Rast bei einem sehr ordentlichen Kaffee, leckerem Kuchen und anderen Kleinigkeiten ein.

Weiter geht die Fahrt auf dem Kula Highway (Hwy 37) durch offenes Weideland zur **Ulupalakua Ranch,** von deren Vergangenheit als Zuckerrohrplantage die Überreste der Makee Sugar Mill erzählen. Längst hat man jedoch auf Viehwirtschaft umgestellt. Die Ranch nennt heute gut 700 Stück Vieh – Rinder, Schafe und Elche – ihr eigen. Im Ranch Store kann man sich vor der Weiterreise mit Erfrischungen eindecken.

Babysitting im ›Cowboy Country‹

Wer sich für Wein interessiert, kann der **Tedeschi Winery** (Touren zwischen 9.30 und 14.30 Uhr, Weinprobe tgl. von 9–17 Uhr) einen Besuch abstatten. Hinter der Ulupalakua Ranch setzt sich die Straße unter dem Namen Piilani Highway (Hwy 31) in Richtung Hana fort (s. S. 125 ff.).

 In **Makawao:** Hale Lani, ✆ 572-0020, geräumige Zimmer in ruhiger Lage auf wöchtentlicher Basis, $-$$. In **Haiku:** Laninkai Farm, ✆ 572-1111, Fax 572-3498, drei Zimmer, Gemeinschaftsbad, $$. Haikuleana, ✆ 575-2890, Fax 575-9177, stilvolles, gemütliches B & B mit Frühstück, $$. In **Kula:** Kula View Bed & Breakfast, ✆ 878-6736, Zimmer mit hübscher Aussicht, Frühstück inklusive, $$. In **Keokea:** Silver Cloud Guest Ranch, ✆ 878-6101, 800-532-1111, Fax 878-2132, gemütliches B & B, untergebracht in einer ehemaligen Ranch, $$. Halemanu Bed & Breakfast, ✆/Fax 878-2729, einfache, nette Unterkunft bei freundlicher Gastgeberin, $$.

 Im **Polipoli Spring State Recreation Park,** oft nur mit Allradwagen zu erreichen, Permits bei der Division of State Parks, ✆ 984-8109, State Office Building, 54 High St., Wailuku.

In **Makawao:** Casanova Deli, gute Pizza und Pasta sowie Salate, Sandwiches und Suppen – auch zum Mitnehmen. Cafe Makawao, vegetarische Gerichte. Kitada's Kau Kau Korner, serviert u. a. *saimin* (Nudelsuppe), preiswert. In **Kula:** Kula Sandalwoods Restaurant, Hwy 377, Frühstück und Mittagessen – Omelette, Waffeln, Sandwiches, Salate. In **Keokea:** Grandma's Coffee House, kleiner Coffeeshop mit ausgezeichnetem Maui-Kaffee aus eigenem Anbau, leckere Kuchen und Sandwiches, Mi–Sa auch Abendessen.

In **Makawao:** Casanova, *die* Diskothek schlechthin auf Maui, oft sehr gute Live-Bands.

Makawao Rodeo, rund um den 4. Juli, traditionsreiches Rodeo.

Haleakala

Zu den eindrucksvollsten Naturwundern der hawaiischen Inseln gehört zweifelsohne die Vulkanlandschaft von Haleakala. Schon 1916 erkannte man die Bedeutung dieses geologischen Wunders mit seiner einzigartigen Flora und Fauna und gründete den Haleakala National Park, der 116 km² umfaßt. Vom Kraterrand genießt man unvergeßliche Ausblicke, dem Krater selbst kann man bei Wanderungen – im wahrsten Sinne des Wortes – auf den Grund gehen.

Ganz besonders spektakulär zeigen sich die Sonnenaufgänge. Einen solchen zu erleben ist geradezu ein Muß. Von Kahului bis zum Aussichtspunkt am Visitor Center sollte man gut zwei Stunden Fahrzeit einrechnen. Frühes Aufstehen ist also Voraussetzung für das Erlebnis. Damit man sich nicht umsonst aus den

Haleakala-Krater

Haleakala – das Haus der Sonne

Die Göttin Hina hatte Schwierigkeiten, ihre Kleidung aus Tapa-Stoff zu trocknen und das Essen bei Tageslicht zuzubereiten, denn die Sonne schien einfach nicht lange genug. Sie beklagte sich darüber bei ihrem Sohn Maui. Der versprach, sich um die Sache zu kümmern. Gesagt, getan – Maui stieg auf den Vulkankrater und wartete auf die Sonne. Als sie über dem Kraterrand aufstieg, fing er einen Sonnenstrahl nach dem anderen ein und band ihn an den Ästen eines Wiliwili-Baumes fest. Bald hatte er alle Strahlen festgebunden, und die Sonne konnte nicht weitersteigen, sondern stand still. Der Sonne war das gar nicht recht. Sie bat Maui, sie loszulassen. Maui willigte ein – unter einer Bedingung. Die Sonne müsse ihm versprechen, sich langsamer am Himmelspfad zu bewegen. Das versprach die Sonne, und Maui ließ sie ziehen. Tatsächlich bewegte sich die Sonne nun langsamer, und die Tage wurden länger. Hina konnte ihre Kleider trocknen und ihr Essen im Hellen zubereiten. Seit diesem Tag scheint die Sonne auf dem Vulkan 15 Minuten länger als unten an der Küste. Und so erhielt der Berg den Namen Haleakala, das ›Haus der Sonne‹.

Federn schwingt, informiert man sich am besten am Vortag telefonisch über die Wetterbedingungen: ☎ 871-5054. Da einen in den Morgenstunden in 3000 m Höhe empfindliche Kälte empfängt, darf man warme Kleidung nicht vergessen. Mit einem vollgetankten Wagen und einem Imbiß versehen kann's losgehen.

Von Kahului aus erreicht man über den Haleakala Highway (Hwy 37, 377 und 378) den Aussichtspunkt. Die Gipfelfahrt ist steil und ausgesprochen kurvenreich. Fährt man nicht speziell zum Sonnenaufgang hinauf, empfiehlt es sich, unterwegs einige Stopps einzulegen.

Gleich zu Beginn des Parks liegt **Hosmer Grove,** ein Wäldchen mit den verschiedensten Baumarten wie Eukalypten, Zedern, Douglasien und Pinien. Sie wurden um die Wende zum 20. Jh. angepflanzt, um eine Holzindustrie auf Maui zu etablieren. Doch die Bäume wuchsen nicht schnell genug in die Höhe, und so scheiterte das Projekt. Das Areal erkundet man auf einem bequemen, 800 m langen Rundweg, der am Campingplatz beginnt. Vielleicht kann man ein paar seltene einheimische Vögel erspähen.

Zwischen dem Hauptquartier der Parkverwaltung und dem Besucherzentrum liegt der erste von zwei interessanten Aussichtspunkten. Vom **Leleiwi Lookout** bietet sich ein herrlicher Blick auf die Ebene von Kahului, dahinter ragen die West Maui Mountains empor. Nach einer weiteren Meile genießt man vom **Kalahaku Overlook** einen ersten Blick hinunter in den Krater mit seinen Aschekegeln. Hier gedeiht auch die berühmteste Pflanze Mauis, das seltene Silberschwert (s. S. 17).

Am Haleakala-Besucherzentrum hat man den Aussichtspunkt erreicht, an dem sich jeden Morgen eine Schar von Menschen einfindet. Ist die Sonne hinter dem Kraterrand erschienen, bietet sich bald ein eindrucksvoller Blick hinunter in die Caldera, die mit einer Länge von 12 km und einer Breite von 4 km zu den größten Kratern der Welt zählt. Die einzigartige Landschaft gleicht so sehr der des Mondes, daß sie schon den amerikanischen Astronauten vor ihrem Mondflug als Übungsgelände diente.

Die Kratermulde entstand nicht bei einem Vulkanausbruch, sondern ist das Werk enormer Erosionskräfte. Geologen gehen davon aus, daß der Haleakala einst 3600 m hoch war. Durch steten Wasserdruck bildeten sich zwei Flußtäler, die sich im Laufe der Zeit verbanden und den Krater formten. Koolau und Kaupo Gap sind noch Überreste dieser Flußtäler. Spätere Ausbrüche hinterließen die Aschekegel auf dem Kratergrund. Vor gut 200 Jahren fand der letzte Ausbruch statt. Die Experten zählen den Haleakala zu den ›schlafenden‹, nicht zu den erloschenen Vulkanen. Dennoch wird ein erneuter Ausbruch für eher unwahrscheinlich gehalten, da die Insel sich inzwischen weit genug von dem Hot Spot (s. S. 13), der zu ihrer Entstehung führte, entfernt hat.

Vom Visitor Center ist es noch eine halbe Meile bis zum **Puu Ulaula Overlook** – mit 3006 m der höchste Punkt des Haleakala. An klaren Tagen reicht der Blick bis zu den Nachbarinseln. Auch hier wachsen einige Exemplare des Silberschwertes. Die futuristisch anmutenden Gebäude gehören zur Science City, wo Wissenschaftler die Sonne beobachten.

Einen Perspektivenwechsel bietet eine Wanderung durch den Krater, den ein Netz unterschiedlich anspruchsvoller Wege durchzieht. Wer nicht alleine wandern möchte, kann sich geführten Touren in Begleitung eines Rangers anschließen (s. u.).

Hosmer Grove, Holua und **Paliku** (die beiden letztgenannten liegen im Krater), Permits bei der Parkverwaltung am Eingang des Haleakala National Park, ✆ 572-9306. Keine Reservierung möglich.

Di und Fr um 10 Uhr werden **Wandertouren** auf dem Sliding Sands Trail, Mo und Do um 9 Uhr durch das Waikamoi Preserve mit einem Ranger veranstaltet. **Fahrradtouren:** Rasante Abfahrten mit dem Fahrrad über den Highway 378 vom Visitor Center hinunter in Richtung Küste veranstalten u. a. Maui Mountain Cruiser, ✆ 871-6014, 800-232-6284.

Molokai – die beschau- liche Insel

›Westernstadt‹ Kaunakakai

Von den Althawaiianern kunst- voll angelegt – die Fischteiche im Inselosten

Ort der Verbannung – die Leprakolonie Kalaupapa

Ein Volk von gewieften Seefahrern – die Polynesier

Ungewöhnlicher ›Viehbestand‹ – die Molokai Ranch

Sonnenuntergang auf Molokai

Vom Tourismus weitgehend unentdeckt, wirkt Molokai noch sehr ländlich. Schicke Luxushotels, Einkaufszentren und quirliges Nachtleben sucht man hier vergebens. Von den Hauptinseln besitzt Molokai den größten Anteil an Ureinwohnern. Besonders beeindruckend sind die Halawa-Bucht, die Steilklippen im Nordosten und die ehemalige Leprakolonie auf der Halbinsel Kalaupapa.

Die rund 60 km lange und 16 km breite Insel Molokai gliedert sich in zwei Hälften. Der Westen präsentiert sich als trockene, grasbestandene Landschaft mit der sanft ansteigenden Hügelkette Mauna Loa. Die östliche Hälfte der Insel wird von zerklüfteten Bergen gebildet, deren höchste Erhebung der 1491 m hohe Mount Kamakou ist. Ausreichende Regenfälle sorgen für eine üppige tropische Vegetation.

Entstanden ist Molokai durch zwei Vulkane, die aus dem Meer auftauchten und zwei voneinander getrennte Inseln bildeten. Durch Vulkanausbrüche wurde der Meeresarm zwischen beiden aufgefüllt. Es entstand jene zentrale Ebene, die heute den West- und den Ostteil der Insel miteinander verbindet. Später brach der vor der Nordküste gelegene Vulkan Kauhako aus und formte das Plateau der Halbinsel Kalaupapa.

Von Kalaupapa schließt sich gen Osten eine Steilküste an, die bei Halawa endet. Heftige Regenfälle und Flüsse haben tiefe Täler mit undurchdringlichem Regenwald hinterlassen. Die Klippen der Nordostküste, zum Teil knapp 1000 m hoch, gehören zu den höchsten der Welt.

Molokai gestern und heute

Lange Zeit war Molokai weit über seine Grenzen hinaus als Heimat mächtiger Zauberer gefürchtet. Aus Angst vor deren Zorn blieb die Insel von Zwistigkeiten mit den Nachbarinseln verschont. Im 18. Jh. fiel Molokai nacheinander an die Herrscher von Oahu, Maui und Hawaii. Der Machtkampf endete erst, als König Kamehameha I. gegen Ende des Jahrhunderts Molokais Krieger unterwarf und alle Inseln unter seiner Herrschaft vereinte. Der erste Weiße, der auf die Insel kam, war der englische Kapitän George Vancouver. Ihm folgten in den 1830er Jahren Missionare, durch die genaue Zahlen über die Insulaner überliefert sind. 8700 Bewohner wurden gezählt, die vor allem im regenreichen

Osten der Insel lebten. Hier fanden sie ideale Bedingungen für den Anbau von Taro vor. Zudem eigneten sich die flachen Gewässer vor der Südküste zum Anlegen von Fischteichen. In Brackwasserteichen in Meeresnähe zog man Fische auf, die schwach salzhaltiges Wasser bevorzugten. Eine andere Art von Teich legte man an, indem man ein küstennahes Gebiet im Meer mit einer Mauer einfaßte. Diese besaß kleine Schleusen, durch die junge Fische aus dem Meer in den Teich gelangten. Herangewachsene Fische konnten durch die Schleusen nicht entkommen und brauchten nur abgefischt zu werden.

Wie auf den anderen hawaiischen Inseln wurde auch auf Molokai im 19. Jh. die Viehzucht eingeführt – mit schlimmen Folgen für die einheimische Vegetation. Als der Zuckerrohranbau an mangelndem Süßwasser scheiterte, versuchte man es mit der Imkerei. Bis in die 1930er Jahre war Molokai einer der größten Honigproduzenten der Welt. Als eine Epidemie die Bienenstöcke vernichtete, unternahm man Versuche mit dem Anbau von Baumwolle, Reis und Getreide. Doch erst die Ananas brachte den gewünschten Erfolg. In den Jahren zwischen 1920 und 1930 verdreifachte sich die Bevölkerung durch Plantagenarbeiter. Das Ende von Molokais wirtschaftlicher Glückssträhne kam in den 70er Jahren, als die ausländische Konkurrenz den Ananasanbau unrentabel werden

Bootsfahrt mit Blick auf den Halawa Beach Park

ließ. Als dann auch noch eine Seuche die Viehbestände dezimierte, war die rasante Talfahrt der Wirtschaft nicht mehr aufzuhalten. Von der Krise hat man sich bis heute nicht erholt. Die Arbeitslosenquote liegt bei 15 % und ist damit fast dreimal so hoch wie der staatliche Durchschnitt. Noch immer ist die Landwirtschaft dominierend. Die Qualität der Böden ist hervorragend und eignet sich zum Anbau von Melonen, Taro, Nüssen, Süßkartoffeln, Bohnen, Zwiebeln und Kaffee. Viehzucht wird vor allem von der Molokai Ranch betrieben, der ein Drittel der Insel gehört.

Kaunakakai

An der Südküste, 7,5 Meilen vom Flughafen entfernt, liegt die kleine Inselhauptstadt Kaunakakai. Das Örtchen mit seinen 2000 Einwohnern besteht im wesentlichen aus einigen Holzhäusern mit den charakteristischen *false fronts* im Stil einer alten Westernstadt. Das gemächliche Leben spielt sich entlang der Hauptstraße Ala Malama ab, wo sich Läden, einfache Restaurants, zwei kleine Supermärkte und die **Kanemitsu Bakery** befinden. Letztere ist eine echte Institution: Seit 70 Jahren wird hier Brot gebacken, mit

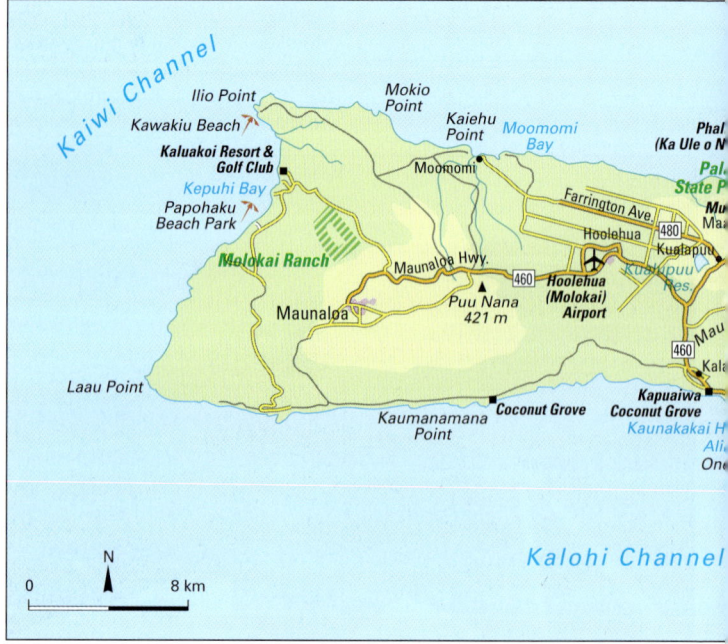

dem auch alle anderen Inseln beliefert werden. Köstlich sind auch die
klebrig-süßen, mit Äpfeln und Zimt
gefüllten Teilchen. Schon am frühen
Morgen brummt der Laden, wenn
sich die Insulaner im angeschlos-
senen Coffee-Shop zum Frühstück
versammeln. Typisch Molokai: Das
Phänomen Tourismus wird auf
sympathische Weise ignoriert. Die
Touristeninformation am Maunaloa
Highway (Hwy 450) ist der einzige
Vorstoß in diese Richtung. Die Uh-
ren gehen hier halt – zum Glück –
noch ein wenig langsamer.

Südlich des Ortes befindet sich
der **Hafen** von Kaunakakai. Die Zeiten, in denen noch Ananas verschifft
wurden, sind längst vorüber. Heute
macht hier mehrmals die Woche ein
Versorgungsschiff fest, das Molokai
mit Waren beliefert.

The Molokai Visitor Association,
✆ 553-3876, Fax 553-5288,
molokai-hawaii.com, Ecke Hwy 450/
Wharf Rd., Mo–Fr 8–16.30 Uhr.

Hotel Molokai, ✆ 553-5347, 800-
367-5004, 2 Meilen östlich gelegenes Hotel, das seinen Gästen eine an-
genehme entspannte Atmosphäre bietet,
$$. **Molokai Shores,** ✆ 553-5954, 800-
535-0085, Fax 553-5954, 1,5 Meilen öst-
lich, direkt am Meer gelegene Apparte-

mentanlage, die Wohnungen im 3. Stock sind durchweg am ruhigsten, $$$. A'ahi Place Bed & Breakfast, ✆ 553-5860, in dem gemütlichen B & B kann man sich wohlfühlen, das Frühstück ist inklusive, $$. **Ka Hale Mala,** ✆ 553-9009, 4 Meilen östlich gelegen ist das 3-Zimmer-Appartement mit Veranda, sehr gutes Frühstück, $$.

One Alii Beach Park, Permits beim Department of Parks & Recreation, Mitchell Pauole Center, Kaunakakai, ✆ 553-3204.

Kanemitsu Bakery, Bäckerei mit angeschlossenem Restaurant im Cafeteria-Stil, *der* Treffpunkt der Einheimischen, Frühstück und Mittagessen. **Rabang's Restaurant,** einfaches Restaurant mit philippinischer Küche. **Molokai Pizza Cafe,** Pizza, Sandwiches, Salate, Mi auch mexikanisches Essen.

Molokai-Style Adventure & Services, ✆ 553-9090, vermietet Wagen und veranstaltet u. a. Wander-, Schnorchel-, Kanu-, und Kajaktouren. **Lani's Kayak Tours & Rental,** ✆ 558-8563, Kajaktouren und Verleih von Schnorchel- und Angelausrüstungen. **Joe Reich,** ✆ 558-8377, Hochseefischen. **Puuohoku Ranch,** ✆ 558-8109, Fax 558-8100, Ausritte auf dem riesigen Gelände der Ranch. **Molokai Off-Road Tours & Taxi,** ✆ 553-3369, verschiedene Touren zu den Highlights der Insel, ideal für Tagesbesucher. **Waterfall Adventures,** ✆ 558-8464, Fax 558-8366, geführte Regenwaldtouren. **Molokai Charters,** ✆ 553-5852, Segeltouren. **Molokai Horse & Wagon Ride,** ✆ 558-8132, Touren zu Pferde und mit der Kutsche. **Bill Kapuni's Snorkel & Dive,** ✆ 553-9867, Schnorchel- und Tauchexkursionen. **The Nature Conservancy,** ✆ 553-5236, Fax 553-9870, veranstaltet einmal im Monat

sehr interessante Touren ins Momomi- und Kamakou-Preserve.

Mitte Januar wird in Kaunakakai das **Ka Molokai Makahiki** veranstaltet mit traditionellen hawaiischen Sportarten, Spielen, Wettbewerben, Musik und Hula. **Molokai Hoe,** Okt., internationales Kanurennen von Molokai nach Oahu.

Einige Veranstalter bieten einen Taxiservice zu einem festgelegten Preis an. Möchte man am Flughafen abgeholt werden, muß man zuvor anrufen. **Kukui Tours & Limousine,** ✆ 552-2282; **Friendly Isle Tour,** ✆ 552-2218.

Der Osten – Von Kaunakakai zur Halawa Bay

Kaum hat man Kaunakakai hinter sich gelassen, umfängt einen Landidylle pur. Auf dem Kamehameha V. Highway (Hwy 450) verläuft die Fahrt entlang der Südküste gen Osten zwischen Bergketten und Meer. Kleine Dörfer, Wiesen und Weiden, auf denen Pferde grasen, säumen den Weg. Immer wieder schimmert der türkisblaue Pazifik zwischen Palmenhainen durch. Hinter Pukoo wird die Straße schmaler und kurvenreicher. End- und Höhepunkt der Tour ist die Fahrt hinunter zur Bucht von Halawa mit dem gleichnamigen Tal, wo sich die Insel von ihrer besonders üppigen tropischen Seite zeigt. Bevor es losgeht, heißt es volltanken! Nach Kaunakakai gibt's keine Tank-

Landschaft am Highway 450

stelle mehr – ebensowenig wie Restaurants.

Schon lange wußten die Hawaiianer die flachen Gewässer der Südküste für Fischteiche zu nutzen. Am leichtesten zugänglich ist der **Kalo-koeli Fishpond** hinter den Molokai Shores Condominiums. Die Einführung der Viehwirtschaft brachte die Zerstörung vieler Fischteiche mit sich, denn durch Überweidung kam es zu Bodenerosionen, wodurch nach Regenfällen Schlamm in die Teiche geschwemmt wurde. Inzwischen hat man einige Fischteiche rekonstruiert.

St. Joseph's Church in Kamalo

Etwa 3 Meilen östlich von Kaunakakai erreicht man den **One Alii Beach Park,** der sich für's Picknicken eignet. Auch Camping ist erlaubt. Da aber die Einheimischen hier auch gerne feiern, kann es mitunter recht turbulent zugehen. Bei **Kawela** betritt man wieder historischen Boden. Hier ging König Kamehameha I. während seines Eroberungsfeldzugs Ende des 18. Jh. an Land und unterwarf im Handstreich die Bewohner der Insel Molokai. Der **Kakahaia Beach Park** ist der einzige Teil der Kakahala National Wildlife Refuge, der öffentlich zugänglich ist. Das Refugium links des Highways wurde eingerichtet, um gefährdeten Kranich- und Moorhuhnarten Schutz zu bieten. Das Örtchen **Kamalo** nennt eine der vier Kirchen sein eigen, die der belgische Pater Damien (s. S. 146 f.) außerhalb der Leprakolonie von Kalaupapa errichten ließ. Neben der schlichten St. Joseph's Church erinnert eine Statue an den Pater.

Nach Meile 11 passiert man rechter Hand **Smith-Bronte-Landing,** benannt nach den Piloten Ernest Smith und Emory Bronte, die am 14. Juli 1927 zum ersten Zivilflug von Kalifornien nach Oahu aufbrachen. Unter Kiawebäumen rechts der Straße fand die Reise nach 25 Stunden durch eine Notlandung ihr vorzeitiges Ende. Kurz hinter dem Wavecrest Resort liegt der **Ualapue Fishpond,** der vor einigen Jahren rekonstruiert wurde und heute wieder in Gebrauch ist.

Kaluaaha kann gleich mit zwei Kirchen aufwarten. Die Kaluaaha

Church wurde 1844 von Molokais erstem Missionar, Harvey R. Hitchcock, errichtet. Pläne, die völlig verfallene Kirche wieder aufzubauen, scheiterten. Einen reizvolleren Anblick bietet das hübsche Kirchlein Our Lady of Sorrows, das 1874 von Pater Damien erbaut und in den 1960er Jahren sorgfältig restauriert wurde.

Hinter der Ortschaft lag einst der **Ililiopae Heiau,** die größte und vermutlich auch älteste Kultstätte der Insel, sie stammte aus dem 13. Jh. Wie bei fast allen Heiaus ist auch hier nur die Steinplattform erhalten geblieben, die Aufbauten aus Gras und Holz sind längst verschwunden. Der reiche Legendenschatz hält eine Erklärung für den Namen des Tempels bereit: In nur einer Nacht wurde der Heiau von den *menehune,* den legendären ersten Siedlern der Insel errichtet. Sie schleppten Steine *(iliili)* herbei, jeder der Arbeiter erhielt als Lohn eine Krabbe *(opae)*. Im Tempel wurden den beiden wichtigsten Göttern, dem Erntegott Lono und dem Kriegsgott Ku, Menschenopfer dargebracht. Stets handelte es sich bei ihnen um Männer. Sie wurden unter Aufsicht mächtiger Priester zunächst erdrosselt und dann verbrannt. Die Anlage befindet sich auf Privatgelände und ist nicht frei zugänglich. Touren veranstaltet Molokai Horse & Wagon Ride (s. S. 144).

In **Pukoo** hält der Dorfladen ›Neighborhood Store‹ Snacks und Erfrischungen bereit. Der Highway 450 geht nun in eine schmalere,

kurvenreichere Straße über, die Vegetation wird immer üppiger. Kurz hinter dem Straßendorf **Waialua** ist noch die Ruine einer Zuckermühle zu sehen.

An Meile 20 lädt der **Twenty-Mile-Beach** zu einem Bad im Ozean ein. Auch im Winter kann man hier innerhalb des Riffs gefahrlos schwimmen. Die immer schmaler werdende Straße mit vielen engen Kurven verlangt höchste Aufmerksamkeit und ein gemächliches Tempo. Vorbei an schönen Buchten sieht man bei Meile 24 das Inselchen **Mokuhooniki,** ein Vogelreservat, im Meer liegen. Die Straße führt nun weg von der Küste den Berg hinauf ins Inselinnere. Bald umfangen einen saftige Weiden, die zur **Puuohoku Ranch** gehören. Auf dem Gelände befindet sich in einem Kukui-Hain das Grab von Lanikaula, einem mächtigen Priester aus dem 16. Jh. Noch immer suchen Geister nachts das Grab auf – das zumindest behaupten die Insulaner. Kurz darauf taucht die Straße wieder in tropische Vegetation mit herrlichem altem Baumbestand ein – Eisenholz, Guajaven, Kukui, Koa und Eukalyptusarten.

Von einem Aussichtspunkt bietet sich ein spektakulärer Blick auf die Bucht von **Halawa** und das gleichnamige Tal, wo die Straße wenig später endet. Dort beginnt der **Halawa Beach Park,** wo schon die Häuptlinge Molokais sich beim Surfen vergnügten. Ist das Meer ruhig, erfrischt ein Bad im Pazifik. Der Beach Park verfügt über Toiletten, Trinkwasser gibt es allerdings nicht!

Hinter der Bucht öffnet sich das fruchtbare **Halawa Valley,** das von steil aufragenden Felswänden umrahmt wird. Schon vor der Zeitenwende war das abgelegene Tal von Polynesiern besiedelt, die drei Tempelanlagen errichten ließen. Noch im 19. Jh. lebten hier mehrere hundert Menschen, die sich vor allem vom Taroanbau und vom Fischen ernährten. Erst eine katastrophale Flutwelle, die sich 1946 nach einem Seebeben in das Halawa Valley ergoß, zerstörte und entvölkerte es. Heute leben nur noch einige wenige Bauern und Fischer in dem Tal. Für sie wird am 1. und 3. Sonntag im Monat in der hübschen kleinen Holzkirche rechts der Straße in Richtung Kaunakakai ein Gottesdienst abgehalten. An der Kirche beginnt auch der Wanderweg zu den **Moaula Falls** am Ende des Tales. Er führt über Privatgelände und darf nur im Rahmen einer geführten Tour benutzt werden.

In **Ualapue:** Wavecrest Resort, ☎ 558-8103, 800-367-2980, Fax 558-8206, Appartementanlage am Meer, von den Wohnungen herrlicher Ausblick auf Maui und Lanai, $–$$. In **Pukoo:** Honomuni House, ☎ 558-8383, Familie McCartney vermietet ein hübsches Cottage mit Küche, $$. Puuohoku Ranch, ☎ 558-8109, Fax 558-8100, vermietet ein Ferienhaus, sehr idyllisch auf dem Gelände der Ranch gelegen, $$.

Privater Campingplatz, Waialua Pavillon and Campground, JoAnn Simms, ☎ 558-8150.

Pilipo's Halawa Falls and Cultural Hike, ☎ 553-4355, Pilipo und sein Sohn Kawai veranstalten hochinteressante Wandertouren durch das Halawa-Tal. **Molokai Horse & Wagon Ride,** ☎ 558-8132, Kutschfahrten, Ausritte, Touren u. a. zum Iliiliopae Heiau.

Twenty-Mile-Beach (Schwimmen, Schnorcheln), Halawa Beach Park (Schwimmen).

Von Kaunakakai zum Kalaupapa Lookout

Durch die zentrale Ebene von Molokai geht die Fahrt zum Palaau State Park an der Nordküste. Hoch über dem Meer liegt der Kalaupapa Overlook, der schönste Aussichtspunkt der Insel. Von hier genießt man einen grandiosen Blick aufs Meer und die Kalaupapa-Halbinsel.

Auf dem Maunaloa Highway (Hwy 460) verläßt man Kaunakakai in westliche Richtung. Kurz hinter dem Ort liegt der **Kapuaiwa Coconut Grove,** ein Kokosnußhain, den König Kamehameha V. um 1860 auf seiner Lieblingsinsel anpflanzen ließ. Gegenüber erblickt man Church Row, eine Reihe kleiner Kirchen, von denen jede eine andere Glaubensrichtung repräsentiert.

Der Highway führt nun in die zentrale Ebene, wo der Kalae Highway (Hwy 470) zur Nordküste abzweigt. Im **Kualupuu Reservoir** wird das Wasser aus den regenreichen Bergen im Osten Molokais aufgefangen und für die Wasserversorgung des trockenen Westteils der Insel verwendet. Nach den beiden Plantagensiedlungen Kualupuu und Kalae erwartet das interessante **Meyer Sugar Mill Museum** (☎ 567-6436, Mo–Sa, 10–14 Uhr) seine Besucher. Mit viel Sorgfalt wurde die Zuckermühle aus den 70er Jahren des 19. Jh. restauriert und in das National Register of Historic Places aufgenommen. Anhand alter Dampfmaschinen und Erinnerungsstücke wird die Zeit des Zuckerrohranbaus wieder lebendig. Errichtet wurde die Mühle von dem Deutschen Rudolph W. Meyer, der ein Mitglied der königlichen Familie heiratete und zu einem angesehenen Mann wurde. Er machte zunächst sein Glück mit dem Anbau von Kartoffeln, mit denen er die Goldsucher in Kalifornien versorgte. Später begann er mit der Rinderzucht, und als gestattet wurde, hawaiischen Zucker zollfrei zum Festland zu liefern, stellte er auf Zuckerrohr um. Auf einem Privatfriedhof hinter der Mühle sind Meyer und seine Nachfahren beerdigt.

Die Straße endet am Parkplatz des Palaau State Parks. Unter Eisenholzbäumen spaziert man zum **Phallic Rock,** einem anatomisch bemerkenswert korrekt geformten Stein. Kein Wunder, daß man ihn als Fruchtbarkeitssymbol verehrt. Frauen, die Opfergaben am Stein ablegen und die Nacht hier verbringen, werden, so sagt man, bald darauf mit Schwangerschaft gesegnet sein.

Ein zweiter Pfad führt vom Parkplatz zum **Kalaupapa Overlook.** Von

steil abfallenden Klippen blickt man aus 480 m Höhe hinunter auf die Kalaupapa-Halbinsel, wo man die Häuser der Leprakolonie Kalaupapa erkennt. Der Leuchtturm am nördlichen Ende der Halbinsel war einst mit dem lichtstärksten Signal im ganzen pazifischen Raum bestückt.

Palaau State Park, Permits beim Department of Land & Natural Resources, Puupeelua Av., Hoolehua, ☎ 567-6891.

Ironwoods Hill Golf Course, Kalae, ☎ 567-6000, Lieblingsplatz der Einheimischen, ungezwungene Atmosphäre.

Die Kalaupapa-Halbinsel

Die wohl außergewöhnlichste Sehenswürdigkeit der hawaiischen Inseln ist die Leprakolonie von Kalaupapa auf der gleichnamigen Halbinsel in Molokais Norden – außergewöhnlich auch deshalb, weil einige der Menschen, die einst wegen ihrer Lepraerkrankung isoliert wurden, bis heute auf Kalaupapa leben. Zum Glück wird dafür gesorgt, daß sie nicht zu Schauobjekten werden. Damit dies gewährleistet ist, darf die Leprakolonie nur im Rahmen einer Führung betreten werden. Die meisten Besucher reiten auf dem Rücken von Eseln über einen schmalen Pfad die Klippen hinunter zur Kolonie. Man

Die Leprakolonie von Kalaupapa

erreicht sie aber auch mit dem Flugzeug bzw. kann hinunter wandern (s. S. 147).

Kein anderer Ort der Insel wäre für eine Quarantänestation besser geeignet gewesen: Vom tosenden Meer und steilen Klippen umgeben, bot Kalaupapa keine Möglichkeit zu entkommen. Wie so viele andere Krankheiten wurde auch die Lepra nach Hawaii eingeschleppt – vermutlich von chinesischen Immigranten. 1835 wurde der erste Krankheitsfall diagnostiziert. Entsetzt über die schnelle Ausbreitung der Lepra, die zu Wunden, starken Deformierungen und dem Abfallen von Gliedmaßen führt, beschloß man 1865, die Kranken zu isolieren. Die Leprösen wurden auf Schiffen zur Halbinsel gebracht, viele wurden einfach über Bord geworfen und mußten an Land schwimmen – zu groß war die Angst der Besatzung vor Ansteckung.

Die ursprüngliche Kolonie befand sich in Kalawao an der Ostseite der Halbinsel. Als 1873 der belgische Pater Damien nach Kalaupapa kam, fand er entsetzliche Bedingungen vor. Mit großem Engagement nahm er sich der Kranken an und bewirkte, daß die Siedlung 1888 an die sonnigere Westseite verlegt wurde. Pater Damien standen eine Vielzahl von Helfern zur Seite, die sich um die Kranken kümmerten, ohne sich anzustecken, er selbst aber erkrankte an Lepra und starb 1889 im Alter von 49 Jahren. Über hundert Jahre später, 1994, wurde er vom Papst selig gesprochen.

Obwohl Lepra seit den 40er Jahren des 20. Jh. mit Antibiotika behandelt werden kann, wurde die Quarantäne erst 1969 aufgehoben. Die Menschen, die heute noch in Kalaupapa wohnen, dürfen die Halbinsel jederzeit verlassen. Da sie aber keine andere Heimat kennen, ziehen sie es vor, auf der Halbinsel zu bleiben. Pläne, Kalaupapa aufzulösen, trafen auf den heftigen Widerstand der Bewohner.

Besucher werden von Bewohnern durch die Kolonie geführt, die die Geschichte Kalaupapas erzählen. Andere Einwohner bekommt man selten zu Gesicht. Auf verschiedene Stätten, wie Kirchen, Krankenhaus und Friedhof, wird man aufmerksam gemacht, an anderen – wie am Denkmal für Pater Damien und an einem kleinen Museum – wird angehalten.

Auf der östlichen Seite der Halbinsel, in Kalawao, steht ein Besuch der **St. Philomena Church** auf dem Programm. Sie befand sich ursprünglich in Honolulu und wurde von Pater Damien – in Teile zerlegt – nach Kalawao gebracht und wiederaufgebaut. Auf dem Friedhof erinnert noch der Grabstein an den belgischen Missionar. Er war zunächst auf der Halbinsel beerdigt worden. Im Jahre 1936 wurden seine sterblichen Überreste jedoch nach Belgien überführt.

Es ist wohl Ironie des Schicksals, daß man nirgendwo auf Molokai einen herrlicheren Ausblick auf die kaum zugängliche, wildromatische Küstenlandschaft des Nordens genießt als von diesem tragischen Ort. Steil ragen die dicht bewachsenen Klippen aus dem tiefblauen Meer mit den vielen Inselchen auf – ein atemberaubender Anblick.

✈ **Molokai Air Shuttle,** ☎ 567-6847, tgl. außer So Flüge ab Molokai Airport. **Island Air,** ☎ 800-652-6541, tgl. Flüge ab Honolulu via Molokai Airport.

🚶 **Molokai Mule Ride,** ☎ 567-6088, 800-567-7550, Eselsritt zur Kolonie und Tour; auch Organisation von Touren für Besucher, die mit dem Flugzeug oder zu Fuß zur Kolonie kommen. **Damien Tours,** ☎ 567-6171/6675, Führungen durch die Kolonie.

Der Westen Molokais

Stärker könnte der Kontrast zum Ostteil der Insel nicht sein: Im Westen präsentiert sich die Hügelkette Mauna Loa mit ihren Ausläufern als eine trockene Graslandschaft, in der sich vor allem Kiawebäume heimisch fühlen. Einzigartig ist der kilometerlange Sandstrand Papohaku Beach – mit Sicherheit der schönste Strand der Insel.

Von Kaunakakai führt der Maunaloa Highway (Hwy 460) in Richtung Westen. Kurz vor dem Flughafen zweigt die Puupeelua Street nach **Hoolehua** ab. Die Gemeinde hat ihre Existenz dem Hawaiian Homes Act zu verdanken, der in den 1920er

Die Polynesier

Ein Volk von gewieften Seefahrern

Um die Zeitenwende, als die meisten Europäer noch voller Furcht auf die unheimlichen Weiten des Meeres blickten, machten sich die Polynesier bereits auf zu neuen Ufern. Jahrhunderte später erreichten die ersten polynesischen Seefahrer, aus Südostasien kommend, die Inseln Tonga und Samoa, von wo aus sie die Inselwelt der Südsee zu erobern begannen. Voraussetzung für ihre Streifzüge durch den Pazifik war ihre Kunst, hochseetüchtige Auslegerkanus zu bauen.

Vom ersten Handgriff bis zum fertigen Boot besaß der Kanubau einen ausgeprägt rituellen Charakter. Unter Anwesenheit eines Priesters wurde zunächst das richtige Material ausgesucht. Eine sorgfältige Wahl war überlebenswichtig, denn wurmstichiges oder zu weiches Holz würde sich später auf hoher See als fatal erweisen. Der Platz, an dem das Boot gezimmert wurde, war ein geweihter Ort, der mit einem Tabu belegt war – Frauen und Fremde durften ihn nicht betreten, da sie als unrein galten. Die Werkzeuge waren zuvor im Tempel dem Vater aller Götter, Taaroa, dargebracht worden. Auf diese Weise glaubte man den Schutz des höchsten Gottes für das Boot und alle Reisen zu erlangen. Nur Meistern, die eine strenge handwerkliche und zudem religiöse Ausbildung erhalten hatten, war gestattet, Hand an das Kanu zu legen. Sie genossen dafür in der stark hierarchisch gegliederten polynesischen Gesellschaft ein ebensohohes Ansehen wie die Priester und Häuptlinge. Der gesamte Vorgang des Bauens wurde von religiösen Gesängen und Anrufungen der Götter unter Anleitung von Priestern begleitet. Es entstanden Auslegerkanus mit doppelten Rümpfen, die als Vorgänger der heutigen Katamarane gelten. Zusammengehalten wurde die Konstruktion von Seilen, die man aus Kokosfasern gefertigt hatte. Die Segel bestanden aus miteinander verwobenen Blättern. Bis zu 60 Menschen fanden auf einem Kanu Platz.

Jahren verfügte, daß der hawaiischen Urbevölkerung Siedlungsgebiete zur Verfügung gestellt werden sollten – unter der Bedingung, daß sie Landwirtschaft betrieben. Die Hawaiianer begannen in der Gegend um Hoolehua mit dem Anbau von Ananas. Bald waren sie aber der Konkurrenz der großen Plantagen nicht mehr gewachsen und sahen sich gezwungen, ihr Land zu verpachten. Heute werden Kaffee, Pa-

Abschluß und Höhepunkt der Kanuherstellung war das Wassern. Um zu bewirken, daß künftige Reisen unter einem guten Stern standen, wurden den Göttern Menschen geopfert. Beladen mit Vorräten – Brotfrüchten, Taro, Süßkartoffeln, Schweinen, Hühnern und Hunden –, die für Monate reichten, stach man schließlich in See.

Fast noch beeindruckender als die Fähigkeit der Polynesier, schnelle, wendige Kanus zu bauen, war ihr Können – und Mut –, Seereisen über Tausende von Kilometern zu unternehmen, ohne auf Hilfsmittel wie wir sie heute kennen – z. B. Kompaß, Sextant und Karten – zurückgreifen zu können. Allein ihre tiefe Verbundenheit mit und ihre Kenntnisse über die Natur halfen ihnen bei ihren Expeditionen. Auch wenn viele ihrer Entdeckungen sicherlich dem Zufall zu verdanken waren, weiß man, daß die Polynesier auch ganz gezielt Fahrten über das Meer unternommen haben auf der Suche nach anderen Inseln. Sie beobachteten Vogelschwärme und fragten sich, wohin diese zogen. Sie wußten, daß die Vögel sich irgendwo niederlassen mußten, um Nahrung aufzunehmen. Und so brachen die Polynesier auf, um diese Inseln zu suchen.

Sicher ist, daß die polynesischen Seefahrer grundlegende Kenntnisse in der Navigation besaßen. Tagsüber richteten sie sich vor allem nach dem Stand der Sonne, nachts orientierten sie sich an den Sternen, an wolkenverhangenen Tagen oder in sternenlosen Nächten beobachteten sie Wind und Wellen. Daneben wußten sie Vogelflug, Tang, Treibgut, Wolkenbilder, Meeresströmungen und die Farbe des Wassers zu deuten. Von ihrem Können waren selbst europäische Seefahrer wie James Cook beeindruckt.

In den 1970er Jahren wurde der Beweis angetreten, daß die Reisen der Polynesier nicht allein dem Zufall unterlagen: Mit einem Nachbau ihrer Auslegerkanus, der Hokulea (s. S. 52), folgte man den Spuren der polynesischen Seefahrer nach Tahiti und benutzte für die Navigation dabei allein jene Hilfsmittel, die den polynesischen Seefahrern zur Verfügung gestanden hatten. 35 Tage nach Beginn des Experimentes war Tahiti erreicht.

paya, Süßkartoffeln und Macadamianüsse angebaut.

Bei **Coffees of Hawaii** und **Purdy's Macadamia Nut Farm** kann man sich über den Anbau informieren und die Produkte probieren. Durch den Ort verläuft die Farrington Avenue (Strecke 480), die in Richtung **Momomi Beach** führt. Dieses einzigartige, schwer zugängliche, Ökosystem – mehrere vom Aussterben bedrohte Pflanzenarten und die selten gewordene Grüne Meeresschildkröte sind hier zu Hause – steht unter dem Schutz von Nature Conservancy. Wie man zu dem Gebiet gelangt, erfährt man im Büro der Naturschutzorganisation (The Nature Conservancy, am Hwy 460 in Richtung Westen, dann kurz vor Meile 3 in die Ulili Street einbiegen, ✆ 553-5326). Einmal im Monat werden auch geführte Wanderungen veranstaltet.

Kurz hinter dem Flughafen steigt der Highway zur Hügelkette von Mauna Loa an, deren höchste Erhebung keine 500 m erreicht. An den Berghängen soll sich einstmals die erste Schule für Hula-Tanz befunden haben. Bevor man nach Maunaloa gelangt, zweigt die Kaluakoi Road ab, die zu den Stränden und Hotelanlagen der Westküste führt.

Auf dem Weg dorthin passiert man die **Molokai Ranch,** die mehrere Tausend Rinder ihr eigen nennt und damit zu den größten Ranches des Archipels gehört. Im Rahmen eines Pauschal-Angebotes kann man auf der Farm wohnen, den Cowboys bei der Arbeit über die Schulter schauen und selber Viehhirte spielen.

Der Highway endet in der Plantagensiedlung **Maunaloa,** die in den 1920er Jahren von der Firma Libby gegründet wurde. Das Unternehmen Dole, das die Firma später übernahm, stellte 1975 die Ananasproduktion ein. Die meisten Bewohner sind bei der Molokai Ranch oder in einer der Hotelanlagen an der Westküste beschäftigt. Viele der alten Holzhäuser hat man inzwischen abgerissen und durch neue Häuser – im alten Stil – ersetzt. Vielleicht strahlt Maunaloa deswegen eine gewisse Künstlichkeit aus. Die **Big Wind Kite Factory** im Ort läßt nicht nur Kinderherzen höher schlagen – hier werden Drachen in den tollsten Farben und Formen gebaut und verkauft.

Ausgerechnet an der abgelegenen Westküste liegt das vergleichsweise bescheidene ›Touristenzentrum‹ der Insel. Das **Kaluakoi Resort** besteht aus einem Hotel mit Golfplatz und zwei Condominiumanlagen, die sich unauffällig in die Landschaft fügen.

Über den Golfplatz gelangt man in einem 30minütigen Fußmarsch zu dem versteckt liegenden, schönen Sandstrand **Kawakiu Beach.** In den 1970er Jahren wurde dieser Strand Thema der Bürgerrechtsbewegung. Mit einem Protestmarsch verlangten die Hawaiianer – mit Erfolg – öffentlichen Zugang zu dem Strand, der sich im Besitz der Molokai Ranch befand. An windstillen Sommertagen kann man im Schutz der Bucht baden.

Wer Ruhe und Abgeschiedenheit sucht, findet sie am **Papohaku Beach,** einem sich über mehrere Kilometer erstreckenden Sandstrand, der oft fast menschenleer ist. Der Grund dafür, daß sich hier kaum Urlauber tummeln, sind die starken Strömungen, die das Schwimmen zu gefährlich machen. Ein ideales Gebiet für Strandläufer.

In **Kaluakoi** und Umgebung: Molokai Ranch, ✆ 552-2734, 800-254-8871, Ranchaufenthalt mit verschiedenen Aktivitäten, $$$-$$$$. Kaluakoi Hotel & Golf Club, ✆ 552-2555, Fax 552-2821, Standard-Hotelzimmer verteilt auf mehrere kleine, von Palmen umgebene Häuser. Zum Hotel gehören auch Appartements (zu buchen über Kaluakoi Villas, ✆ 552-2721, 800-525-1470, Fax 525-2201), $$$. Paniolo Hale, ✆ 552-2731, 800-367-2984, Fax 552-2288, Anlage mit hübschen Appartements, $$–$$$. Ke Nani Kai, ✆ 552-2761, 800-535-0085, Fax 552-0045, Condominiumanlage, Ausstattung und Zustand der Appartements hängen sehr vom jeweiligen Besitzer ab. Die besten sind im 2. Stock, $$$.

Papohaku Beach, Permits beim Department of Parks & Recreation, Mitchell Pauole Center, Kaunakakai, ✆ 553-3204. **Molokai Ranch,** s. Hotels.

In **Kaluakoi:** Ohia Lodge, Kaluakoi Hotel, Frühstück und Abendessen, mittags kleine Gerichte an der Snackbar des Hotels. In **Maunaloa:** Village Grill, gute Hamburger, Suppen, Salate und Steaks, abends auch Pizza.

In **Maunaloa:** Big Wind Kite Factory, selbstgebaute, farbenfrohe Drachen, gute Auswahl an Büchern über Hawaii.

Golf: Kaluakoi Golfplatz, ✆ 552-2739. **Mountainbike-Verleih:** Kaluakoi Hotel. **Ausritte:** Molokai Ranch, ✆ 552-2791, 800-254-8871. **Touren/Besichtigungen:** Purdy's Natural Macadamia Nut Farm, ✆ 567-6601, lohnende Führung durch eine Macadamianußfarm in Familienbesitz. Coffees Of Hawaii, ✆ 567-9241, Touren durch Kaffeeplantagen. Molokai Ranch Outfitters Center, ✆ 552-2741, 800-729-0059, veranstaltet u. a. Ausritte und Mountainbiketouren.

Papohakue Beach (Strandwandern), Make Horse Beach (Sonnenbaden) – beide Strände sind zum Schwimmen zu gefährlich! Kawakiu Beach (Schwimmen an windstillen Sommertagen), Dixie Maru Beach (Schwimmen innerhalb der Bucht).

Bankoh Kayak Challenge, Mitte Mai, Kajakrennen vom Kaluakoi Resort zur Insel Oahu. **Na Wahine O Ke Kai,** Ende Sept., Kanurennen der Frauen vom Kaulakoi Resort zur Insel Oahu.

Lanai – die stille Insel

**Im Schlenderschritt durch
Lanai City**

**Wo schon Kevin Costner
weilte – die Manele Bay**

**Überreste eines althawaiischen
Fischerdorfes – Kaunolu**

**Regenwald, Schluchten
und Petroglyphen –
der Munro Trail**

**Eine bizarre Steinlandschaft –
der Garden of the Gods**

Golfplatz des Manele Bay Resort

Die kleinste der bewohnten hawaiischen Inseln ist zugleich auch die exklusivste. Ruhe und Abgeschiedenheit genießt man in luxuriösen Hotelanlagen oder an den einsamen Stränden. Zwei Weltklasse-Plätze machen Lanai zum Eldorado der Golfer. Wer das Abenteuer sucht, kann die Insel auf abgelegenen Pisten mit dem Jeep erkunden.

Die 140 km² große Insel Lanai liegt jeweils gut 14 km von den beiden Nachbarinseln Molokai im Norden und Maui im Westen entfernt. Sie wurde von einem einzigen Vulkan geformt, dem seit langem erloschenen Palawai. Der Kraterrand ist als Bergkamm stehengeblieben, der die Insel von Norden nach Südwesten durchzieht und gen Osten zum Meer hin abfällt. Zu diesem Bergrücken gehört auch die höchste Erhebung der Insel, der 1027 m hohe Lanaihale. Westlich des Bergrückens liegt der fruchtbare Vulkankrater und die Hochebene, in der sich auch der Hauptort der Insel, Lanai City, befindet. Den Südwesten der Insel prägen steilabfallende Klippen, im trockenen, kargen Nordwesten geht die Landschaft dagegen etwas sanfter ins Meer über.

Der größte Teil von Lanais ›Straßennetz‹ besteht aus Sandpisten; beim Munro Trail handelt es sich um einen Waldweg. Nur Wagen mit Allradantrieb sind auf diesen Strecken, die oft auch hohe Anforderungen an das Fahrvermögen stellen, erlaubt. Besonders nach starken Regenfällen sind die Wege oft unpassierbar. Wieviel Zeit man für eine Unternehmung einplanen muß, hängt vom Zustand der Pisten ab, über den man beim Ausleihen des Wagens informiert wird. Wer sich das Off-Road-Abenteuer nicht zutraut, kann an einer geführten Jeep-Tour teilnehmen (s. S. 158), die den Munro Trail und den Shipwreck Beach umfaßt.

Lanai gestern und heute

Schenkt man den Legenden Glauben, war Lanai einst das Reich böser Geister, das kein Mensch zu betreten wagte. Und so kann es nicht verwundern, daß die Insel erst im 15. Jh. von Maui aus besiedelt wurde. Die Nähe zu Maui, unter dessen direktem Einfluß Lanai stand, wurde den Insulanern zum Verhängnis. Im 18. Jh. scheiterte Häuptling Kalaniopuu von der Insel Hawaii bei seinem Versuch, Maui zu erobern. Seine Wut ließ er am kleinen Lanai aus.

Der Munro Trail – eine Allradstrecke

Alle Bewohner wurden getötet. Als König Kamehameha I. mit den übrigen Inseln auch Lanai unter seine Herrschaft brachte, begannen friedlichere Zeiten.

Das 19. Jh. sah die Ankunft der ersten Missionare. Sie ließen Frauen, die nach christlichen Moralvorstellungen Ehebruch begangen hatten, in den Nordwesten der Insel verbannen. Insgesamt waren ihre Bekehrungsbemühungen aber nicht sehr erfolgreich. Die nächsten Christen auf Lanai waren Mormonen. Sie erreichten das Eiland 1854. Ihr Anführer Walter Gibson erwarb Land für die Gemeinde, jedoch in seinem eigenen Namen. Seine Weigerung, den Besitz an die Mutterkirche in Salt Lake City zu überschreiben, hatte seine Exkommunizierung zur Folge. Damit war das Ende der Mormonen auf Lanai gekommen. Gibson machte unterdessen Karriere als Politiker auf Oahu. Nach seinem Tod erbte seine Tochter Talula Lucy den Besitz auf Lanai. Zusammen mit ihrem Ehemann führte sie den Zuckerrohranbau ein und ließ 400 Japaner nach Lanai bringen, die fortan auf den Zuckerrohrfeldern arbeiteten. Doch die Tage des Zuckerrohranbaus waren gezählt, denn zu Beginn des 20. Jh. waren die Süßwasserreservoirs aufgebraucht. Es folgte die Zeit der Rinderzucht, die zu großen Schäden durch Überweidung führte. Bis in die 1990er Jahre stand Lanai dann ganz im Zeichen der Ananas: Auf über 16 000 Hektar Land ließ das Unternehmen Dole, das bis dahin fast die ganze Insel aufgekauft hatte, die Früchte anbauen. Die Krise des Unternehmens in den 80ern machte sich ein gewisser

David Murdock zunutze, der Haupt-
anteilseigner der Firma und somit
Herr der Insel wurde. Er förderte eine Ausweitung der landwirtschaft-
lichen Produktpalette und trieb vor
allem den Ausbau der touristischen
Infrastruktur voran. So entstanden
mit Manele Bay und Lodge at Koele
zwei Luxushotels mit erstklassigen
Golfplätzen.

Lanai City

Im Herzen von Lanai liegt der einzige Ort der Insel, Lanai City. Anders
als der Name vermuten läßt, handelt
es sich dabei eher um ein Dorf, in
dem allerdings die Mehrheit der gut
3000 Insulaner lebt. Viel zu sehen
gibt's nicht, und dennoch hat der

Ort seinen ganz eigenen Reiz, der sich am besten erschließt, wenn man umherschlendert. Das geruhsame Leben spielt sich im Zentrum rund um den Dole Park mit seinen herrlichen Norfolktannen ab. Um das Areal sind einige Restaurants, eine Galerie, ein kleines Kino und ein kleiner Supermarkt gruppiert – letzterer ist wahrscheinlich der einzige in den USA, der zur Mittagszeit und sonntags schließt! Besonders idyllisch ist es hier am Sonntagmorgen, wenn der Gospelgesang der Kirchenbesucher den Platz erfüllt.

Spaziert man durch die im Schachbrettmuster angelegten Straßen, wird deutlich, daß Lanai City aus einem Guß entstanden ist. Jim Dole gründete den Ort in den 1930er Jahren als Plantagensiedlung. Buntgestrichene, von Wellblechdächern bekrönte Holzhäuser mit Veranden datieren noch aus dieser Zeit. Eine besondere Augenweide sind die üppigen Gärten, in denen tropische Blumen neben Guajaven-, Mango- und Avocadobäumen sprießen.

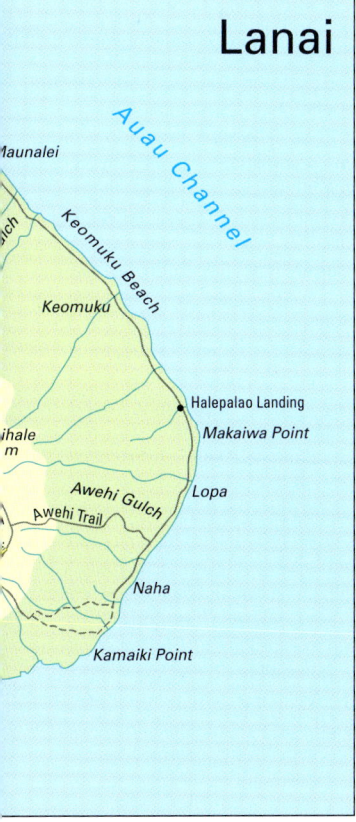

Informationen über Lanai: visitmaui.com

Lodge at Koele, ☎ 565-7300, 800-321-4666, Fax 565-4561, stimmungsvolles Hotel im Stil der Plantagenära, hervorragender Golfplatz, $$$$. **Hotel Lanai,** ☎ 565-7211, 800-795-7211, Fax 565-6450, rustikales, kleines Hotel, 1923 von Dole als Gästehaus für Plantagenbesucher erbaut, $$. **Dreams Come True B & B,** ☎ 565-6961, 800-566-6961, Fax 565-7056, sehr hübsches B & B mit leckerem Frühstück und persönlicher Atmosphäre, Jeepverleih, $–$$.

Blue Ginger Café, Treff der Einheimischen, einfaches aber gutes Essen. **Pele's Garden,** kleiner Bioladen mit angeschlossenem kleinem Restaurant, Salate, Sandwiches, Pizza, auch zum Mitnehmen. **Henry Clay's Rotisserie** im Hotel Lanai, gemütliches Restaurant mit einfallsreicher Küche. **Formal Dining Room,** Lodge at Koele, hervorragendes Restaurant, entsprechend teuer.

Hochseefischen: Spinning Dolphin Fishing Charters, ☎ 565-2072. **Kajak-, Schnorchel-, Fahrrad- und Wandertouren:** Lanai Eco Adventure Centre, ☎ 565-7737, auch Radverleih. **Reitunterricht und Ausritte:** The Stables at Koele, ☎ 565-4424. **Jeep-Safari** zu den Highlights der Insel: Lanai City Service, ☎ 565-7227, 800-367-7006. **Golf:** Manele Bay Hotel und Lodge at Koele, weltberühmte Plätze auch für Nicht-Gäste, entsprechende Kleidung Voraussetzung. Cavendish Golfcourse, kleiner, kostenloser Golfplatz ohne Kleidervorschriften.

Heart of Lanai Arts Studio, schönes Kunsthandwerk und Malerei einheimischer Künstler.

Fährverbindung zwischen Manele Boat Harbor und Lahaina/Maui: Expeditions, ☎ 661-3756, auf Maui ☎ 800-695-2624, Reservierung möglich, Tickets erhält man an Bord.

Gratis **Shuttlebus** zw. Lodge at Koele, Lanai- und Manele Bay Hotel.

Lanai City Service, ☎ 565-7227, 800-367-7006, Transport vor Ankunft arrangieren.

Lanai City Service, ☎ 565-7227, 800-367-7006, arbeitet zusammen mit Dollar-Rent-a-Car. **Red Rover Lanai,** ☎ 565-7722, Verleih von Jeeps.

Von Lanai City zur Südküste

Daß Lanai die Insel der kurzen Wege ist, zeigt sich besonders auf der Fahrt zur Südküste. Nach 7,5 Meilen auf der Manele Road (Strecke 440), einer geteerten Landstraße, hat man im Handumdrehen den Hulopoe Beach erreicht, wo Sandstrand und glasklares Wasser den Besucher erwarten. Über der Bucht lädt das exklusive Manele Bay Hotel, das schon Berühmtheiten wie Bill Gates, Kevin Costner und Michael Douglas beherbergte, zu einem Mittagsimbiß auf der großzügigen Terrasse ein.

Die Fahrt geht zunächst von Lanai City aus durch die ausgedehnte Ebene des Vulkankraters. Die typische rote Farbe des Bodens geht auf oxidiertes Eisen zurück. Bald führt die Straße über den Kraterrücken hinunter zum **Hulopoe Beach.** Sie endet am Parkplatz, an dem auch der Campingplatz der Insel liegt. Der westliche Teil des feinsandigen Strandes wird von den Gästen des Manele Bay Hotels genutzt, der östliche steht Besuchern offen. In der leicht geschwungenen Bucht kann man hervorragend baden, nur bei stürmischem Wetter ist es zu gefährlich. In der westlichen Hälfte der Bucht liegt das beste Schnorchelrevier der Insel. Am Ende des Strandes sind im Lavagestein flache Pools zu sehen, die sich während der Flut mit Wasser füllen. Hier hat man auch einen größeren Pool zum Baden angelegt – ideal für Kinder. Vom öffentlichen Teil des Strandes führt ein Pfad in südlicher Richtung zur Küste von **Puu Pehe,** wo Wind und Wellen das Vulkangestein abgeschliffen haben. Geblieben sind interessante, brüchige Gesteinsformationen.

Läuft man vom Parkplatz wieder ein Stück zurück in Richtung Lanai

Im Reich der Nachtgeister

Die Insel Lanai wurde erst im 15. Jh. besiedelt. Hierfür hält die Legende ein passende Erklärung bereit: Vor dieser Zeit lebte auf der Nachbarinsel Maui ein junger Prinz. Er hieß Kaululaau und war ein sehr ungezogenes Kind. Er machte sich einen Spaß daraus, die Brotfruchtbäume aus der Erde zu reißen, die sein Vater gerade gepflanzt hatte. Alles Schimpfen half nicht, und keine Strafe brachte Kaululaau dazu, sein Verhalten zu ändern. Und so wußte der Vater sich nicht anders zu helfen, als seinen Sohn zu verbannen. Er schickte ihn auf das unbewohnte Eiland Lanai – im Bewußtsein, daß dies den Tod des Sohnes bedeuten würde. Denn auf Lanai lebten böse Nachtgeister, weshalb bis dahin kein Mensch die Insel zu betreten gewagt hatte. Doch Kaululaau ließ sich nicht einschüchtern und lernte die Geister auszutricksen. Tagsüber hielt er sich am Strand auf, wo er ihnen begegnete. Da es Nachtgeister waren, waren sie am hellichten Tag ungefährlich. Die Geister wollten von Kaululaau wissen, wo er denn nachts schlafe – natürlich, um ihn dann aufzuspüren und zu töten. Der Junge überzeugte sie davon, daß er zunächst in den Wellen schlafen und sich dann später in eine Höhle zurückziehen würde.

Nacht für Nacht suchten die Geister den Prinzen in den Wellen des Meeres. Sie suchten und suchten und konnten ihn nicht finden. Aber sie wollten nicht aufgeben, und so suchten sie so lange weiter, bis sie völlig erschöpft in den Wellen untergingen. Kaululaau fuhr so lange mit seiner Geschichte fort, bis alle 400 Nachtgeister entweder ertrunken oder nach Kahoolawe geflohen waren. Seine Familie hatte den Jungen bereits aufgegeben, als sie plötzlich bemerkte, daß auf Lanai ein Feuer brannte. Als sie hinüberfuhren, sahen sie, daß Kaululaau am Leben war und Lanai von den bösen Nachtgeistern befreit war. Sie verziehen ihm seine Missetaten und holten ihn heim nach Maui, wo er wie ein Held gefeiert wurde. Dank des schlauen Jungen ist Lanai seitdem bewohnt.

City, zweigt nach wenigen Metern rechts eine ungeteerte Straße ab, die zur **Manele Bay** führt. Schon seit Beginn des 20. Jh. wurde die geschützte Bucht als Hafen genutzt. In den Tagen, als auf Lanai die Viehzucht eine wichtige Rolle spielte, wurden die Rinder über den Hafen nach Honolulu verschifft. Die Überreste der Rampe, über die die Tiere verladen wurden, sind noch zu erkennen. Heute legt hier die Fähre von bzw. nach Maui an. Am Horizont kann man die Umrisse der Nachbarinsel erkennen. Auch Segler machen gerne in der Bucht fest. Ein Pavillon mit Tischen und Bänken oberhalb der Bucht lädt zum Picknicken ein.

 Manele Bay Hotel, ☎ 565-7700, 800-321-4666, Fax 565-3868, aufwendig gestaltetes, elegantes Hotel, das sich harmonisch in die Landschaft fügt, Tennisplätze und Weltklasse-Golfplatz, $$$$.

 Hulepoe Beach, Permits bei Lanai Company, Box 310, Lanai City , HI 96763, ☎ 565-3982.

Hulopoe Beach (Schwimmen, Schnorcheln)

Der Westen und Südwesten der Insel

Auch einen Highway nennt das kleine Lanai sein eigen. Der Kaumalapau Highway (Hwy 440) führt von Lanai City am Flughafen vorbei bis nach **Kaumalapau.** Nach 6,5 Meilen hat man den Hafen im Südwesten der Insel erreicht. Er wurde gebaut, um Ananas zu verschiffen. Doch der Boom ist längst vorbei. Die letzte kommerzielle Ernte wurde 1992 eingebracht. Die Ananasfelder, die man heute auf der Insel sieht, sind Schaufelder. Der Hafen wird inzwischen nur noch für das Frachtschiff aus Oahu genutzt, das einmal in der Woche festmacht. Auf dem Weg zum Hafen hinunter hat man einen herrlichen Blick auf die Steilküste. Außerdem – nirgendwo sonst sind

die Sonnenuntergänge so spektakulär wie hier im Westen.

Nicht ganz so einfach ist es, in den Südwesten der Insel zu gelangen, wo die Überreste des althawaiischen Fischerdorfes Kaunolu erhaltengeblieben sind. Die Anfahrt erfolgt über die Manele Road: Eine 3/4 Meile hinter Meile 9 führt eine scharfe Kurve nach rechts. Hier biegt man auf eine zunächst geteerte, dann in eine Sandpiste übergehende Straße ab. Ein Schild trägt die Aufschrift ›Kaunolu‹. Ob die schwierige Piste zum Dorf befahrbar ist, erfährt man beim Autovermieter. Wer gut zu Fuß ist, wandert hinunter.

Kaunolu diente König Kamehameha I. als Sommerfrische – Fischen, Sportveranstaltungen und Tuniere sorgten für die Unterhaltung und Entspannung des königlichen Hofstaates. Als das Fischerdorf in der Mitte des 19. Jh. aufgegeben wurde, standen hier mehr als hundert Behausungen und ein Heiau mit Petroglyphen, die man in dieser Form nur auf Lanai fand. Längst haben stachelige Kiawebäume von den Überresten Besitz ergriffen. Der geheimnisvollen Atmosphäre dieses abgelegenen Winkels kann man sich dennoch kaum entziehen.

Der Munro Trail

Selbst das kleine Lanai weist verschiedene Landschaftsformen auf, wie eine Fahrt auf dem Munro Trail erkennen läßt. Hat man auf den Sandpisten der Insel genug ›Staub geschluckt‹, dann bietet die 8,5 Meilen lange Strecke eine willkommene Abwechslung. Üppiger Regenwald mit Eisenholz, Norfolktannen und Eukalypten, zwischen denen Farn wuchert, umfangen den Besucher. Auch zum Wandern ist der 14 km lange Weg gut geeignet.

Der Munro Trail blickt auf eine dramatische Geschichte zurück. Als König Kamehameha I. gegen Ende des 18. Jh. während seines Eroberungsfeldzuges auch Lanai überfiel, diente das Gebiet als Rückzugsort der Insulaner. Entlang des Trails, der damals nicht viel mehr als ein schmaler Pfad war, erstreckte sich das Schlachtfeld, auf dem die Bewohner der Insel ihre letzte – vergebliche – Schlacht gegen den König schlugen. Später benannte man den Pfad nach George Munro, einem neuseeländischen Botaniker, der entlang des Weges, aber auch an anderen Stellen der Insel, Bäume anpflanzen ließ, die besonders gut in der Lage sind, Wasser aus Wolken und Nebel zu ziehen und an den Boden weiterzugeben – lebenswichtig auf einer Insel, die bedingt durch ihre geografische Lage im Windschatten von Maui, zuwenig Niederschlag abbekommt.

Vorbei an den Schluchten Maunalei Gulch, Hookio Gulch und dem Hauola Gulch erreicht man den höchsten Punkt der Insel, den 1027 m hoch gelegenen Lanaihale – hier bietet sich ein sagenhafter Ausblick auf Lanai, den Pazifik und die Nachbarinseln. Der überaus holprige und steile Awehi Trail stellt die Verbindung zur Küste nördlich von Naha her, eine Strecke, an die sich nur echte ›Off-road‹-Könner wagen sollten. Gefahrloser gelangt man über die Hoike Road wieder zur Manele Road und zurück nach Lanai.

Wer sich für Steinzeichnungen interessiert, der sollte von der Hoike Road einen Abstecher zu den **Luahiwa Petroglyphs** unternehmen, die allerdings nicht ganz einfach zu finden sind. Sie sind auf großen Felsblöcken rechts der Hoike Road am Ende eines Grabens zu entdecken, den man über einen Feldweg erreicht. Obwohl einige der Zeichnungen stark verwittert sind, erkennt man dennoch abstrakte und figürliche Darstellungen von Menschen, Hunden und Kanus, die zu unterschiedlichen Zeiten angebracht wurden.

Der Norden Lanais

Auch der Inselnorden beschert eindrucksvolle Naturerlebnisse – hier stößt man auf die bizarre Erosionslandschaft des Garden of the Gods und den einsamen Sandstrand von Polihua.

Nördlich von Lanai City zweigt bei den Tennisplätzen links die Polihua Road ab. Zunächst führt die gut zu befahrende Piste vorbei an ehemaligen Ananasplantagen bis zum

Beeindruckende ›Steingestalten‹
im Garden of the Gods

Kanepuu Reserve, wo man bemüht ist, die letzten Überreste eines Trockenwaldes zu erhalten. Die Baumarten, die man hier vorfindet, z. B. Hawaiisches Sandelholz, bedeckten einst fast die ganze Insel. Sie fielen zu Beginn des 20. Jh. der Viehwirtschaft zum Opfer, als der Bedarf an Weiden stieg. Verwilderte Rinder setzten das Zerstörungswerk fort. Der Botaniker George Munro erkannte das Problem und sorgte dafür, daß man dieses Gebiet einzäunte und es vor grasenden Tieren schützte. Auf einem Pfad kann man das Reservat zu Fuß erkunden.

Kurz darauf erreicht man den **Garden of the Gods,** wo Wind und Wetter eine bizarre Steinlandschaft geformt haben. Besonders schön ist es hier in den frühen Morgenstunden oder am späten Nachmittag, wenn die Sonne die verschiedenen Farben der Steingebilde noch intensiver leuchten läßt.

Kurz hinter dem Garden of the Gods gabelt sich die Piste, die von nun an schwierig zu befahren ist. Linker Hand zweigt die Strecke in Richtung **Kaena Point** ab, wo noch die letzten Überreste eines Heiaus auszumachen sind. Hier lag einst der Ort, an den Missionare untreue Hawaiianerinnen verbannten.

Geradeaus führt die Piste zum **Polihua Beach** hinunter, einem herrlichen breiten Sandstrand. Vielleicht hat man Glück und begegnet einer Grünen Meeresschildkröte, die ihre Eier im Sand vergräbt. Jenseits der Meeresstraße von Kaholi ragt die Insel Molokai aus dem Pazifik. Vom Schwimmen ist aufgrund der starken Strömung allerdings dringend abzuraten!

Die Ostküste

Ein gestrandetes Schiff, Petroglyphen, ein paar Fischerhütten und eine malerische Kirche bietet ein Ausflug an die Ostküste. Außer einigen einheimischen Fischern wird man kaum jemandem begegnen – und darin liegt gerade der Reiz. Die Insel Maui mit den Hotelbauten von Kaanapali, die man bei klarem Wetter am Horizont ausmachen kann, liegt Welten entfernt.

Die Fahrt geht über den Keomuku Highway (Hwy 44) in nordöstliche Richtung. An einem Aussichtspunkt zur Rechten bietet sich ein herrlicher Blick auf die Nachbarinseln Molokai und Maui. Kurz bevor man die Küste erreicht, endet die geteerte Straße. Links zweigt eine Sandpiste in Richtung Shipwreck Beach ab.

Shipwreck Beach bezeichnet den Küstenabschnitt, der bis zum Polihua Beach reicht. Der eigenwillige Name geht auf die vielen Schiffe zurück, die an den tückischen Riffen entlang der Küste scheiterten. Noch deutlich zu sehen ist das Wrack des Liberty-Frachters, der während des Zweiten Weltkriegs auf ein Riff lief und aufgegeben wurde.

Nach 1 3/4 Meilen hat man das Ende der Sandpiste erreicht, wo die Fundamente eines Leuchtturms erhalten geblieben sind. Von der Ruine führt ein Pfad zu einigen Felsen mit Petroglyphen. Wenn die Sandpiste nicht passierbar ist, kann man den Wagen am Anfang der Piste stehenlassen und am Strand bis zum Leuchtturm laufen – vorausgesetzt, angeschwemmtes Treibgut versperrt nicht den Weg.

Die am Ende des Keomuku Highways nach rechts abgehende Piste führt zu dem 12 Meilen entfernten einstigen Fischerdorf Naha. Vorbei an Fischerhütten und Kiawewäldern erreicht man nach 5 3/4 Meilen zunächst **Keomuku,** das früher das Zentrum des Zuckerrohranbaus war, nach dessen Niedergang aber aufgegeben wurde. Schuld daran war – nach Meinung der Hawaiianer – ein Mann namens Frederick Hayselden, der die Steine eines Heiaus als Baumaterial verwendet hatte. Die Strafe der Götter folgte prompt: Aus den Brunnen sprudelte nur noch Salzwasser, und Hayselden verlor sein ganzes Vermögen. Die pittoreske **Ka Lanakila O Ka Malamalama Church** wurde errichtet, als die Zuckermühle ihren Betrieb einstellte.

Bei **Kahea** befand sich ein weiterer Heiau, der ebenfalls dem Zuckerrohranbau zum Opfer fiel: Die Maunalei Sugar Company nutzte ihn als Steinbruch für den Bau einer Eisenbahnstrecke, auf der dann Zucker zur Anlegestelle von Kahalepalaoa transportiert wurde. 4 Meilen weiter endet die Piste in **Naha,** wo sich Einheimische gerne zum Fischen versammeln.

›Big Island‹ Hawaii – Insel der Superlative

Treffpunkt der Ironmen und Ironwomen – Kona

Unscheinbar und doch geschichtsträchtig – die kleine Ortschaft Captain Cook

Lavaströme auf dem Weg ins Meer – Hawaii Volcanoes National Park

Mit Schirm und Charme – Hilo, die regenreichste Stadt der USA

Den Sternen ganz nah – die Observatorien am Mauna Kea

Bei einem Vulkanausbruch wurde diese Straße im Süden der Insel neu ›geteert‹

Auf der größten Insel des Archipels liegt einer der aktivsten Vulkane der Erde. Unermüdlich speit der Kilauea Lava und läßt hautnah miterleben, wie neues Land entsteht. In der Mitte der Insel thront der höchste Berg Hawaiis, der fast 4200 m hohe, im Winter schneebekrönte Mauna Loa. Und noch einen Rekord bietet ›Big Island‹: Hilo an der Ostküste ist die regenreichste Stadt der USA.

Inselkarte s. Hintere Umschlaginnenklappe

Die 4035 km^2 große Insel Hawaii wurde von fünf Vulkanen geschaffen: Kohala, Hualalei, Mauna Kea, Mauna Loa und Kilauea. Während vier von ihnen als untätig gelten, ist der Nebenkrater des Mauna Loa, der Kilauea, noch aktiv. Mehr noch: Er ist einer der aktivsten Krater der Welt, denn er liegt an der Stelle, an der sich im Erdmantel ein Hot Spot befindet (s. S. 13 und S. 181). Dieser sorgt dafür, daß fortwährend ungeheure Mengen Lava an die Oberfläche befördert werden.

Während die anderen Inseln des Archipels durch Verwitterungsprozesse nach und nach abgetragen wurden, nimmt die Insel Hawaii durch die Lavaströme ständig an Größe zu. Da die Erosionskräfte bei der geologisch jüngsten Insel noch nicht so lange wirken, besitzen die Schildvulkane keine tief eingegrabenen Canyons, wie man sie beispielsweise von der sehr viel älteren Insel Kauai kennt. Nur der älteste Teil der Insel, der Nordwesten, zeigt mit seinen tief eingeschnittenen Tälern bereits deutliche Verwitterungsspuren. West- und Südküste werden von weiten Lavafeldern geprägt, die im Meer enden.

In klimatischer Hinsicht weist die Insel Hawaii, genau wie die Nachbarinseln, die unterschiedlichsten Zonen auf. Die im Windschatten der Berge gelegene Westküste besitzt ein sonniges, trockenes Klima. Daher ist die Vegetation dort, besonders nördlich von Kona und westlich der Kohala Mountains, sehr karg. Ganz anders die regenreiche Ostküste, die mit einer üppigen, tropischen Flora aufwartet. Wie auf Maui ist das Klima nicht so sehr von den Jahreszeiten als von der Höhenlage geprägt. Während es an der Küste von Kona warm genug ist, um im Meer zu schwimmen, sind zur gleichen Zeit die Kuppen des Mauna Kea und des Mauna Loa in Schnee gehüllt. Letzterer ist übrigens mit einer Höhe von über 9000 m ab Meeresboden der höchste Berg der Erde.

Hawaii gestern und heute

Kraterlandschaft an der Saddle Road

Als südlichster Ausläufer des Archipels war ›Big Island‹ Hawaii vermutlich die erste Insel, die von polynesischen Seefahrern besiedelt wurde. Sie bauten Tempelanlagen und führten das strenge Tabusystem ein, das alle Bereiche des täglichen Lebens regelte. Jahrhunderte später, 1758, wurde auf der Insel der bedeutendste aller hawaiischen Könige, Kamehameha I., geboren. Schon in jungen Jahren erhielt er am Hof seines Onkels eine militärische Ausbildung. Nach dessen Tod konnte sich

Kamehameha gegen seinen Cousin durchsetzen und die Macht an sich reißen. Das nach Eroberung der Nachbarinseln von ihm gegründete vereinigte Königreich benannte er nach seiner Heimatinsel.

Als der König 1819 starb, folgten ihm sein Sohn und seine Lieblingsfrau Kaahumanu auf dem Thron. Ihre Abkehr von den tradierten Glaubensvorstellungen (s. S. 26 f.) und die Ankunft der ersten Missionare auf Big Island um 1820 veränderten das Alltagsleben und die Gesellschaftsstruktur auf der Insel grundlegend. Weitreichende Konsequenzen hatte auch die Einführung des Zuckerrohranbaus und der Viehwirtschaft im 19. Jh., die sich bald zu den bedeutendsten Wirtschaftszweigen der Insel entwickelten. Während der Zuckerrohranbau Mitte der 1990er Jahre weitgehend eingestellt wurde – heute setzt man auf Kaffee, Macadamianüsse, Obst und Blumen –, ist die Viehzucht nach wie vor ein wichtiger Wirtschaftsfaktor. Die Parker Ranch – die größte Ranch der USA in Privatbesitz – liefert einen Großteil des auf den Inseln benötigten Rindfleischs.

Der Tourismus konzentriert sich vor allem auf die Westküste nördlich von Kona. Eine Erweiterung des Hotelangebots soll in Zukunft noch mehr Touristen auf die Insel locken. Dagegen regt sich in der Bevölkerung bereits Widerstand. Versuche, den Tourismus auf die Ostküste auszudehnen, scheiterten. Auch der Bau des Flughafens in Hilo änderte daran nichts. Und so hat die Stadt eine enorm hohe Arbeitslosigkeit zu

verzeichnen. Mit 15 % liegt sie weit über dem hawaiischen Durchschnitt – ein weiterer Beweis für die Abhängigkeit der Inselwirtschaft vom Tourismus.

Kailua-Kona

Schon im 19. Jh. wußte die königliche Familie das sonnige Klima an Hawaiis Westküste zu schätzen und wählte Kailua-Kona, kurz Kona, als Sommerresidenz. Heute präsentiert sich der Ort als Touristenzentrum Nummer eins der Insel, worunter der historische Charme des quirligen Städtchens ein wenig gelitten hat. Dennoch weist Kona einige Vorzüge auf: So ist neben dem breiten Angebot an Unterkünften die zentrale Lage ideal für eine Erkundung der Westküste.

Am nördlichen Ende der Kailua Bay erstreckt sich der **Kamakahonu Beach,** der eine der wenigen Bademöglichkeiten im Stadtzentrum bietet. Hier lag die Residenz von König Kamehameha I., in der er 1819 verstarb. Neben dem Palast befand sich der **Ahuena Heiau,** der heute auf dem Gelände des King Kamehameha Hotels liegt. Da die Kultstätte wieder in den Originalzustand versetzt wurde, läßt sich nachvollziehen, wie ein *heiau* ausgesehen hat: Auf einer Plattform aus Lavabrocken stehen grasbedeckte Hütten, das Opfergerüst und geschnitzte Idole. Die Anlage ist öffentlich zugänglich, ebenso die sehenswerte Hawaiiana-Sammlung in der Hotellobby.

Am **Kailua Pier** beginnt jedes Jahr im Oktober der weltberühmte Ironman-Triathlon (s. S. 170 f.) mit dem Schwimmwettbewerb über 3,84 km. In der übrigen Zeit machen Ausflugsschiffe am Pier fest und am Nachmittag die Boote der Sportangler.

Die weißgestrichene **Mokuaikaua Church** mit ihrem 33 m hohen Turm ist das auffälligste Gebäude an der Bucht. Als die ersten Missionare 1820 nach Kona kamen, war kurz zuvor der alten Religion abgeschworen worden. Entsprechend wohlwollend wurden die Neuankömmlinge empfangen. Man gestattete ihnen sofort, eine Kirche zu errichten. Als Baumaterial diente neben Lava- und Korallengestein das besonders gegen Termiten resistente Holz des Ohia-Baumes. Die Inneneinrichtung wurde aus Koaholz, das Dach aus Blättern gefertigt. Diese Kirche wurde aber schon bald wieder zerstört. Das heutige Gotteshaus stammt aus dem Jahr 1836.

Gegenüber der Kirche liegt am Ufer der Kona Bay der **Hulihee Palace,** der 1838 von John Adams Kuakini, dem Gouverneur der Insel, errichtet wurde und als dessen Privatresidenz diente. Dann ging das schlichte, zweistöckige Gebäude in königliche Hände über. König Kalakaua nutzte es als Sommerresidenz und gestaltete das Äußere und Innere nach seinem – auf vielen Reisen geschulten – Geschmack um. Heute ist im Palast ein Museum untergebracht (Mo–Sa 9–16 Uhr), das einen Eindruck von königlicher Lebensart vermittelt. Neben europäischen Antiquitäten werden auch stilvolle Möbel aus heimischen Hölzern gezeigt.

Folgt man dem Alii Drive in südliche Richtung, erreicht man an der Kahaluu Bay eine weitere hübsche Kirche, die **St. Peter's Church** aus dem Jahr 1880. Die weißgestrichene Kirche mit ihrem blauen Dach vor der Kulisse des Meeres bietet einen reizvollen Anblick. Mehrmals wurde beschlossen, das von Flutwellen gefährdete Gotteshaus an einen sichereren Ort zu versetzen – bis jetzt hat man das Vorhaben noch nicht realisiert. An der Nordseite der Kirche sind noch die Überreste des **Kuemanu Heiaus** zu sehen, in dem königliche Surfer (s. S. 76) die Götter um Schutz baten, bevor sie sich in die Wellen stürzten. Wer gerne schnorchelt, sollte sich auf keinen Fall den **Kahaluu Beach** entgehen lassen. Auch für Anfänger ist er gut geeignet. Die Vielfalt der Fische in allen Formen und Farben ist unübertroffen.

Big Island Visitors Bureau, 75-5719 W. Alii Drive, Kailua-Kona, ✆ 329-7787; bigisland.org.

King Kamehameha's Kona Beach Hotel, ✆ 329-2911, 800-367-6060, Fax 329-4602, zentrales Hotel mit komfortablen Zimmern, $$$. **Royal Sea Cliff Resort,** ✆ 329-8021, 800-922-7866, Fax 922-8785, hübsch möblierte Appartementanlage, große Balkone, $$$. **Hale Kona Kai,** ✆/Fax 329-2155, 800-421-6060, ruhige, am Wasser gelegene Appartementanlage, alle Wohnungen haben Veranden zum Meer. **Kona Tiki**

Nichts für schwache Muskeln

Der Ironman Triathlon

Als ›Verrückte‹ wurden die Teilnehmer des ersten Ironman Triathlon im Jahr 1978 auf Oahu von der amerikanischen Sportzeitung ›Sports Illustrated‹ tituliert. Und ein bißchen verrückt muß man wahrscheinlich auch sein, um sich einer solchen Tortur wie diesem Wettbewerb zu unterziehen.

In den 1970er Jahren kam eine Handvoll Athleten auf die Idee, drei sportliche Ausdauerwettbewerbe miteinander zu verbinden. Die Disziplinen waren: Schwimmen im offenen Meer vor Waikiki, ein Radrennen rund um die Insel und zu guter Letzt ein Marathonlauf auf den Straßen von Honolulu. Gerade einmal 15 Teilnehmer verzeichnete die Auftaktveranstaltung, doch dann ging es steil bergauf. Beim dritten ›Ironman‹ fanden sich immerhin schon genügend Sportler ein, um das Interesse des Fernsehens zu wecken. Aus den bescheidenen Anfängen hat sich im Laufe der Jahre eine sportliche Großveranstaltung und ein Multimillionen-Dollar-Geschäft entwickelt. Zwischenzeitlich ist der ›Ironman‹ nach Kona auf Hawaii umgezogen, und heute – mehr als zwanzig Jahre nach der ersten Veranstaltung – ist der Triathlon so populär, daß nur noch die Besten der Besten mitmachen dürfen. Gut 20 000 Sportler –

Männer und Frauen – nehmen alljährlich an den nationalen Vorausscheidungen teil, um einen der heißbegehrten 1500 Startplätze zu ergattern. Jeder Bundesstaat der USA und jede Provinz Kanadas entsendet mindestens einen Athleten, die restlichen Teilnehmer stammen aus mehr als 48 Ländern rund um den Erdball. Besonders die Deutschen scheinen am ›Ironman‹ einen Narren gefressen zu haben, keine andere Nation außer dem Gastgeberland USA stellt so viele Sportler wie die Bundesrepublik.

Jedes Jahr im Oktober ist es dann soweit. Schon lange vor dem eigentlichen Event strömen die Athleten nach Kona, denn die richtige Vorbereitung vor Ort ist das A und O. Zunächst einmal gilt es, den Körper auf die extremen geographischen und klimatischen Bedingungen einzustellen. Radrennen und Marathon führen durch die karge Vulkanlandschaft nördlich von Kona, wo das Lavagestein die Hitze zusätzlich reflektiert, und Temperaturen von über 35° C keine Ausnahme sind. Hinzu kommen eine hohe Luftfeuchtigkeit und Windböen von bis zu 100 km/h. Der eigentliche Wettkampf beginnt frühmorgens an Konas Pier. Wie die Lemminge stürzen sich die Teilnehmer zur ersten der drei Disziplinen in die Fluten – 3,84 km Schwimmen im offenen, meist recht rauhen Meer stehen auf dem Programm. Daran schließen sich – ohne Pause wohlgemerkt – 180 km Radrennen auf dem Kaahumanu Highway entlang der Küste von Kona an und – damit nicht genug – auch noch ein Marathon über 42 km Länge. 5000 freiwillige Helfer versorgen die Teilnehmer während des Rennens mit 45 000 Litern Wasser! Siebzehn Stunden stehen den Ironmännern und -frauen zur Verfügung, um die Ziellinie in Kona zu erreichen. Wie dies geschieht, ist übrigens egal – rennend, laufend, gehend oder auch kriechend. Die Besten brauchen nur gut die Hälfte der vorgegebenen Zeit. Der derzeitige Rekord wird von dem Belgier Luc van Lierde gehalten, der als erster Europäer 1996 den ›Ironman‹ mit einer Zeit von acht Stunden und vier Minuten gewann. Bei den Frauen ist die Neuseeländerin Paula Newby-Fraser die absolute Spitzenreiterin. Die achtfache Siegerin benötigte 8 Stunden und 55 Minuten. 1997 gewann mit Thomas Hellriegel zum ersten Mal ein Deutscher den Wettbewerb.

An Preisgeldern stehen beim ›Ironman‹ insgesamt 250 000 $ zur Verfügung. Der Sieger erhält 35 000 $, der Rest des Geldes wird unter den zehn Nächstplazierten verteilt. Und es gibt noch einen Gewinner: Die Tourismusbranche. Sie verdient am Triathlon über 40 Mio. $, denn schließlich reisen Tausende von Zuschauern aus allen Teilen der Welt nach Kona, um ihre Helden anzufeuern.

Hotel, ✆ 329-1425, Fax 327-9402, kleines, älteres Hotel, viele Stammgäste, deshalb lange vorbuchen, $$. **Three Bears Bed & Breakfast,** ✆/Fax 325-7563, 72-1001 Puukala St., 7 Meilen nördlich von Kona gelegenes B & B, mit hübschen Zimmern, netten Gastgebern und gutem Frühstück, $$. **Patey's Place,** ✆ 326-7018, Fax 326-7640, preiswerteste Unterkunft in Kona, Treffpunkt der Rucksackreisenden, sehr locker geführt, $.

 Hale Halawai Park, Permits s. S. 189 oder beim Department of Parks & Recreation, Hale Halawai Park, ✆ 329-5277.

 Palm Cafe, Alii Drive, hier genießt man die Pacific-Rim-Küche mit Blick aufs Meer. **Kona Inn,** gegenüber Kona Bay Hotel, populäres Restaurant mit Steak- und Fischgerichten. **Sizzlers,** Kona Coast Shopping Center, preiswertes Restaurant mit großem Buffet im Cafeteria-Stil. **Sibu Cafe,** Banyan Court, indonesisches Essen in lockerer Atmosphäre. **Bangkok Houses,** King Kamehameha Mall, gute thailändische Küche zu vernünftigen Preisen. **Ocean View Inn,** Alii Drive, preiswerte Speisen u. a. auch hawaiische Gerichte wie *poi.* **Big Island Bagel Company,** Kopiko Plaza, Palani Rd., Paradies für Bagelfans.

The Eclipse, Kuakini Highway, Disko, an manchen Tagen Live-Musik. **Kona Amigos:** gegenüber Kailua Pier, populäre Bar zur Happy Hour zwischen 15 und 18 Uhr, um bei Cocktails und Bier den Sonnenuntergang zu beobachten. **Huggo's,** in der Nähe des Royal Kona Resort, Tanzen zu Live-Musik.

Tauchen/Schnorcheln: Kona Coast Divers, ✆ 329-8802, Tauchen für Anfänger und Fortgeschrittene. Eco Adventure of Kona, ✆ 329-7116, 800-949-

3483, bietet auch nächtliche Tauchgänge an. Jack's Diving Locker, ✆ 329-7585, 800-345-4807, u. a. sehr gute Schnuppertauchgänge. Dive Makai, ✆ 329-2025, kleine Tauchschule, die viel Wert auf Umweltverträglichkeit legt. Fairwind, ✆ 322-2788, 800-677-9461, zum Schnorcheln in die Kealakekua Bay. Schnorchelausrüstung kann man sich bei den Tauchschulen oder z. B. bei Kona Water Sports, Banyan Court, ausleihen. **Tennis:** Kings Sport & Racquet Club, ✆ 329-2911, im King Kamehamehas Kona Beach Hotel, besitzt vier Tennisplätze, auf denen auch Nicht-Gäste spielen können. **Rundflüge über den Kilauea-Vulkan:** Hawaii Helicopters, ✆ 329-4700, 800-994-9099. **Walbeobachtung:** in der Saison mit Whale Watch, ✆ 322-0028. **Bootscharter, Segeltouren und Hochseefischen:** Kailua Bay Charter, ✆ 324-1749, Kona Charter Skippers Association, ✆ 329-3600. Pamela Big Game Fishing, ✆ 329-1525, Ihu Nui Sportfishing, ✆ 325-1513. Kona Activities Center, ✆ 329-3171, 800-367-5288, vermittelt Boote zum Hochseefischen.

In **Kona:** Kamakahonu (Schwimmen). In **Keauhou:** Kahaluu Beach (Schnorcheln).

Ironman Triathlon, im Oktober. **The Kona Coffee Cultural Festival,** Ende Oktober/Anfang November.

Von Kona zum Volcanoes National Park

Von Kona aus führt der Mamalahoa Highway (Hwy 11) – auch Hawaii Belt Road genannt – an der Südspitze der Insel vorbei zum Volcanoes National Park. Auf der abwechslungsreichen, 95 Meilen langen Strecke kommt man an kleinen Gemeinden vorüber, die vom Kaffee- und Macadamianußanbau leben. Dann passiert man die dünnbesiedelten Landstriche des Kau District mit weiten Lavafeldern. Abstecher führen zu schönen Stränden und historischen Orten entlang der Küste.

In **Honalo** sind Besucher herzlich willkommen, sich in der Daifukujii Soto Mission umzuschauen, einem buddhistischen Tempel mit zwei Altären und großen Trommeln. Bitte nicht vergessen, die Schuhe auszuziehen!

Das Örtchen **Kainaliu** bietet eine interessante Mischung aus alteingesessenen Läden für den täglichen Bedarf und trendigen Shops, die allerlei Kunsthandwerk, Schmuck und Kleidung anbieten. Mit einer abwechslungsreichen Speisekarte wartet das nette Aloha Café auf, das im alten Theater untergebracht ist. Besonders schön sitzt man auf der Veranda.

Im alten General Store von Kealakekua ist die **Kona Historical Society** (Mo–Fr 9–15 Uhr) untergebracht, die anhand alter Fotografien und allerlei Geräten die lokale Geschichte wieder aufleben läßt.

Die unscheinbare Ortschaft **Captain Cook** liegt im Herzen des land-

Aloha Café in Kainaliu

wirtschaftlichen Anbaugebietes. Im Royal Kona Museum & Coffee Mill (tgl. 9–18 Uhr) rechts des Highways erfährt man Wissenswertes über Anbau und Verarbeitung von Kaffee, in der Probierstube kann man die verschiedenen Sorten testen. An der Middle Keei Road, gleich hinter dem Abzweig vom Highway 11, kann man in der Macadamia Nut Farm frischgeröstete Nüsse erwerben. Hier befindet sich der **Hikiau Heiau,** der dem Erntegott Lono geweiht war, von dem man glaubte, er würde eines Tages auf einem großen Schiff wiederkehren. Just als James Cook 1779 in der Bucht aufkreuzte, waren die Makahiki-Feierlichkeiten zu Ehren Lonos in vollem Gange. Man hielt den Kapitän für Lono und bereitete ihm einen triumphalen Empfang. Bei seinem zweiten Aufenthalt wendete sich das Blatt jedoch, und Cook wurde von aufgebrachten Einheimischen ermordet (s. S. 176 f.). An dieses Ereignis erinnert das schwer zugängliche **Cook Monument** an der Nordseite der Bucht. Es gibt noch einen anderen Grund, diese Stelle aufzusuchen: Hier kann man hervorragend schnorcheln – am besten von einem der Ausflugsboote aus, die in der Bucht verkehren.

Über die schmale Puuhonua Road gelangt man zu dem sehr interessanten **Puuhonua o Honaunau National Historical Park** (tgl. 6–20 Uhr, Fr und Sa bis 23 Uhr). Hier befand sich in althawaiischen Zeiten eine Zufluchtsstätte für Inselbewohner, die gegen das strenge Tabusy-stem verstoßen hatten und um ihr Leben fürchten mußten. Auf dem Gelände mit seinen heute restaurierten Heiaus sprachen die Priester den Sünder von seinem Vergehen frei, so daß er wieder nach Hause zurückkehren konnte.

In Richtung Highway zweigt links eine Straße ab, die zur **Painted Church** führt. Sie verdankt ihren Namen der aufwendigen Innenraumbemalung. Ein belgischer Pater versah die Wände nicht nur mit hawaiischen Motiven, sondern auch mit Bibelszenen, um den Einheimischen auf diese Weise das Christentum nahezubringen.

Zwischen Meile 101 und 102 führt eine Stichstraße hinunter nach **Hookena,** wo sich einst der berühmte schottische Schriftsteller Robert L. Stevenson aufhielt. Heute nutzen hawaiische Familien den kleinen schwarzen Strand des Fischerdorfes am Wochenende zum Picknick.

Bald beginnen die ersten eindrucksvollen Lavafelder, die von den Ausbrüchen des Mauna Loa stammen. Die Südflanke des Vulkans wird vom Kau District eingenommen. In dem trockenen, heißen Gebiet, in dem sich vor allem Kiawebäume wohlfühlen, leben nur wenige Menschen. Dort, wo es Wasser gibt, werden Zitrusfrüchte und Macadamianüsse angebaut. Bei Meile 81 liegt der **Manuka State Wayside Park,** wo man ein Wäldchen mit einheimischen und importierten Bäumen erkunden kann. Für ein Picknick stehen Tische und Bänke bereit.

Kunstvoll dekoriert: die Painted Church

Gut 11 Meilen weiter zweigt die South Point Road zum südlichsten Punkt der USA ab. Vorbei an saftigen Weiden wird das Land karger und trockener. Bald sieht man riesige Windräder, die zur Stromerzeugung dienen. Dann gabelt sich die Straße. Rechts gelangt man zum sturmumpeitschten **South Point** (Ka Lae). Vermutlich nahm hier die Besiedlung der Inseln durch Polynesier ihren Anfang. Die reichen Fischgründe vor der Küste boten ihnen genügend Nahrung. Geschickt wußten die Bewohner sich vor den Gefahren des Meeres zu schützen. Sie bohrten Löcher in die Felsen, an denen sie die langen Seile ihrer Kanus vertauen konnten. Auf diese Weise wurden die Fischer in ihren Booten von der starken Strömung aufs Meer hinausgezogen, aber nicht davongetragen. Die Löcher werden von Einheimischen heute noch genutzt, um Angeln zu befestigen.

Da die alten Hawaiianer für ihre Tempel besondere Orte auswählten, findet man auch an dieser Stelle die Überreste eines Heiaus und eines *fishing shrine*, an dem man die Götter um einen reichen Fang bat. Wählt man nun die linke Straße, gelangt man zur Kaulana Bay. Hier beginnt die schwierige Wanderung zum **Green Sands Beach.** Der Name rührt von dem im Sand enthaltenen dunkelgrünen Mineral Olivin her.

Zurück auf dem Highway, erreicht man **Waiohinu,** wo ein wundervoller Regenbaum steht. Sehr beliebt ist der **Punaluu Beach Park** mit seinem schwarzen Strand vor

Entdeckung mit fatalen Folgen

Vermutlich waren es Spanier, die als erste Europäer Hawaii in Augenschein nahmen. Da sie ihre Entdeckung aber, wie es seinerzeit üblich war, aus Konkurrenzgründen geheimhielten, fiel dem englischen Kapitän James Cook die Ehre zu, als erster weißer Entdecker des Archipels in die Geschichte einzugehen. 1728 in der englischen Grafschaft Yorkshire in bescheidene Verhältnisse hineingeboren, fuhr James Cook schon in jungen Jahren zur See. Zwischen seinen Fahrten beschäftigte er sich mit Mathematik und Navigation, und bald eilte ihm der Ruf voraus, ein hervorragender Navigator und Kartograph zu sein. Zu diesem Zeitpunkt regierte König Georg III. in England, der brennend an neuen See-Expeditionen interessiert war. Diese sollten neben neuem Land für die Krone auch neue wissenschaftliche Erkenntnisse bringen.

Durch Fürsprache einflußreicher Freunde erhielt Cook mehrere Aufträge für große Seereisen. Die dritte sollte der Entdeckung der Nordwestpassage vom Pazifik in den Atlantik dienen. Mitte Januar 1778 erreichten seine Schiffe ›Discovery‹ und ›Resolution‹ die Insel Kauai. Noch bevor der Kapitän und seine Leute an Land gehen konnten, kamen ihnen Einheimische in Kanus entgegen. Verwundert stellte Cook fest, daß sie eine Sprache sprachen, die jener der Bewohner von Tahiti sehr ähnlich war. Da einige von Cooks Männern ein paar Brocken Polynesisch konnten, war zumindest eine rudimentäre Verständigung möglich. Die Fremden wurden freundlich begrüßt und von den Hawaiianern mit Nahrung versorgt. Im Tausch bekamen sie Gegenstände aus Metall. Nachdem der erste Kontakt zu den Insulanern hergestellt war, wurden Boote ausgeschickt, um einen geeigneten Ankerplatz zu suchen und vor allem nach Frischwasser Ausschau zu halten. Mit guten Neuigkeiten kamen Cooks Leute zurück – an der Westküste hatte man einen Teich gesichtet. Dort, wo sich heute das Örtchen Waimea befindet, setzte Cook zum erstenmal seinen Fuß auf hawaiischen Boden. Einige Tage später besuchten die Europäer auch die vorgelagerte Insel Niihau, wo es wie auf Kauai zu Tauschgeschäften kam: Nahrung und Frischwasser für die Europäer, Tiere und Pflanzensamen für die Insulaner. Der Grundstein für nachhaltige Veränderungen auf den Inseln war gelegt. Sie waren nicht nur positiv. Beispielsweise starben viele Hawaiianer an den neuen Krankheiten, deren Erreger durch Cooks Mannschaft auf die Inseln gelangt waren.

Mit Beginn des Frühlings 1779 stachen die Engländer erneut in See, um die Nordwestpassage zu suchen. Im arktischen Ozean zwangen Eis und

Nahrungsmangel sie jedoch zur Rückkehr auf die ›Sandwich Islands‹, wie Cook die zuvor entdeckten Inseln zu Ehren seines Auftraggebers, des Earl of Sandwich, benannt hatte. Wie ein Lauffeuer verbreitete sich dort die Kunde von Cooks Ankunft. Dieses Mal ging die Mannschaft in der geschützten Bucht von Kealakekua auf der Insel Hawaii vor Anker. Dort wurde in einem Tempel gerade das Makahiki-Fest zu Ehren des Erntegottes Lono gefeiert. Und da dieser Gott dem Glauben der Althawaiianer nach mit einem großen Schiff nach Hawaii zurückkehren würde, hielten die Einheimischen Cook für ihren Gott Lono. Wohin der Kapitän auch seinen Fuß setzte, immer fielen die Menschen in Ehrfurcht zu Boden.

James Cooks Tod (Lithographie, 1832)

Der Engländer seinerseits tat nichts, um den Irrtum richtigzustellen. Im Gegenteil, zwei Wochen lang ließ sich der falsche Gott die Feierlichkeiten gefallen, bevor er wieder in See stach. Doch wiederum war dem Unternehmen kein Glück beschieden. Die Schiffe gerieten in einen Sturm und kehrten demoliert auf die Insel Hawaii zurück. Damit war Cooks Nimbus zerstört – ein Gott, der die Naturgewalten nicht beherrschte? Unmöglich! ›Und ist der Ruf erst ruiniert, lebt es sich ganz ungeniert‹, scheint in der Folgezeit das Motto der Matrosen gewesen zu sein. So scheuten sie sich nicht, das Holz für die Reparatur ihrer Schiffe aus den Tempelanlagen zu holen. Im Gegenzug begannen die Einheimischen die Mannschaft zu bestehlen. Die Lage spitzte sich zu, als ein Beiboot verschwand. Um die Rückgabe des Bootes zu erzwingen, wollte Cook einen Häuptling als Geisel nehmen. Als sich jedoch kein Häuptling dazu bewegen ließ, mit auf eines der Schiffe zu kommen, versuchte man es mit Gewalt. Die Situation eskalierte. Die Einheimischen griffen an und töteten Cook mit einem Dolch. Auch vier Matrosen fanden den Tod. Das alles geschah am 14. Februar 1779. Ein Teil der sterblichen Überreste von Cook wurde auf See bestattet, der andere – wie es den lokalen Sitten entsprach – auf der Insel Hawaii verbrannt.

einer Palmenkulisse. Doch Vorsicht: Im Sand legen die Hawksbill-Schildkröten ihre Eier ab. Auch schwimmen sollte man aufgrund starker Strömungen nur mit größter Vorsicht.

Die Gemeinde **Pahala** ist ein typischer Plantagenort. Auf ehemaligen Zuckerrohrfeldern gedeihen inzwischen Macadamianüsse, Zitrusfrüchte und Avocados. 12 Meilen hinter Pahala nimmt das Gebiet des Volcanoes National Park seinen Anfang.

In **Kealakekua:** Reggie's Tropical Hideaway, ☎ 322-8888, 800-988-2246, Fax 322-7777, bietet ein Zimmer und ein Cottage mit zwei Schlafzimmern, $–$$. Merryman's Bed & Breakfast, ☎ 323-2276, 800-545-4390, Fax 323-3749, ruhig gelegenes B & B mit gemütlichen, luftigen Räumen, $$. In **Captain Cook:** Manago Hotel, ☎ 323-2642, einfaches Hotel von 1917, in Familienbesitz, $. Pomaikai Farm Bed & Breakfast, ☎/Fax 328-2112, 800-325-6427, originelles B & B auf einer Kaffee- und Macadamianußfarm, $. In **Honaunau:** Dragonfly Ranch, ☎ 328-2159, 800-487-2159, Fax 328-9570, Unterkunft mit Esoterik-Touch, in schönem Garten eingebettet, $$. In **Waiohinu:** Margo's Corner, ☎/Fax 929-9614, B & B bei herzlichen Wirtsleuten, im Preis: vegetarische Mahlzeiten mit der der Familie, auch Zeltmöglichkeiten, $$. In **Punaluu:** Sea Mountain at Punaluu, ☎ 928-6200, 800-344-7675, kleine Appartementanlage, u. a. mit Tennis- und Golfplatz, etwas abgelegen, $$. In **Pahala:** Nechung Dorje Drayang Ling, Wood Valley, ☎ 928-8539, Fax 928-6271, Übernachtung in zwei Gästezimmern des buddhistischen Tempels (!), Selbstversorgung, $.

Im **Manuka State Wayside Park:** Permits sind bei der Division of State Parks erhältlich, s. S. 189. In **Waiohinu:** Margo's Corner, ☎/Fax 929-9614, Margo Hobbs und Phillip Shaws stellen ihr Gelände für Camper zur Verfügung. In **Naalehu:** Whittington Beach Park. In **Punaluu:** Punaluu Beach Park, Permits beim Department of Parks & Recreation, s. S. 189.

In **Kainalu:** Aloha Café, leckere – auch vegetarische – Gerichte, besonders schön sitzt man auf der langen Veranda. In **Captain Cook:** Billy Bob's Park 'n' Pork, *der* Anlaufpunkt für Fans deftiger Fleischgerichte. In **Waiohinu:** Mark Twain Square, einfaches Restaurant, Kleinigkeiten wie Sandwiches, aber auch warme Gerichte. In **Naalehu:** Naalehu Fruit Stand, leckere Pizza, Sandwiches.

Kona-Kaffee in der Royal Aloha Coffee Mill, **Macadamianüsse** in der Kona Coast Macadamia Nut & Candy Factory, Middle Keei Rd.

In **Kealakekua:** King's Trail Rides O'Kona, ☎ 323-2388, Ausritte für erfahrene Reiter an die Kealakekua Bay zum Schnorcheln. Indian Summer Trail Rides, ☎ 322-1818, Ausritte auch für Anfänger. Captain Zodiac, ☎ 329-3199, 800-422-7824, Schnorcheltouren in die Kealakekua Bay. In **Keauhou:** Kona Country Club und Alii Country Club, ☎ 322-2595, Golfanlage. Sea Paradise Scuba, ☎ 322-2500, 800-322-5662, Tauchgänge. In **Punaluu:** Sea Mountain Golf Course, ☎ 928-6222.

An der **Kealakekua Bay:** Napoopoo Beach (hervorragendes Schnorchelrevier). In **Punaluu:** Punaluu Beach Park (Schwimmen).

Puuhonua O Honaunau Cultural Festival: im Juli auf dem Gelände

Kaffee aus Kona
Ein Fest für Kaffeegenießer

Wer schon einmal die USA bereist hat, weiß, daß man als verwöhnter Kaffeetrinker dort oft auf verlorenem Posten steht. Die Amerikaner trinken zwar viel und gerne Kaffee, doch die Qualität läßt meist zu wünschen übrig. Ganz anders auf Hawaii: Hier kommen Kaffeefreunde richtig auf ihre Kosten. Die Geschichte des Kaffeeanbaus auf Hawaii beginnt in den 1920er Jahren, als die ersten Kaffeepflanzen der Sorte Arabica aus Brasilien auf die Insel Oahu gebracht wurden. Die Setzlinge wollten dort zunächst nicht recht gedeihen, und so erprobte man den Anbau auf den Nachbarinseln – mit größerem Erfolg. Bis Ende des 20. Jh. hatte sich der Kaffeeanbau bereits als Wirtschaftszweig etabliert. Doch die starke Abhängigkeit vom Weltmarkt, der mal höhere, mal niedrigere Preise diktiert, ließ viele Bauern ihre Plantagen aufgeben. Nur der Kaffee, der südlich von Kona auf der Insel Hawaii angebaut wurde, war von solcher Qualität, daß er auch in Krisenzeiten gefragt war. An der Westseite von ›Big Island‹ herrschen optimale Wachstumsbedingungen für Kaffee: Der Lavaboden ist sehr nährstoffreich, und auch das Klima ist ideal.

Bis vor nicht allzulanger Zeit waren die Inseln Hawaii und Molokai die einzigen Gebiete in den USA, in denen Kaffee kommerziell angebaut wurde. Doch seit die Zuckerrohrindustrie in eine Krise geraten ist, wird nun auch auf Kauai Kaffee angebaut. Der Großteil der Ernte wird aber nach wie vor in den Hochlagen südlich von Kona erwirtschaftet.

Der Kaffeebaum, der im Frühjahr duftende weiße Blüten und später die grünen Früchte mit den Kaffeebohnen trägt, kann bis zu 4,50 m hoch werden, wird aber, um die Ernte zu erleichtern, auf Strauchhöhe gehalten. Im September beginnt die Kaffee-Ernte, die je nach Höhenlage bis in den März hinein dauert – eine mühsame Arbeit, die per Hand erfolgt. Die Bohnen werden dann von den Kleinbauern zu den Röstereien gebracht.

Mittlerweile profitiert die Kaffeebranche auch vom Tourismus: Auf Molokai kann man die Plantagen besuchen, auf der Insel Hawaii die Röstereien, in denen der Kaffee auch ausgeschenkt wird. Der letzte Schrei sind aromatisierte Kaffeesorten, beispielsweise in der Geschmacksrichtung Minze oder Macadamia. Puristen bevorzugen natürlich den klassischen Kona-Kaffee, den schon der Schriftsteller Mark Twain in den höchsten Tönen lobte. Geröstete Kaffeebohnen sind ein nettes, wenn auch nicht billiges Mitbringsel aus Hawaii.

des Puuhonua O Honaunau Historical Park, Darbietungen rund um die althawaiische Kultur.

Hawaii Volcanoes National Park

Der Volcanoes National Park ist ohne Zweifel einer der beeindruckendsten Nationalparks der USA. Das Gebiet reicht von dem über 4000 m hohen Mauna Loa bis hinunter an die Küste, wo sich die Lavaströme aus Spalten in der Ostflanke des Kilauea ins Meer ergießen – eine karge, urzeitliche Landschaft, deren eigenwillige Schönheit einen ganz besonderen Reiz hat.

Da es im Volcanoes National Park weder Tankstellen noch Verpflegungsmöglichkeiten gibt, lohnt es sich, zunächst im Örtchen **Volcano** vorbeizuschauen, wo man neben einer Tankstelle und einem Laden auch einige Restaurants, Bed & Breakfasts und eine Jugendherberge findet. Zum Nationalpark fährt man von Volcano aus auf dem Highway 11 ein Stück zurück in Richtung Kona.

Im Zentrum des Nationalparks liegt der am leichtesten zugängliche Teil: Um den Kilauea-Krater führt eine 11 Meilen lange Straße mit verschiedenen interessanten Aussichtspunkten, die einen guten Einblick in die vulkanischen Aktivitäten bieten. Wer mehr Zeit mitbringt und gut zu Fuß ist, kann den Park auch auf zahlreichen Wanderwegen erkunden.

Kurz hinter dem Eingangstor liegt das **Kilauea Visitor Center** (tgl. 7.45 bis 17 Uhr), wo man unbedingt einen Stopp einlegen sollte. Hier erhält man gutes Kartenmaterial, Bücher und alle notwendigen Informationen über den Park, zudem werden neben geologischen Exponaten auch interessante Filme über den Kilauea-Krater gezeigt. Nebenan lohnt das **Volcano Art Center** (tgl. 9–17 Uhr) einen Besuch, wo hochwertiges Kunsthandwerk zum Kauf angeboten wird.

Dann kann die Fahrt auf der Crater Rim Road beginnen: **Sulphur Banks** heißt der erste Stopp entlang der Strecke. Hier dringt Regenwasser durch Spalten in den schwefelhaltigen Boden ein, erhitzt sich und tritt als Schwefeldampf wieder aus. Typisch sind die gelblichen Ablagerungen aus Schwefelkristallen und der Geruch nach faulen Eiern. Auch beim nächsten Halt an den **Steam Vents,** läßt sich ein ähnliches Phänomen beobachten – da der Boden an dieser Stelle jedoch keinen Schwefel enthält, tritt reiner Wasserdampf aus den Ritzen im Gestein aus. Die Vulkanologen bezeichnen solche Erscheinungen als Fumarolen. Daß eine Vulkanlandschaft durchaus Vegetation zuläßt, zeigen die vielen Ohia-Lehua-Bäume entlang der Straße mit ihren charakteristischen roten Nektarblüten, die vielen Vögeln als Nahrungsquelle dienen.

Links der Straße liegt das **Hawaiian Volcano Observatory,** wo man

Ein Tanz auf dem Vulkan

Seit 44 Mio. Jahren ist Hawaii eine Baustelle, und ein Ende der Arbeiten ist nicht in Sicht. Das Baumaterial liefert ein *hot spot* (s. S. 13 f.). Dieser ›heiße Fleck‹ liegt in 80 km Tiefe im Erdmantel. Er entsteht, wenn enorme Hitze aus dem Erdinneren aufsteigt und auf den Erdmantel trifft. Dort verflüssigt sich das Gestein, und es bilden sich mit Magma gefüllte Zellen. Da diese Magmazellen leichter sind als das sie umgebende Gestein, steigen sie nach oben in Richtung Erdkruste auf. Das flüssige Material breitet sich unter der Erdkruste aus, vermutlich über mehrere hundert Kilometer. Durch Ritzen im Gestein bahnt es sich nun weiter seinen Weg zur Erdoberfläche, wo riesige Magmakammern entstehen. Enormer Druck sorgt schließlich dafür, daß es zum Ausbruch kommt. Das Magma tritt als Lava aus dem Vulkankrater aus oder bahnt sich seinen Weg durch Spalten im Gestein und tritt an den Seiten des Vulkans aus.

Die Bewegung der Pazifischen Platte in Richtung Nordwesten hat dafür gesorgt, daß die Entfernung zwischen den hawaiischen Inseln und dem Hot Spot immer größer wurde. Allerdings liegt der Kilauea auf der Insel

Hawaii noch über dem ›heißen Fleck‹. Er gehört zu den aktivsten Vulkanen der Welt, aber zum Glück nicht zu den temperamentvollsten seiner Art. Gerne erzählen die Insulaner, daß ihr Vulkan wohl der einzige auf der Welt sei, bei dem die Menschen nicht weg- sondern hinrennen, wenn er ausbricht. Dank der chemischen Zusammensetzung der Lava entweichen die gefährlichen Gase leicht und gleichmäßig, so daß es nicht zu den gefürchteten, heftigen Gasexplosionen kommt. Vielmehr speit der Kilauea seine Lava in eher harmlosen Fontänen und langsam dahinfließenden Strömen aus – ein dennoch spektakulärer Anblick. Dieser Tatsache haben die hawaiischen Vulkane auch ihre spezifische Form zu verdanken. Während heftige Gasexplosionen konisch geformte, steilwandige Vulkane hinterlassen, handelt es sich bei den hawaiischen Feuerbergen um Schildvulkane mit den typischen sanft abfallenden Hängen. Sie entstehen in einem endlos langen Prozeß, bei dem sich Lava Schicht um Schicht ablagert. Da die hawaiische Lava sehr dünnflüssig ist, fließt sie über weite Distanzen, bevor sie erkaltet. Man unterscheidet zwei Arten von Lava: Pahoehoe-Lava bildet Wülste mit glatter Oberfläche, Aa-Lava, die einen höheren Anteil an Gasen enthält, bildet eine unregelmäßige, rauhe und rissige Oberfläche. Seltener findet man haarfeine Ablagerungen, die treffenderweise als Pele's Hair bezeichnet werden. Sie entstehen, wenn Lavatropfen in die Luft geschleudert und durch Wind zu hauchdünnen Fäden geformt werden.

Lavatunnel sind ein weiteres Phänomen, das man auf Hawaii betrachten kann. Hier erstarrt die Oberfläche eines Lavastroms, während im Inneren die Lava in hohem Tempo weiterfließt. Ist die Lava abgelaufen, bleibt der Tunnel zurück. Bis in den 1980er Jahren der berühmteste schwarze Strand Hawaiis, der Kaimu Beach, unter erstarrten Lavamassen verschwand, konnte man dort erkennen, welche Auswirkungen Wasser auf Lava haben kann. Durch den Temperaturunterschied zersprang das heiße Gesteinsmaterial in abertausende kleiner Glaspartikel – bis es von nachrückenden Lavaströmen überdeckt wurde.

seit 1912 alle vulkanischen Aktivitäten beobachtet und auswertet.
Gleich nebenan befindet sich das
Thomas A. Jaggar-Museum (tgl.
8.30–17 Uhr), das alle vulkanologi-
schen und geologischen Phänomene
des Parks sehr anschaulich erläutert.

Die Straße führt weiter durch riesige, ausgesprochen karge Lavafelder jüngeren Datums – sie entstanden erst zu Beginn der 1970er Jahre.
Der schwefelgetränkte Boden des
Southwest Rift läßt keine Vegetation
zu. Der nächste Aussichtspunkt ist
der **Halemaumau Overlook,** den
man über einen Pfad vom Parkplatz
aus erreicht. Der Krater des **Halemaumau** war einst mit einem riesigen, brodelnden Lavasee gefüllt. Eine enorme Dampfexplosion führte
in den 1920er Jahren dazu, daß sich
der Krater verdoppelte und sich die
Lavamassen an der Oberfläche ab-
kühlten. Geblieben sind Dampfwolken und ein strenger Schwefel-
geruch. Für die Hawaiianer ist der
Halemaumau-Krater ein ganz besonderer Ort, den sie als Wohnort
Peles, der Göttin der Vulkane, ver-
ehren. Noch heute werden gele-
gentlich Pele zu Ehren Hula-Tänze
aufgeführt und Opfergaben dargebracht.

Weiter geht die Fahrt durch das
völlig vegetationslose Gebiet der
Kau-Wüste vorbei am Nebenkrater
Keanakakoi zum **Devastation Trail.**
Der Pfad führt durch ein Areal, dessen tropische Vegetation beim Ausbruch des Kilauea Iki 1959 völlig
vernichtet wurde. Noch immer geben verbrannte Baumstämme ein

gespenstisches Bild ab, doch die
Natur läßt sich nicht unterkriegen –
schon sprießen wieder Farne und
Ohia-Lehua-Bäume mit ihren flachen Wurzeln im Vulkangestein.
Am Ende des Pfads liegt der **Puu
Puai Overlook,** von dem man in den
Kilauea-Iki-Krater hinunterschauen
kann. Dieser Aussichtspunkt kann
auch direkt mit dem Wagen ange-
fahren werden.

Auf der Fahrt zum nächsten Hal-
tepunkt ändert sich die Vegetation
schlagartig. Anstelle karger Lavalandschaft umfängt einen an der
windzugekehrten Seite des Kilauea
wieder üppige Tropenvegetation aus
Ohia-Lehua-Bäumen, meterhohen
Farnen, Moosen und Orchideen. In
diesem Wald verbirgt sich die nächste Attraktion, die **Thurston Lava
Tube,** die ein beeindruckendes Beispiel für einen Lavatunnel bietet
(s. S. 182).

Der letzte Aussichtspunkt, bevor
man wieder das Besucherzentrum
erreicht, ist der **Kilauea Iki Overlook,** von dem man nochmal einen
herrlichen Blick auf die Mondlandschaft des Kraters werfen kann.

Wer den Park noch intensiver erkunden möchte, der kann auf der
Chain of Craters Road bis hinunter
zur Küste fahren. Neben der bizarren
Lavalandschaft erwarten einen faszinierende Ausblicke aufs Meer und
ein Feld mit sehenswerten Petroglyphen. Einst gelangte man über die
Straße aus dem Park hinaus in Richtung Pahoa und weiter nach Hilo.
Doch seit 1988 verhindern Lavamassen die Weiterfahrt – nach 20 Meilen

Vom Meer geschaffen: Holei Sea Arch

ist Schluß. Man muß also denselben Weg wieder zurückfahren.

2 1/4 Meilen nach Beginn der Chain of Craters Road zweigt die Stichstraße Hilina Pali Road ab, die nach 4 Meilen am **Hilina Pali Lookout** endet. Von hier hat man einen wunderbaren Blick auf die Südostküste, die man zu Fuß über den Kaaha Trail erreichen kann. Dann führt die Chain of Craters Road durch die Lavamassen von Mauna Ulu, das sich seit Ende der 1960er Jahre während verschiedener Eruptionen aufschichtete. An manchen Stellen ist die Lavakruste 12 m dick. Zudem entstanden an der Küste 80 Hektar neues Land. Immer wieder mußte die Straße nach den Ausbrüchen verlegt werden, an manchen Stellen sieht man noch den alten Verlauf.

Eine schönere Stelle für eine Pause als der Aussichtspunkt **Kealakoma** ist kaum vorstellbar: Hier lädt eine überdachte Raststelle inmitten der Lava hoch über dem Meer zu einem Picknick ein. Zwischen Meile 16 und 17 beginnt der Pfad zu den Petroglyphen von **Puu Loa,** wo Althawaiianer verschiedene figürliche und abstrakte Zeichnungen in das Lavagestein gemeißelt haben. Hier wurden einst den Göttern die Nabelschnüre Neugeborener dargebracht, in der Hoffnung, auf diese Weise ein langes Leben für die Kinder erwirken zu können.

Die Straße stößt nun auf die Südostküste, wo man einen Blick auf den imposanten **Holei Sea Arch** werfen kann (ausgeschildert). Ein Tor, das vom Meer aus dem Lavagestein herausgewaschen wurde. Kurz darauf endet die Straße. In der Ferne – dort, wo sich Lavaströme ins Meer ergießen – sieht man riesige Dampfwolken aufsteigen. Den Lavamassen kommt man bei einem Helikopterflug näher – oder zu Fuß. Da eine solche Wanderung jedoch nicht ganz ungefährlich ist, sollte man sich einer geführten Tour anschließen (s. S. 190).

Auf der anderen Seite des Mamalahoa Highway setzt sich der Volcanoes National Park gut 2 Meilen westlich des Visitor Centers fort. Hier zweigt die Mauna Loa Road ab, die zur Ostflanke des Mauna Loa führt. Am Beginn dieser Straße liegen die **Lava Tree Molds.** Diese röhrenförmigen Vertiefungen entstanden, als Lavaströme den feuchten Regenwald erreichten. Da die Baumstämme so voll mit Wasser gesogen waren, kühlte sich die Lava um sie herum ab. Als das Holz vermoderte, blieben die Vertiefungen zurück.

Kurz darauf erreicht man **Kipuka Puaulu,** ein einzigartiges Reservat mit endemischer Flora und Fauna. Vor mehreren hundert Jahren verschonten die Lavamassen bei einem Ausbruch des Mauna Loa dieses Fleckchen. Zurück blieb eine Enkla-

ve, durch die ein Rundweg angelegt wurde, auf dem man Bäume und kleinere Pflanzen sehen und verschiedene Insekten und vor allem herrlich bunte Nektarvögel beobachten kann. Auch in diesem Teil des National Park bestehen Wandermöglichkeiten von unterschiedlicher Länge und unterschiedlichen Schwierigkeitsgraden. Zurück auf dem Mamalahoa Highway (Hwy 11) hat man nach 29 Meilen Hilo im Osten der Insel erreicht.

In **Volcano:** Kilauea Lodge, ✆ 967-7366, Fax 967-7367, sehr gemütliche Unterkunft mit persönlicher Note, $$. Oma's Hapuu Hideaway, ✆ 985-8959, gemütliches Cottage mit Platz für 6 Personen, $$. Lokahi Lodge, ✆ 985-8647, 800-457-6924, B & B mit vier hübsch ausgestatteten Räumen, gutes Frühstück inklusive, $$. Kalani Garden Cottages, ✆ 967-8642, hübsche Cottages, eingebettet in tropische Vegetation, mit Frühstück, $$. My Island B & B, ✆ 967-7216, Fax 967-7719, drei Zimmer und Gemeinschaftsbad, Familie Morse vermietet auch Studios mit eigenem Bad, $–$$. Im **Volcanoes National Park:** Volcano House, ✆ 967-7321, Fax 967-8429, direkt am Kraterrand des Kilauea gelegen, einfache, saubere Zimmer, recht teuer, $$–$$$.

In **Volcano:** Holo Holo Inn, ✆ 967-7950, sehr gemütliche, saubere Jugendherberge mit großer Gemeinschaftsküche, $.

Im **Volcanoes National Park:** Namakani Paio Campground, am Hwy 11, 3 Meilen westlich des Parkeingangs. Kipuka Nene Campground, Hilina Pali Rd., Nov.–März geschl. Für beide keine Reservierung und kein Permit

Hilo aus der Vogelperspektive

nötig. Weitere Campmöglichkeiten entlang der Wanderwege im Park.

In **Volcano:** Surt's, Old Volcano Rd., ✆ 967-8511, gutes Restaurant mit einer Mischung aus europäischer und asiatischer Küche, nicht ganz billig. Steam Vent Cafe, Haunani Rd., Suppen, Sandwiches, Kuchen, in erster Linie Takeaway, vor der Tür einige Sitzplätze. Lava Rock Cafe, nettes, helles Restaurant mit solider Küche. Kilauea Lodge, ✆ 967-7366, gemütliches Restaurant mit gutem Essen – Fleisch- und Fischgerichte, aber auch Pasta. Reservierung erwünscht. Im **Volcanoes National Park:** Volcano House, Frühstücks- und Mittagsbuffet, Abendessen à la carte. Vom Snackshop nebenan genießt man den gleichen Ausblick wie vom Restaurant.

Im **Volcanoes National Park:** Volcano Arts Center, neben dem Besucherzentrum, bietet Kunsthandwerk von hoher Qualität.

Hilo und Umgebung

Hilo ist mit seinen 44 000 Einwohnern die größte Siedlung an der Ostküste Hawaiis. Daß der Ort anders als Kona auf der Westseite in eine üppig-grüne Vegetation gebettet ist, verdankt er 278 (!) Regentagen im Jahr. Letzteres hat dem Tourismus nicht eben genützt – Versuche in diese Richtung waren nicht von Erfolg gekrönt. Und so erwartet einen in dem Städtchen eine angenehm beschauliche Atmosphäre. Außerdem haben sich viele historische Gebäude erhalten, die andernorts der Bauwut zum Opfer gefallen sind.

Am Ende des Highway 11 führt der **Banyan Drive** rund um die Waikea-Halbinsel. Die eindrucksvollen Bäume, die hier stehen, wurden in den 1930er Jahren von Prominenten, wie z. B. der Fliegerin Amelia Earhart, gepflanzt. Viel Lokalkolorit verspricht die **Suisan Fish Auction,** die außer Sonntag jeden Morgen an der Westseite der Halbinsel stattfindet. Hier liegt auch der **Liliuokalani Garden,** der im japanischen Stil mit Teichen, Pagoden und Brücken zu Ehren der großen japanischen Gemeinde von Hilo gestaltet wurde.

Auf dem Weg in Richtung Downtown passiert man den **Farmers Market,** wo Bauern mittwochs und samstags Obst, Gemüse und farbenprächtige Blumen anbieten.

Die Altstadt besitzt eine Reihe liebevoll restaurierter Gebäude aus der Zeit um die Wende zum 20. Jh. Andere Häuser sind aufgegeben worden und gammeln vor sich hin. Sie sind ein Beleg für die Armut, die in Hilo herrscht – nirgendwo sonst im Inselstaat sind so viele Menschen arbeitslos wie hier.

Den Auftakt zum Reigen der sehenswerten historischen Gebäude bildet das **S. Hata Building** an der sich am Ufer entlangziehenden Kamehameha Avenue. Das Haus wurde 1912 von der japanischen Einwandererfamilie Hata gebaut. Nach dem Angriff auf Pearl Harbor ereilte sie das gleiche Schicksal wie so viele ihrer Landsleute: Sie galten plötzlich als Staatsfeinde, und ihr Haus wurde von der Regierung konfisziert. Als der Krieg vorüber war, kaufte die Tochter den einstigen Besitz der Familie für 100 000 $ zurück. Heute sind hier Restaurants, Läden und Büros untergebracht. Aber es sind noch eine Reihe anderer interessanter Fassaden entlang der Uferstraße zu entdecken: Das S. H. Kress Building mit seiner aufwendig gestalteten Front ist ein typisches Beispiel für den Art-déco-Stil der 1920er und 30er Jahre. An der Ecke Kalakaua Avenue steht das Gebäude der First Hawaiian Bank, das mit Säulen und schmiedeeisernen Verzierungen versehen ist. Es gehört zu den wenigen Häusern von Hilo, die gleich zwei Tsunamis standgehalten haben, jenen von 1946 und 1960. Parallel zur Kamehameha Avenue verläuft die **Keawe Street,** die Hauptstraße der Stadt mit den typischen überdachten Bürgersteigen. Pflastermüden Füßen gönnt man am besten im Bear's Coffee ein wenig Ruhe.

Auch um den Kalakaua Park stehen einige architektonische Glanzstücke, beispielsweise das **Hawaiian Telephone Company Building,** das in den 1920er Jahren von Hawaiis renommiertestem Architekten C. W. Dickey errichtet wurde und ein typisches Beispiel für den verspielten Spanish Mission-Stil bietet.

Die Haili Street trug wegen ihrer vielen Kirchen einst den Beinamen

›Church Row‹. Spötter vergleichen die schlichte **Haili Church,** die 1859 ganz aus Holz errichtet wurde, mit einer Scheune aus Neuengland. Der Gottesdienst wird auf englisch und hawaiisch abgehalten. In derselben Straße befindet sich auch das hochinteressante **Lyman House Memorial Museum** (Mo–Sa 9–16.30 Uhr), das einen Einblick in die Kultur der Hawaiianer und anderer Ethnien gibt, die auf den Inseln heimisch geworden sind. Die Earth Heritage Gallery ist der Naturkunde gewidmet und zeigt Exponate zur Vulkanologie sowie zu Flora und Fauna. Das zum Museum gehörende Mission House (Führungen um 9.30, 10.30, 11.30, 13, 14, 15 und 16 Uhr) wurde 1839 von dem Missionar David Lyman und seiner Frau Sarah errichtet. Sie lebten hier mit ihren sieben Kindern und beherbergten zudem zahlreiche Jungen, die sie unterrichteten. Aber auch Schriftsteller wie Robert L. Stevenson und Mark Twain hielten sich gerne bei den gastfreundlichen Lymans auf. Ihr liebevoll restauriertes Haus mit Möbeln und anderen persönlichen Gegenständen gewährt einen Einblick in das Leben einer Missionarsfamilie im 19. Jh.

Folgt man der Waianuenue Avenue nach Westen, gelangt man zu den **Rainbow Falls,** die aus 25 m Höhe in die Tiefe stürzen. In der Höhle hinter dem Wasserfall soll Hina, die Mutter des Gottes Maui, gelebt haben. Nach weiteren 1,5 Meilen hat man die **Peepee Falls** und die **Boiling Pots** erreicht, wo das Wasser des Wailuku-Flusses durch Vertiefungen im Basaltgestein wirbelt.

Hilo 1 Suisan Fish Market   2 Liliuokalani Garden   3 Farmers Market   4 S. Hata Building   5 Keawe Street   6 Haili Church   7 Lyman House Memorial Museum

Café Pesto im Zentrum von Hilo

Big Island Visitor Bureau, 250 Keawe St, Hilo, ☎ 961-5797, bigisland.org.

Permits: für County Parks beim Department of County Parks & Recreation, ☎ 961-8311, 25 Aupuni St.; für State Parks bei der Division of State Parks, ☎ 933-4200, 75 Aupuni St.
Plätze: Onekahakaha Beach Park und James Kealoha Beach Park, Permits beim Department of Parks & Recreation (s. o).

Hilo Hawaiian Hotel, ☎ 935-9361, 800-367-5004, Fax 961-9642, erstes Haus am Platz, direkt am Wasser, aber wenig spektakulär, $$–$$$. **Shipman House Bed & Breakfast,** ☎ 934-8002, 800-627-8447, dies schöne historische Haus im Herzen Hilos beherbergte schon Schon Jack London. **Dolphin Bay Hotel,** ☎ 935-1466, Fax 935-1523, 333 Iliahi St., freundliches, gut geführtes Familienhotel, gutes Preis-Leistungsverhältnis, $$. **Wild Ginger Inn,** ☎ 935-5556, 800-882-1887, preiswerte, einfache Unterkunft mit Frühstück, $. **Arnott's Lodge,** ☎ 969-7097, Fax 961-9638, arnottslodge.com, 98 Apapane Rd., zweifelsohne das beste Hostel des Archipels, der Besitzer Doug Arnott kümmert sich sehr um das Wohl seiner Gäste, veranstaltet interessante Touren, z. B. zu den Lavaströmen im Volcanoes National Park oder auf den Mauna Kea (!). Auch Campingmöglichkeit im Garten, $.

Seaside Restaurant, ☎ 935-8825, 1790 Kalanianaole Ave., *die* Adresse für Freunde von Fischgerichten, vorreservieren! **Harrington's,** ☎ 961-4966, an der Reeds Bay, gute Fleisch- und Fischgerichte, schöne Aussicht auf die Bucht, nur Abendessen, Reservierung am Wochenende empfohlen. **Royal Siam,** 68 Mamo St., thailändische Küche, viele vegetarische Speisen. **Cafe Pesto,** S. Hata Building, Kamehameha Ave., klei-

nes schickes Restaurant mit abwechslungsreicher Küche, sehr gute Pizza aus
dem Holzofen. **Kuhio Grille,** Prince
Kuhio Plaza, echte hawaiische Küche,
viele Tarogerichte. **Bear's Coffee,** 106
Keawe St., beliebter Treffpunkt für ein
ausgedehntes Frühstück in freundlicher
Atmosphäre, auch leckere warme Gerichte. **Miyo's,** Waiakea Villas Komplex,
preiswertes, gemütliches Restaurant mit
japanischer Küche. **Ken's House of Pan-
cake,** 1730 Kamehameha Ave., köstliche
Pfannkuchen in Hülle und Fülle, rund
um die Uhr geöffnet!

Fiascos, Hwy 11, in der Nähe des
Banyan Drive, Do Tanz, Fr Jazz.
D'Angoras, 101 Aupani St., Bar und
Nachtclub, jeden So 15–18 Uhr Live-
Jazz, abends aktuelle Charthits.

Touren: Arnott's Lodge, s. Hotels,
veranstaltet sehr gute Führungen
zu Wasserfällen, nach Puna, auf den Mauna Kea, in den Volcanoes National Park
etc., wenn noch Plätze frei sind auch für
Nicht-Gäste. **Helikopterflüge:** u. a. mit
Blue Hawaiian Helicopters, ☎ 961-5600,
800-745-2583, Safari Helicopters, ☎ 969-
1259, 800-326-3356. **Golf:** Hilo Municipal Golf Course, ☎ 959-7711, 340 Haihai
St., der preiswerteste Golfplatz der Insel.
Naniloa Country Club, ☎ 935-3000,
ebenfalls recht preiswerte Golfanlage.
Tauchgänge vor der Küste Hilos: Nautilus
Dive Center, ☎ 935-6939.

Onekahakaha Beach Park (flaches
Wasser, ideal für Kinder), James
Kealoha Beach Park (Schwimmen,
Schnorcheln), Richardson Ocean Park
(Schnorcheln).

Merrie Monarch Festival, größter
Hula-Wettbewerb und größtes
Hawaiiana-Festival des Archipels, ab
Ostersonntag.

Puna

Schon immer gehörte der Puna
District, der die Ostspitze der Insel
einnimmt, zu den einsamsten Regionen von ›Big Island‹ Hawaii.
Ständig mit der Gefahr konfrontiert,
Hab und Gut durch einen Vulkanausbruch zu verlieren, zog es nur
wenige Menschen in dieses Gebiet.
Doch heute haben sich viele junge
Leute hier niedergelassen, denn nirgendwo sonst auf der Insel kann
man – aus gutem Grund – so günstig
Land erwerben. Seit die Pahoa Road
durch Lavaströme zur Sackgasse
wurde, verirren sich nur wenige
Fremde nach Puna. Schade eigentlich, der Südosten bezaubert durch
Ursprünglichkeit und eine wunderschöne Küste.

Über den Highway 11 gelangt
man von Hilo nach Keaau, wo die
Pahoa Road (Strecke 130) abzweigt.
Vorbei an Orchideenfarmen und
Obstplantagen erreicht man **Pahoa.**
In der größten Gemeinde im Südosten mit dem Charme einer Westernstadt hat sich eine ausgeprägte
Alternativszene etabliert. Einige Meilen hinter Pahoa ist Schluß. Kurz bevor die Pahoa Road unter einer Lava-
decke verschwindet, führt eine neu-
geschaffene Verbindungsstraße ans
Meer. Die Küstenstraße Paradise
Road (Strecke 137) endet in südwest-
licher Richtung an den Überresten
des Weilers **Kaimu,** der heute aus
nicht mehr als ein paar Häusern und
einem einfachen Imbiß besteht. Der
restliche Ort wurde – ebenso wie der

schönste schwarze Strand der Insel – ein Raub der Lavamassen. Das gleiche Schicksal ereilte 1990 die Ortschaft **Kalapana**.

In östliche Richtung verläuft die schmale Paradise Road entlang der Küste. Sie ist mit Schlaglöchern übersät, dennoch trägt sie ihren Namen völlig zu Recht. An manchen Stellen bilden hier die Kronen der alten Bäume regelrechte Tunnel – ganz so, als wolle die Natur die Straße zurückfordern. Immer wieder bieten sich Ausblicke auf das tiefblaue Meer, das gegen die schwarzen Lavafelsen brandet. Traumhaft!

Die hübsche kleine Congregational Church, die zwischen Bäumen rechts der Straße auftaucht, gehört zu dem Örtchen **Opihikao,** das aus ein paar verstreut liegenden Häusern besteht. Zu einem idyllischen Picknick unter Ironwoodbäumen lädt der **MacKenzie State Recreation Park** ein. Entlang der Küste verläuft hier der King's Trail, ein Weg, den König Kamehameha III. von Sklaven anlegen ließ.

Am **Isaac Hale Beach Park** in der Pohoiki-Bucht geht es munter zu, wenn die Einheimischen hier mit Kind und Kegel ihre Wochenenden verbringen. Nach einer weiteren Meile erreicht man den **Ahalanui Park.** Ein von warmen Quellen gespeistes Lavabecken bietet die einzige sichere Bademöglichkeit entlang der Puna-Küste. Eine Verbindung zum offenen Meer sorgt dafür, daß das Wasser sauber bleibt. Bald endet die üppige Vegetation und macht weiten, kargen Lavafeldern Platz.

An der nächsten Kreuzung stößt man auf die Straße 132. Biegt man links ab, gelangt man zurück nach Pahoa. Ein Abstecher nach rechts führt zum Cape Kumukahi, wo das **Kumukahi Lighthouse** den östlichsten Punkt des Staates Hawaii markiert. Bei einem Vulkanausbruch im Jahr 1960 wurde der Vorgänger des heutigen Leuchtturms auf wundersame Weise vor Zerstörung bewahrt. Kurz bevor ein Lavastrom den Turm erreicht hatte, teilte er sich und floß rechts und links vorbei. Die Einheimischen haben eine hübsche Erklärung dafür: Die Vulkangöttin Pele bedankte sich auf diese Weise beim Leuchtturmwärter, der sie freundlich aufgenommen hatte.

Weniger Glück als dem Leuchtturm war der Ortschaft Kapoho beschieden. Alle Versuche, die herannahenden Lavamassen zu stoppen oder sie durch Wasser zum Erkalten zu bringen, scheiterten.

Auf dem Weg zurück nach Pahoa kommt man am **Lava Tree State Park** vorüber. Hier brachten mit Wasser vollgesogene Ohia-Lehua-Bäume Lavamassen, die sich um Stämme aufgetürmt hatten, zum Erkalten. Während das Holz verrottete, blieben die bizarren Lavasäulen zwischen Farnen, Moosen und Gräsern stehen. Nach wenigen Meilen hat man Pahoa erreicht.

In **Pahoa**: Bamboo House, ☎ 965-8322, Unterbringung in einem hübschen, luftigen Cottage, $. Village Inn, ☎ 965-6444, originelle Unterkunft im 2. Stock eines alten Hauses mit Veranda zum Innenhof, $.

Isaac Hale Beach Park, Permits beim Department of Parks & Recreation in Hilo (s. S. 189). **MacKenzie State Recreation Area,** Permits bei der Division of State Parks in Hilo (s. S. 189).

Luquins, sehr gute mexikanische Speisen, preiswert. **Paolo's Bistro,** authentische italienische Küche, nur Abendessen, Mo geschlossen

Isaac Hale Beach Park (Schwimmen).

Die Hamakua-Küste

An der Nordostflanke des Mauna Kea erstreckt sich die grüne Hamakua-Küste, die so manches malerische Fleckchen zu bieten hat. Die Krönung ist der Blick hinunter ins Waipio Valley, das von steilen Klippen eingerahmt wird.

Nördlich von Hilo setzt sich der Mamalahoa Highway (Hwy 19) – auch Hawaii Belt Road genannt – fort. Kurz hinter der Ortschaft **Paukaa** lohnt es sich, auf den Pepeekeo Scenic Drive zu wechseln, der 4 Meilen später wieder in den Highway münden wird. Unter Mango-, Passionsfrucht- und Guajavenbäumen sowie herrlich blühenden afrikanischen Tulpenbäumen setzt man den Weg fort. Auf der Strecke liegen die **Hawaii Tropical Botanical Gardens** (tgl. 9–17.15 Uhr), der schönste botanische Garten der Insel. Zwischen Teichen, Wasserfällen und Flußläufen entfalten 2000 ver-

schiedene Pflanzenarten die ganze Pracht der Tropen.

Zurück auf dem Highway zwischen Meile 13 und 14 zweigt die Akaka Falls Road (Strecke 220) ab, die zu den sehenswerten Akaka-Wasserfällen führt. Zunächst erreicht man **Honomu,** das seine Blütezeit während des Zuckerrohranbaus erlebte. Die stattliche japanische Gemeinde von Honomu unterhält am Ortsende den Odaishsan Tempel. An Zuckerrohrfeldern vorbei gelangt man zu einem Parkplatz. Hier beginnt ein 800 m langer Rundweg, der durch Regenwald zu den beiden Wasserfällen führt. Es steigert das Erlebnis, wenn man sich zuerst den **Kahuna Fall** anschaut, der aus 30 m Höhe in die Tiefe stürzt und dann zum spektakuläreren **Akaka Fall** weiterspaziert, der sich über eine 130 m hohe Felskante ergießt.

Abstecher vom Highway führen zu mehreren Picknickspots an der Küste. Unmittelbar vor der Kolekole-Brücke (hinter Meile 14) zweigt links die Straße zum **Kolekole Beach Park** ab. Vom Highway führt eine schmale Straße hinunter zum **Laupahoehoe Point,** wo man picknicken kann. Ein Monument am Ufer erinnert an 20 Schulkinder und ihre vier Lehrer, die im April 1946 bei der schlimmsten aller bisherigen Tsunami-Flutkatastrophen an dieser Stelle den Tod fanden.

Ein anderer Abstecher vom Highway endet nach 3 Meilen beim **Kalopa State Park.** Hier ist auf einer Fläche von 40 Hektar Regenwald

Vom Waipio Valley Lookout blickt man
auf die Steilküste von North Kohala

mit vielen endemischen Bäumen erhaltengeblieben, den man auf einem Pfad erkunden kann. Im Park
läßt es sich herrlich picknicken und
gut und sicher campen.

Bald hat man das Örtchen **Honokaa** erreicht, das, wie so viele Gemeinden an der Ostküste, vom Zuk-
kerrohranbau lebte, bis die Zuckermühle Mitte der 1990er Jahre geschlossen wurde. Ein buntes Völker-
gemisch – Nachfahren der Plantagenarbeiter aus aller Herren Länder
– ist in Honokaa zu Hause. Das
gemächliche Leben konzentriert
sich entlang der Hauptstraße.

In Honokaa beginnt die Straße
240, die zum **Waipio Valley Lookout**
führt. Dort angekommen, bietet sich
an klaren Tagen ein sagenhafter
Blick hinunter ins Waipio Valley. In
der Ferne sieht man die Steilküste
von North Kohala aus dem Meer aufragen, wo der höchste Wasserfall
Hawaiis, der Hiilawe Fall, aus 300 m
Höhe ins Meer donnert. Das **Waipio
Valley** ist das größte und südlichste
von insgesamt sieben Tälern, die
sich tief in die North Kohala Mountains eingeschnitten haben. Einst befand sich in diesem Tal das wichtigste politische und religiöse Zentrum
der Insel. Hier lebten die bedeutendsten Häuptlinge Hawaiis, die aufwendige Heiaus errichten ließen. Einer dieser mächtigen Häuptlinge begann im 16. Jh. Taro anzubauen, von

dem sich die Bewohner des Tals ernährten – mehrere 10 000 Menschen sollen hier gelebt haben. Die ersten Weißen, die im 18. Jh. das Gebiet erreichten, waren Missionare. Ihnen folgten chinesische Immigranten, die eine kleine Gemeinde gründeten. 1946 wurde das Waipio Valley von einer Tsunami-Flutwelle heimgesucht. Seitdem leben nur noch wenige Menschen im Tal.

Zurück auf dem Highway 19, kann man die Fahrt durch hügeliges Weideland nach Waimea fortsetzen (s. S. 200).

In **Honomu:** Akaka Falls Inn, ✆ 963-5468, bietet zwei hübsche Zimmer, $–$$. In **Honokaa:** Paauhau Plantation House, ✆ 775-7222, Fax 775-7223, stilvolles, historisches Plantagenhaus, Unterbringung in Zimmern oder in Cottages, $$. Waipio Wayside B & B, ✆/Fax 775-0275, hübsches B & B zwischen Macadamiabäumen, $$. In **Kukuihaele:** Waipio Lookout Vacation Rentals, ✆ 775-0585, Vermietung eines Hauses in der Nähe des Waipio Valley Lookout, $$.

Kolekole Park, Laupahoehoe Point, Permits beim Department of Parks & Recreation in Hilo, s. S. 189. **Kalopa State Park,** Permits bei der Division of State Parks in Hilo, s. S. 189. **Waipio Valley,** Permits und Reservierung bei Bishop Estate, ✆ 322-5300, 78-6831 Alii Dr., Suite 232, Kailua-Kona, HI 96740.

In **Honokaa:** einige einfache Snackbars und Restaurants entlang der Hauptstraße. In **Kukuihaele:** Last Chance Store, in dem kleinen Laden kann man sich mit Snacks und Getränken eindecken.

In **Honokaa:** Macadamianüsse in der Macadamia Nut Factory und wertvolles Kunsthandwerk aus heimischen Hölzern bei Kamaaina Woods, beide in der Lehua St.

Vorbei am Aussichtspunkt führt eine steile, schmale Straße ins Waipio Valley. Von dort erreicht man über einen Pfad den Strand. Wanderer sollten nach heftigen Regenfällen nicht versuchen, durch die Flüsse zu waten, da es zu gefährlich ist! Stellen Sie sich darauf ein, daß die Talbewohner Fremden gegenüber nicht sehr aufgeschlossen sind. **Touren ins Waipio Valley:** Waipio Valley Shuttle, ✆ 775-7121, Jeeptouren. Waipio Valley Wagon Tours, ✆ 775-9518, Kutschfahrten. **Ausritte:** Waipio on Horseback, ✆ 775-7291, Waipio Naalapa Trail Rides, ✆ 775-0419.

Die Saddle Road

Die Saddle Road ist die einzige Straße, die quer durch das Inselinnere beide Küsten miteinander verbindet. Man sollte sich jedoch von dem Blick auf die Landkarte nicht täuschen lassen – die schnellste Verbindung von Ost nach West bietet die schon erwähnte Hawaii Belt Road.

Wie der Name vermuten läßt, führt die 50 Meilen lange Saddle Road über einen breiten Bergsattel, der sich zwischen den beiden Vulkanen Mauna Kea und Mauna Loa erstreckt. Die karge Mondlandschaft mit ihren ausgedehnten Lavafeldern liegt auf einer Höhe von über 2000 m. Immer wieder bieten sich faszinierende Ausblicke auf die

Vulkane Mauna Kea, Mauna Loa und Hualalai. Über eine Stichstraße gelangt man zur Sternwarte des Mauna Kea – das Mekka für Sterngucker und alle, die es werden wollen. Die Mietwagenfirmen untersagen allerdings das Befahren der Saddle Road, wohl weil das Abschleppen aus diesem einsamen Gebiet zu teuer wäre. Das Risiko liegt also allein beim Mieter des Fahrzeugs. Ein aufgefüllter Tank ist natürlich Grundvoraussetzung für eine Fahrt ohne Zwischenfälle.

Die Saddle Road (Hwy 200) führt in Richtung Westen aus Hilo hinaus. Allmählich geht die tropische Vegetation in niedrigeren Bewuchs aus Heidegewächsen und Farnen über. Bald wird auch dieser immer spärlicher. Nach 29 Meilen zweigt eine Straße zu den Observatorien auf dem Mauna Kea ab. Bevor man die Fahrt dorthin antritt, sollte man bedenken, daß die Luft auf dem Gipfel extrem dünn und trocken ist. Gegen Höhenkrankheit und ihre Begleiterscheinungen hilft ein langsames sich Anpassen und ausreichende Flüssigkeitsaufnahme. Außerdem ist es oben sehr kalt, deshalb warme Kleidung nicht vergessen!

Die ersten 6 Meilen bis zum **Onizuka Visitor Center** (☎ 961-2180, wechselnde Öffnungszeiten) können mit einem normalen PKW zurückgelegt werden. Im Besucherzentrum werden ein Film über das Observatorium auf dem Gipfel sowie Exponate zur Geschichte, Geologie und Ökologie gezeigt. An vier Abenden in der Wochen kann man hier unter Anleitung von Astronomen Sterne beobachten. Für die restlichen 6,5 Meilen zum Gipfel ist ein Allradwagen Voraussetzung.

Vorbei am Moon Valley, wo schon Astronauten ihr Mondfahrzeug ausprobierten, geht die Fahrt weiter zum Gipfel. Hier oben befindet sich der **Mauna Kea International Astronomical Observatory Complex,** der eine der besten Teleskope der Welt sein eigen nennt. Er wird von der University of Hawaii verwaltet und von Wissenschaftlern aus aller Welt genutzt. Die Bedingungen für astronomische Studien auf dem Mauna Kea sind die besten der Welt – die Luft ist extrem sauber, die Nächte sind dunkel und klar. 1992 wurde das W. M. Keck Observatory mit dem seinerzeit weltweit stärksten optischen Infrarot-Teleskop eröffnet. Mit diesem Gerät drang man zum erstenmal in Galaxien vor, die 14 Mrd. Lichtjahre entfernt liegen! Im Oktober 1996 nahm das Teleskop Keck II die Arbeit auf. Beide Teleskope zusammen können wie ein Fernglas operieren. Besuchern steht die **Keck Observatory Visitor Gallery** offen (Mo–Fr 10–16 Uhr). Im Sommer 1999 wird nach zwölfjähriger Bauzeit ein weiteres, noch leistungsfähigeres Infrarot-Teleskop in Betrieb genommen, das ›Gemini North‹.

Zurück auf der Saddle Road geht die Fahrt weiter durch Lavafelder. Große Teile dieses Gebietes werden militärisch genutzt. Bald prägt grünes Weideland, gerahmt von Eukalyptusbäumen, das Landschaftsbild.

Saddle Road

Die Saddle Road mündet in den Mamalahoa Highway (Hwy 190), über
den man Kona im Süden und Waimea im Norden erreicht.

Touren auf den Mauna Kea veranstalten Paradise Safaris, ☎ 322-
2366, und Arnott's Lodge, Hilo, ☎ 969-
7097.

Von Kona in den Norden

Für die Erkundung des Nordens bietet sich eine Rundreise an: entlang
der Küste mit ihren luxuriösen
Hotelanlagen, Stränden und archäologischen Stätten bis zum Polulu
Valley Lookout in den Bergen von
Nord-Kohala und dann durch das
einsame Inselinnere über Waimea
wieder zurück nach Kona.

Auf dem Queen Kaahumanu
Highway (Hwy 19) verläßt man Kona in Richtung Norden. Bald ist man
von einer trockenen Lavalandschaft
umgeben, der nur hier und da Gras-
büschel und Bougainvilleas Farb-
tupfer verleihen. Eine Seitenstraße
führt zum **Honokohau Harbor,** dem
bedeutendsten Hafen der Insel für
Sporthochseefischer. Um die Mittagszeit kann man zusehen, wie der
Fang an Land gebracht wird.

Nimmt man den Weg nördlich
der Meile 97, gelangt man zum **Ka-**

**loko-Honokohau National Histori-
cal Park** (tgl. 8–15.30 Uhr). Hier
können Fischteiche, Tempelanlagen, Petroglyphen, Begräbnisstät-
ten und Fundamente von Behausungen aus althawaiischer Zeit
besichtigt werden. Wer sich für
Raumfahrt interessiert, sollte im
Onizuka Space Center (tgl. 8.30 bis
16.30 Uhr) am Flughafen vorbeischauen. Anhand von Filmen, Mo-
dellen von Raumschiffen und anderen Exponaten wird dort ein sehr

anschauliches Bild der Raumfahrt vermittelt.

Die Weiterfahrt beschert außergewöhnliche Landschaftseindrücke: tiefschwarzes Lavagestein vor einem türkisblauen Meer. An der Küste behaupten sich Palmenhaine, die von Lavaströmen verschont blieben. Am Horizont erkennt man die Nachbarinsel Maui, im Inselinneren erheben sich Mauna Loa und Mauna Kea.

Herrliche Strände und Sonnenschein – dies konnten Tourismuspla-

ner nicht lange ignorieren, und so sind entlang der Küste eine Reihe luxuriöser Hotelanlagen entstanden. Druck von seiten der Umweltschützer hat dafür gesorgt, daß sich die meisten von ihnen harmonisch in die Landschaft fügen. Dennoch: Die gepflegten Anlagen mit ihren Golfplätzen, Rasenflächen und Blumengärten inmitten der knochentrockenen Lava verbrauchen enorme Mengen an Wasser. Die größte Ferienanlage entlang der Küste ist das **Waikoloa Beach Resort** mit Hotels, Condominiums, Einkaufszentrum und einigen wunderschönen Stränden. Die mit Sicherheit aufwendigste Hotelanlage von ganz Hawaii ist jedoch das **Hilton Waikoloa Village.** Auch Nicht-Gäste sind eingeladen, sich umzuschauen – und es lohnt sich. Angefangen von einer exzellenten Kunstsammlung über Fischteiche, Wasserfälle, Poolanlagen, botanische Gärten, Wasserstraßen, auf denen Boote verkehren, bis hin zu einer Lagune, in der man zusammen mit Delphinen schwimmen kann, ist an alles gedacht.

Zum Waikoloa Beach Resort gehört der **Anaehoomalu Beach,** ein herrlicher, langer Sandstrand, an dem man die meiste Zeit des Jahres sorglos schwimmen kann. Auch einige interessante archäologische Stätten kann man hier bewundern, u. a. Fischteiche, aus denen sich einst nur die königliche Familie versorgen durfte.

Sehr populär ist auch der **Hapuna Beach State Park,** der ebenfalls mit einem langen Sandstrand aufwartet. In den Sommermonaten kann man hier schwimmen, schnorcheln und tauchen, im Winter geben sich die Surfer ein Stelldichein. Es bestehen ebenfalls Camping- und Picknickmöglichkeiten.

Auch am Mauna Kea Beach Hotel und am **Spencer Beach Park** ist sorgloses Baden garantiert. Letzterer ist durch ein Riff geschützt und deshalb bei Familien mit Kindern sehr beliebt. Eine Stichstraße führt zum **Puukohola Heiau National Histori-**cal Site (tgl. 7.30–16 Uhr), wo sich der letzte bedeutende Tempel Hawaiis befindet. Die Kultstätte wurde Ende des 18. Jh. von Kamehameha I. errichtet und dem Kriegsgott Ku geweiht, in der Hoffnung, den Gott auf diese Weise gnädig zu stimmen. Und siehe da – kurz darauf gelang es dem König, alle hawaiischen Inseln unter seine Herrschaft zu bringen.

Nach einigen Meilen erreicht man **Kawaihae,** den zweitgrößten kommerziellen Hafen von ›Big Island‹. Hier beginnt die Nordspitze der Insel. In der Mitte liegen die **Kohala Mountains,** die als Wetterscheide fungieren: Die Westseite ist trocken und karg, die Ostseite hingegen regenreich und grün.

Auf dem Akoni Pule Highway (Hwy 270) geht die Fahrt hinter Kawaihae weiter entlang der Küste. Kurz vor Meile 14 lohnt ein Stopp am sehr interessanten **Lapakahi State Park** (tgl. 8–16 Uhr, außer an Feiertagen), wo die Überreste eines 600 Jahre alten Fischerdorfes erhalten geblieben sind. Als das Süßwasservorkommen versiegte, wurde das Dorf im 19. Jh. aufgegeben. Ein Pfad führt durch das Gelände, vorbei an Überresten von Behausungen, an Kanuschuppen und Fischschreinen, an denen man um einen reichen Fang bat. Auch althawaiische Spiele lassen sich hier nachvollziehen, wie das Schachspiel *konane* und das Bowling-Spiel *ulu maika.* Am Felsenstrand des Parks, der zum Unterwasserschutzgebiet erklärt wurde, bieten sich innerhalb der Bucht optimale Bedingungen zum Schnorcheln.

Archäologisch Interessierte können an Meile 20 in eine schmale, geteerte Straße einbiegen, die zum Upolu-Flughafen führt. Hier beginnt links ein Feldweg, der nach 1,5 Meilen zum **Mookini Heiau** führt, – nach Regenfällen sollte man ab Flughafen zu Fuß gehen. Im Tempel, der ebenfalls dem Kriegsgott Ku geweiht war, wurden Menschen geopfert. Rechts neben dem Eingang lebte der *mu*, der die Menschen für die Opferung vorbereitete.

Der Altar am Nordende des Heiaus wurde vermutlich von Paao errichtet, einem tahitianischen Priester des 12. Jh., der das Menschenopfer auf Hawaii einführte. Am Rand des Feldweges verweist ein Schild auf das **Kamehameha I Birthplace Monument,** wo 1758 der bedeutendste König der Inseln geboren wurde. An Geburtssteine gelehnt, brachten Frauen von hohem Rang hier ihre Kinder zu Welt.

Die Gemeinde **Hawi** lebte vom Zuckerrohranbau, bis die Mühle 1975 geschlossen wurde. Nur wenige Touristen kommen in das verschlafene Örtchen, das dennoch einige Restaurants, Souvenirläden und sogar ein Hotel aufweisen kann.

Ab Hawi wird die Straße (Strecke 270) schmaler. Je weiter man sich gen Osten bewegt, um so dichter und urwüchsiger wird die Vegetation. In **Kapaau,** wo König Kamehameha I. seine Kindheit verbrachte, erinnert eine mächtige Statue an den Begründer des hawaiischen König-

Straßenszene in Hawi

reichs. Am Kamehameha-Tag wird sie über und über mit Leis dekoriert.

In **Halawa** erinnert der Wo On General Store an die Zeiten, als chinesische Einwanderer auf den Plantagen ihr Auskommen fanden. In dem Gebäude ist heute eine Galerie untergebracht. Das hübsche Gebäude der Tong Wo Society nebenan, wo die chinesische Gemeinde ihre Kultur und Sprache pflegt, ist für die Öffentlichkeit nicht zugänglich.

Ein Abstecher führt hinunter zum **Keokea Beach Park,** einem malerischen Picknickplätzchen. Durch grünes Weideland geht die Fahrt zum **Pololu Valley Lookout,** wo die Straße endet. Von hier bietet sich ein wunderbarer Blick ins **Pololu Valley,** das sich wie das Waipio Valley weiter südlich tief in die Kohala Mountains eingegraben hat. Der Pololu-Fluß wurde von den Bewohnern des Tales einst für die Bewässerung ihrer Tarofelder genutzt. Als dann aber ein Unternehmen den Kohala Ditch baute, um seine Zuckerrohrfelder besser bewässern zu können, wurde so viel Wasser vom Fluß abgezweigt, daß nicht genügend für den Taroanbau blieb. Ihrer Existenzgrundlage beraubt, zogen in den 1940er Jahren die letzten Bewohner aus dem Tal, seitdem ist es unbewohnt. Am Aussichtspunkt beginnt ein meist sehr rutschiger, steiler Pfad hinunter ins Pololu Valley.

Auf derselben Straße geht es zurück nach Hawi, wo in der Ortsmitte die landschaftlich reizvolle Kohala Mountain Road (Strecke 250) abzweigt, die durch die Kohala-Berge

führt. Auf der 20 Meilen langen Strecke in Richtung Waimea durchquert man hügeliges Weideland, gesäumt von Ironwoodbäumen, Norfolktannen und Eukalyptusbäumen.

Wenige Meilen vor Waimea liegt rechts der Straße ein Lookout, von dem sich ein Blick wie aus dem Flugzeug bietet – über die weite Ebene von South Kohala, Mauna Loa und Mauna Kea bis hin zur Küste.

Das Städtchen **Waimea,** in über 800 m Höhe an den Ausläufern der Kohala Mountains gelegen, steht ganz im Zeichen der Rinderzucht. Kein Wunder – Waimea ist das Hauptquartier der Parker Ranch, der größten Rinderfarm der Insel. Noch immer wird die Gemeinde von *paniolos* – hawaiischen Cowboys – geprägt. Seit aber auch viele Wissenschaftler der nahen Observatorien von Mauna Kea und Mauna Loa hier leben, ist die Atmosphäre nicht mehr ganz so ›rauh‹.

Am Ortseingang stößt man auf das außergewöhnliche Kamuela Museum (tgl. 8–17 Uhr). Die von dem Ehepaar Solomon liebevoll zusammengetragene, allerdings etwas chaotische Sammlung zeigt einige schöne Beispiele hawaiischen Kunsthandwerks. An der Straße Richtung Hilo liegt ein Gebiet, das auch Church Row genannt wird, denn hier steht eine Reihe von Gotteshäusern dicht beieinander. Das schönste unter ihnen ist die Imiola Congregational Church aus dem Jahr 1867, deren Innenraum aus Koaholz besteht und durch seine Schlichtheit besticht.

Weideland in der Nähe von Waimea

Wer sich für die **Parker Ranch** interessiert, sollte zunächst im Shopping Center vorbeischauen, wo sich das Parker Ranch Visitor Center (tgl. 9–17 Uhr) befindet. In dem kleinen Museum wird anhand von Porträts, einem Film und persönlichen Gegenständen die Geschichte der Parker-Familie und ihrer Ranch erzählt. Alles nahm seinen Anfang, als König Kamehameha I. 1793 von dem britischen Kapitän George Vancouver Rinder geschenkt bekam. Vancouver überredete den König, die Tiere mit einem Tabu zu belegen, damit sie nicht gleich getötet würden. Die Rinder vermehrten sich, und freilaufende, verwilderte Tiere wurden schon bald zur Plage. Deshalb erhielt ein junger Mann namens Parker, der aus Massachusetts stammte, vom König den Auftrag, die Rinder einzufangen. Zum Dank durfte er mit einem Teil der Tiere einen eigenen Viehbestand aufbauen. Später heiratete Parker eine Enkelin Kamehamehas und erhielt große Flächen Land. Auf der von ihm gegründeten Ranch ließ er Viehhirten aus Spanien und Mexiko arbeiten. Sie wurden auf hawaiisch *paniolos* genannt, abgeleitet von dem Wort *españoles*.

Zwei historische Gebäude der Parker Ranch können besichtigt werden. Puuopelo heißt das über 100 Jahre alte Herrenhaus der Parkers, das mit einer exquisiten Kunst- und Antiquitätensammlung aufwartet. Nebenan hat man Mana Hale (beide Häuser tgl. 10–17 Uhr), das erste Haus von John Parker rekonstruiert, das ganz aus Koaholz er-

Hilton Waikoloa Village

richtet worden war. Hier sind alte Fotos und Möbel aus dem Besitz des Ranchbegründers ausgestellt.

Über den Mamalahoa Highway (Hwy 190) geht die Fahrt zurück nach Kona. Noch einmal umfängt den Reisenden grandiose Natur, *big sky country* nennen die Amerikaner eine solche Szenerie: Lavaflächen und trockenes Grasland mit Opuntien dehnen sich unter einem endlos weiten Himmel aus.

In **Kaupulehu:** Kona Village Resort, ✆ 325-5555, 800- 367-5290, Fax 325-5124, luxuriöse Unterbringung in kleinen, sehr komfortablen Grashütten, die sich hervorragend in die Landschaft fügen, $$$$. Four Seasons Resort Hualalai, ✆ 325-8000, 800-332-3442, Fax 325-8100, die über 200 großzügigen Zimmer des Hotels sind in niedrigen Ge-

bäuden untergebracht, breites Sportangebot, $$$$. Im **Waikoloa Beach Resort:** Hilton Waikoloa Village, ✆ 885-1234, 800-445-8667, Fax 885-2900, wohl das am aufwendigsten gestaltete Luxushotel der Insel, $$$$. Royal Waikoloan, ✆ 885-6789, 800-688-7444, Fax 800-622-4852, direkt am Strand gelegenes, für die Lage recht preisgünstiges Hotel mit komfortablen Zimmern, $$–$$$. Im **Mauna Lani Resort:** Mauna Lani Bay Hotel, ✆ 885-6622, 800-367-2323, wunderschöne Resortanlage, neben Zimmern werden auch einzelstehende *villas* mit Küche vermietet, $$$$. Mauna Lani Point, ✆ 667-1666, luxuriöse Appartementanlage, $$$$. In **Hapuna Beach:** Hapuna Beach Prince Hotel, ✆ 880-1111, Fax 880-3412, vor allem bei Japanern beliebtes Luxushotel mit all den üblichen Annehmlichkeiten, $$$$. In **Hawi:** Kohala Village Inn, ✆ 889-0419, das kleine Hotel bietet einfache, saubere Zimmer, $. Cardinal's Haven Bed & Breakfast, ✆ 884-5550, heimelige Unterkunft in ländlicher Umgebung (geöffnet: Nov.–Mai), $. In **Waimea:** Waimea

Gardens Cottage, ☎ 800-262-9912, Fax 885-0559, das Ehepaar Campbell vermietet einige gemütliche Cottages 2 Meilen westlich von Waimea, $$. Mountain Meadow Ranch, ☎ 775-9376, einige Meilen außerhalb von Waimea gelegen, bietet diese Unterkunft Ruhe in ländlicher Idylle, $–$$.

🏕 **Hapuna Beach,** Übernachtungsmöglichkeit in Cabins, Reservierung bei der Division of State Parks, s. S. 189. Weitere Campingmöglichkeiten im Spencer Beach Park, Makuhona Beach Park, Kapaa Beach Park, Keokea Beach Park, Permits beim Department of Parks & Recreation, s. S. 189.

🍴 In **Kaupuhelu:** Pahuia, Four Seasons Resort Hualalei, elegantes Restaurant mit Pacific-Rim-Küche, teuer. Preiswerter ist Beach Tree Bar & Grill im selben Hotel. Wenn Plätze frei sind, können auch Nicht-Gäste im Hale Samoa, dem Restaurant des Kona Village, ☎ 325-5555, stilvoll speisen, Reservierung erbeten. Im **Waikoloa Beach Resort:** Palm Terrace im Hilton Waikoloa Village bietet ein Frühstücks- und Dinnerbuffet, nicht allzu teuer. Im King's Shop Shopping Center gibt es einige preiswertere Restaurants und Fast-Food-Ketten. Im **Mauna Lani Resort:** Bay Terrace, Mauna Lani Bay Hotel, ist berühmt für seinen üppigen Brunch jeden So 9–14 Uhr. Im selben Hotel befindet sich das Canoe House mit einer einfallsreichen, hervorragenden Küche, die natürlich ihren Preis hat. Für den kleineren Geldbeutel: Beach Club, Kaniku Drive, serviert Hamburger und Sandwiches, tgl. 11–16 Uhr. In **Kawaihae:** Im Shopping Center befinden sich zwei Restaurants, u. a. Cafe Pesto, das gute Pizza und Pasta auf der Speisekarte führt. In **Hawi:** Bamboo und Kohala Village Restaurant bieten einfache, preiswerte Speisen. In **Kapaau:** Jen's Kohala

Cafe, hübscher Coffeeshop, der leckere Salate, Suppen und Hamburger serviert. In **Waimea:** Merriman's, Opelo Plaza, sehr gute Küche, auch vegetarische Speisen.

🤾 **Golf:** Mauna Kea Golf Course, ☎ 882-5859, Mauna Kea Beach. Francis H. l'i Brown South Course, ☎ 885-6655, Mauna Lani Resort. Waikoloa Beach Golf Course, ☎ 886-6060, und Waikoloa King's Golf Course, ☎ 885-4647, Waikoloa Beach Resort. Hapuna Golf Course, ☎ 880-1111, Hapuna Beach Prince Hotel. **Ausritte:** Kohala Naalapa Stables, ☎ 889-0022, Hwy 250/Kohala Ranch Rd. Paniolo Riding Adventures, ☎ 889-5354, Hwy 250. Dahana Ranch Roughriders, ☎ 885-0057, zwischen Waimea und Honokaa. **Tennis:** auf den Plätzen des Mauna Kea Beach Hotel, ☎ 882-7222, oder des Orchid at Mauna Lani, ☎ 885-2000. **Tauchen:** in Kawaihae, Kohala Divers, ☎ 882-7774, Tauchgänge an der Küste von Kohala.

🍸 Im **Waikoloa Beach Resort:** Das Royal Waikoloan veranstaltet sonntags und mittwochs Luaus. Im **Hilton Waikoloa Village** gibt es eine Diskothek.

⛱ Honokohau Beach (Schwimmen, Schnorcheln), Kona Coast State Park (Schwimmen, Schnorcheln), Anaehoomalu Beach (Schwimmen, Windsurfen), Honokaope Bay (Schwimmen, Schnorcheln), Hapuna Beach (Schwimmen, Schnorcheln, Tauchen), Spencer Beach Park (Schwimmen, Schnorcheln), Mahukona Beach Park (Schnorcheln, Tauchen).

Im Puuhonua o Honaunau National Historical Park an der Kona-Küste, ›Big Island‹ Hawaii ▷

TIPS & ADRESSEN

Alle wichtigen
Informationen rund
ums Reisen – von
Auskunftsbüros bis
Zollbestimmungen –
auf einen Blick

Wissenswertes über
Inselhopping und
Leihwagen, Tips zu
Urlaubsaktivitäten

INHALT

REISEVORBEREITUNG & ANREISE

Informationsstellen

... in Deutschland

Hawaii Visitors
and Convention Bureau
American Venture Marketing
Herderstraße 6–8
63263 Neu-Isenburg
✆ 0 61 02/72 24 11
Fax 0 61 02/72 24 09

... auf Hawaii

Hawaii Visitors
and Convention Bureau
2270 Kalakaua Ave., Suite 801
Honolulu, HI 96815, Oahu
✆ 808-923-1811
Fax 808-924-0290
gohawaii.com

Auf den Inseln Hawaii, Kauai, Maui und Molokai halten Zweigstellen des Hawaii Visitors Bureau Informationsbroschüren bereit (Adressen s. Reiseteil). Auch bei den Autovermietern und an den Hotelrezeptionen erhält man Auskünfte über die jeweilige Insel.

Einreisebestimmungen

Reisepapiere: Für die Einreise benötigen Deutsche, Österreicher und Schweizer einen Reisepaß, der noch mindestens sechs Monate gültig sein muß; für Kinder ist ein Kinderausweis erforderlich (für Kinder ab 10 Jahre mit Lichtbild). Ein Visum wird nicht benötigt. Für das Anmieten eines Leihwagens wird auf Hawaii der Internationale Führerschein verlangt.

Vor der Ankunft wird im Flugzeug das Formular I-94 W verteilt, das jeder Einreisende auszufüllen hat. Bei der Einreise wird oft die Vorlage eines Rückflugtickets und der Nachweis über ausreichende finanzielle Mittel zur Deckung der Reisekosten verlangt.
Aufenthaltsdauer: Die maximale Aufenthaltsdauer beträgt 90 Tage, wer länger bleiben möchte, kann sich vor Ablauf der Aufenthaltsdauer an Immigration & Naturalization, 595 Ala Moana Blvd., Honolulu, ✆ 532-3721, wenden.
Haustiere müssen vor der Einreise 120 Tage in Quarantäne.

Gesundheitsvorsorge

Impfungen sind für Hawaii nicht vorgeschrieben. Eine Auffrischung der Tetanusimpfungen ist vor der Reise jedoch anzuraten, zudem empfiehlt sich ein allgemeiner Check beim Arzt und Zahnarzt. Rezeptpflichtige Medikamente sollte man in ausreichender Menge von zu Hause mitnehmen, außerdem eine Kopie des Rezeptes.

Reisezeit

Die hawaiischen Inseln sind ganzjährig zu bereisen. Die Wintermonate sind regenreicher und windiger, die Sommermonate heißer. Generell sind die Ost- und Nordseiten der Inseln niederschlagsreicher, die West- und Südseiten sonniger und trockener. Extreme Wetterlagen sind jedoch selten, auch die höheren Temperaturen im Sommer lassen sich durch die meist wehenden Passatwinde gut ertragen. Hin und wieder kann es im Sommer schwül-heiß werden. In Höhenlagen wird es besonders in den Morgen- und Abendstunden empfindlich kühl.

Die Hauptreisezeit liegt zwischen Dezember und April, wenn Festland-Amerikaner und Europäer dem heimischen Winter entfliehen. Dann steigen die Preise, und die Hotelauswahl ist entsprechend eingeschränkt. Angenehmer und preiswerter ist eine Hawaii-Reise im Frühling oder Herbst.

Durchschnittstemperaturen

Frühjahr	20°– 25° C
Sommer	21°– 26° C
Herbst	20°– 25° C
Winter	10°– 20° C

Durchschnittliche Wassertemperaturen

Sommer	26° C
Winter	24° C

Reisekasse

Für die ersten Stunden auf Hawaii sollte man sich im Heimatort mit einem kleinen Betrag an Bargeld in Dollar eindecken. Für den Großteil der Reisekasse empfiehlt sich die Mitnahme von Travellercheques in US-amerikanischer Währung (s. S. 220). Unentbehrlich für das Anmieten eines Leihwagens ist eine Kreditkarte, z. B. Mastercard/Eurocard oder Visa. Mit Kreditkarte plus Geheimcode kann man an Bankautomaten Geld abheben.

Auf Hawaii gibt es eine Viehlzahl guter, preiswerter Hotels. Eine günstige Unterkunftsmöglichkeit sind die Jugendherbergen und Hostels, die es auf allen Inseln außer Molokai und Lanai gibt. Am preiswertesten ist Camping, das auf allen Inseln möglich ist.

Besonders in der Hochsaison ist es sinnvoll, Unterkunft und Leihwagen bereits von zu Hause aus zu mieten. Bucht man in der übrigen Jahreszeit vor Ort, kommt man u. U. in den Genuß von *special offers*, z. B. Zimmer plus Mietwagen für den Preis eines Standardzimmers. Die Preise für Essen und Trinken liegen auf Hawaii über dem amerikanischen Durchschnitt. Auch das Benzin ist teurer als auf dem Festland, aber immer noch sehr viel günstiger als in Europa.

Kleidung und Ausrüstung

Mit leichtem Gepäck reisen, lautet die Devise. Die Hawaiianer kleiden sich leger und erwarten auch von den Besuchern nichts anderes. Selbst im Luxushotel fällt man im gepflegten Freizeitdress nicht aus dem Rahmen. Nur in den besseren Restaurants sollten es nicht eben Shorts und T-Shirt sein, leichte Sommerhosen und ein buntes Sommerhemd werden aber durchaus akzeptiert – die typische buntbedruckte Baumwollkleidung kann man überall auf Hawaii erstehen. Im Gepäck sollten Sonnenhut und Sonnenbrille nicht fehlen, gleiches gilt für warme Kleidung, da es in Höhenlagen, z. B. auf dem Haleakala-Krater, empfindlich kühl werden kann.

Wer wandern möchte, dem empfiehlt es sich, gut eingelaufene Wanderschuhe von zu Hause mitzubringen. Sportgeräte – vom Fahrrad über das Surfbrett bis hin zur Golfausrüstung – kann man vor Ort leihen. Es lohnt also nicht, Sportgerät von zu Hause mitzubringen.

Anreise

Von Europa aus fliegen verschiedene amerikanische Fluglinien – bzw. europäische Fluglinien zusammen mit ihren amerikanischen Partnergesellschaften – nach Hawaii (z. B. KLM und Northwest, Lufthansa und Delta). Je nachdem, welche Fluggesellschaft man wählt, werden Honolulu (Oahu), Kona, Hilo (Hawaii) oder Kahului (Maui) angeflogen.

Bei jedem Flug findet mindestens eine Zwischenlandung in den USA, meist in Los Angeles, statt. Fliegt man mit einer europäischen Fluggesellschaft, steigt man hier auf die amerikanische Airline um. Je nach Airline und Preis kann die Reise auf dem Hin- oder Rückflug auch kostenlos unterbrochen werden. Die Flugzeit nach Hawaii beträgt etwa 18 Stunden.

Abhängig von der Reisezeit kosten Hin- und Rückflug zwischen 665 und 1095 € plus Steuern (um die 52 €). Sportgeräte können gegen einen Aufpreis mitgenommen werden, was sich aber nicht lohnt, da es viele Möglichkeiten gibt, diese auszuleihen.

Die Paß- und Zollkontrolle findet auf dem ersten angeflogenen Flughafen in den USA statt.

Vom Honolulu International Airport verkehrt die Buslinie 8 ins 12 km entfernte Waikiki. Da kein größeres Gepäck im Bus mitgenommen werden darf, ist es jedoch ratsam, für rund 20 $ ein Taxi, für 10 $ einen der Shuttle Vans oder für 8 $ den Flughafenbus zu nehmen. Da die beiden letztgenannten aber an allen Hotels Gäste abladen, kann es sehr lange dauern, bis man seine Unterkunft erreicht hat.

Wer ein Auto bereits von zu Hause aus gebucht hat, kann den Wagen am Flughafen in Empfang nehmen. Ansonsten empfiehlt es sich, in Waikiki in Ruhe die Preise zu vergleichen.

UNTERWEGS AUF HAWAII

Inselhopping

... mit dem Flugzeug

Alle Inseln des Archipels werden regelmäßig vor allem von Hawaiian Airlines und Aloha Airlines angeflogen, Kauai, Oahu, Maui und ›Big Island‹ je nach Tageszeit sogar im Halbstundentakt. Die Tickets erhält man vor Ort in den Reisebüros oder direkt am Flughafen, auch Stand-by ist eine Möglichkeit.

Hawaiian Airlines und Aloha Airlines bieten preisgünstige Coupons für Flüge im Sechserpack an. Man kann sie am Flughafen oder im Reisebüro erwerben. Am preisgünstigsten ist es, die Flüge bereits im Heimatland zu buchen und zu bezahlen. Vor Ort kann man die Reservierung ohne zusätzliche Kosten ändern lassen. Bei Buchungen über Reisebüros kosten alle Strecken zwischen den Insel ca. 46 €.

... mit dem Schiff

Die einzige Fährverbindung zwischen zwei Inseln ist die zwischen Maui (Lahaina) und Lanai. Die Fahrt dauert eine Stunde und kostet pro Strecke 25 $. Reservierungen und Auskünfte: Expeditions, Lahaina, ☎ 661-3756.

... mit einem Kreuzfahrtschiff

American Hawaii Cruises bietet eine Kreuzfahrt durch die Inselwelt Hawaiis. Fünf Häfen auf vier Inseln werden auf der siebentägigen Rundreise angelaufen. American Hawaii Cruises, 1380 Port of New Orleans Place, New Orleans, LA 70130-1890, USA, ☎ 1-800-944-8020.

Unterwegs auf den Inseln

... mit öffentlichen Verkehrsmitteln

Nur Oahu verfügt über ein ausgedehntes öffentliches Verkehrsnetz. Egal, ob man eine Station in Honolulu erreichen möchte oder die ganze Insel umrundet, der Preis beträgt stets 1 $ (Dollarnote bereithalten!). Wer von einer Linie in eine andere umsteigen möchte, fragt den Fahrer nach einem Transferticket. Eine Inselumrundung mit Bus Nr. 52 dauert vier Stunden – eine ideale und preiswerte Möglichkeit, Oahu zu erkunden und mit Einheimischen in Kontakt zu kommen. Wer vor allem mit dem Bus unterwegs sein möchte, sollte sich den ›Hawaii Bus and Travel Guide‹ besorgen (in den City Halls, vielen Bibliotheken und bei der Waikiki Beach Police erhältlich) oder ›Michael Brein's Guide to Honolulu & Oahu by TheBus‹ (Buchhandel). Auskünfte auch unter ☎ 848-5555 oder im Internet unter www.thebus.org/ (dort u.a. Fahrpläne).

Der Vollständigkeit halber seien die Busverbindungen auf ›Big Island‹ Hawaii (zwischen Kona und Hilo via Volcanoes National Park) und auf Kauai (zwischen den Hauptorten) erwähnt – sie sind aber eher auf die Arbeitszeiten der Einheimischen zugeschnitten.

... mit dem Leihwagen

Am bequemsten ist es, die Inseln mit dem Leihwagen zu erkunden. Auf den Hauptinseln sind die internationalen Mietwagenfirmen vertreten, auf Lanai vermieten das Unternehmen Dollar und ein lokaler Privatunternehmer Autos. Daneben existieren eine Reihe von lokalen Vermietern. Während der Hauptsaison sind oft alle Wagen ausgebucht. Am einfachsten und preisgünstigsten ist es, den gewünschten Wagen bereits zu Hause im Reisebüro zu buchen und inklusive der gewünschten Versicherungen zu bezahlen. Zwar sind die Preise lokaler Anbieter oft niedriger, hinzu kommen aber dann noch die verschiedenen Versicherungen. Nicht immer sind diese Anbieter zuverlässig bzw. die Wagen ausreichend gewartet.

Beim Anmieten des Wagens muß der internationale Führerschein vorgelegt werden und eine Kreditkarte – andernfalls wird eine Kaution von bis zu 1000 $ verlangt. Wer jünger als 21 bzw. 25 Jahre ist, hat möglicherweise Schwierigkeiten, einen Wagen zu mieten, oft ist dies nur mit enormem Aufpreis möglich.

... mit dem Motorrad

In den Touristenzentren kann man Motorräder, z. B. der Marke Harley Davidson, mieten. Auch Motorräder anderer Marken und Mopeds werden verliehen.

... mit dem Fahrrad

Auf einigen wenigen Teilabschnitten der Highways sind Spuren für Radfahrer markiert, ansonsten muß man sich die Straßen mit dem manchmal recht starken Verkehr teilen. Abseits der Küstenrouten müssen Radfahrer über eine entsprechend gute Kondition verfügen. Auf allen Inseln stehen Leihräder zur Verfügung. Wer sein Fahrrad von zu Hause mitbringt und es auf den innerhawaiischen Flügen transportieren will, muß 20 $ pro Flug berappen.

... per Taxi

Auf allen Inseln stehen Taxis zur Verfügung, auf den kleineren Inseln muß man sie zum gewünschten Ort bestellen. Der Preis wird entweder mit dem Taxameter ermittelt, oder er ist festgelegt. Für eine Strecke von 5 Meilen ist mit ca. 10 $ zu rechnen. Je Gepäckstück werden 35 c extra berechnet.

... per Anhalter

Trampen ist auf Hawaii nicht sehr verbreitet, auf Maui ist es sogar verboten. Wie andernorts auch, ist Vorsicht geboten.

Touren

Sämtliche Inseln lassen sich auch im Rahmen einer geführten Tour erkunden. Das Angebot ist – besonders auf den vier großen Inseln – breitgefächert. Es gibt sowohl Halbtages- und Ganztagstouren als auch mehrtägige Unternehmungen, die den Besuch einer Nachbarinsel einschließen – empfehlenswert für jene, denen wenig Zeit zur Verfügung steht. Daneben werden eine Reihe von speziellen Touren wie Fahrrad- oder Trekkingtouren, Touren zu Pferde, Schnorchel- und Tauchtouren, Ausflüge zur Walbeobachtung etc. angeboten. Informationen findet man auf den überall ausliegenden Handzetteln. Viele der großen Hotels verfügen über ein *activity desk*, an dem man die Touren buchen kann. Achtung: Werden die Touren zu sensationell günstigen Preisen angeboten, schließen sie meist eine Time-sharing-Präsentation ein, d. h. die Besichtigung einer Appartementanlage, von der man Anteile kaufen bzw. für die man die Berechtigung zur teilweisen Nutzung erwerben kann.

UNTERKUNFT

Hotels

Hawaii bietet ein breitgefächertes Angebot an Hotelunterkünften. Die Preise variieren sehr stark je nach Saison. Von Dezember bis April sind sie am höchsten. In diesem Zeitraum sind viele gute, preiswerte Hotels lange im voraus ausgebucht. Während der übrigen Zeit des Jahres findet man auch vor Ort in der Regel eine Unterkunft. Wer ein Zimmer ohne Meerblick wählt, kommt preisgünstiger davon.

Bucht man die Unterkunft erst vor Ort, hat dies den Vorteil, daß man sich zunächst über *special offers* informieren kann – besonders die großen Hotelketten wie Outrigger Hotels Hawaii oder Hawaiian Pacific Resort bieten oft Zimmer plus Mietwagen für den Preis eines Standard-Zimmers oder noch darunter. Bedenken sollte man, daß auf den Zimmerpreis noch 10 % Übernachtungssteuer aufgeschlagen werden und das Frühstück meist nicht im Preis inbegriffen ist.

Condominiums

Condominiums sind Appartements in Privatbesitz, die während der Abwesenheit der Besitzer an Urlauber vermietet werden. Sie sind voll möbliert und verfügen meist über eine komplett ausgestattete Küche. Die Ferienwohnungen müssen mindestens für drei Tage, manchmal für eine Woche angemietet werden. Wer mit mehreren Personen nach Hawaii reist, kommt mit einem Appartement oft billiger weg als mit der preiswertesten Hotelunterkunft.

In Deutschland vermittelt Eest-Reisen, Zwölferweg 6, 86836 Augsburg, ✆ 0 89/78 06 04 70, Appartements in hawaiischen Condominiums. Auf Hawaii selbst wendet man sich z. B. an Aston Hotels & Resorts, 2155 Kalakaua Ave., Suite 500, Honolulu, ✆ 931-14 00, 800-922-78 66, Fax 922-87 85, die sog. ›Condos‹ auf allen Inseln vermitteln. Wie die Hotels besitzen auch die Condominiums eine Rezeption, an der man direkt buchen kann.

Bed & Breakfast

Bed & Breakfast ist eine nette Alternative zur anonymeren Hotelunterkunft – oft mit Familienanschluß. Manche B & B erinnern an kleine, privat geführ-

te Hotels. Das Frühstück ist nicht immer im Preis inbegriffen. Man kann direkt bei den Eigentümern mieten oder sich an eine Vermittlungsagentur wenden, wie z. B. Affordable Paradise Bed & Breakfast, Maria Wilson, 226 Pouli Rd., Kailua, HI 96734, ✆ 261-1693, Fax 261-7315, oder Three Bears Hawaii Reservations, 72-1001 Puukalu, Kailua-Kona, HI 96740, ✆/Fax 325-7563, 800-765-0480. Bei Bed & Breakfast Hawaii, Box 449, Kapaa, HI 96746, ✆ 822-7771, 800-733-1632, Fax 822-27 23, kann man gegen Einsendung von 13 $ zudem ein Adressen-Verzeichnis erwerben.

Jugendherbergen und Hostels

Auf Oahu gibt es zwei, auf ›Big Island‹ Hawaii eine Jugendherberge. Alle drei sind dem Internationalen Jugendherbergsverband angeschlossen. Daneben bieten einige private Hostels preiswerte Unterkunft in Mehrbettzimmern an. Auskünfte über die Jugendherbergen erteilt das Deutsche Jugendherbergswerk, Postfach 14 62, 32704 Detmold, ✆ 0 52 31/74 01-0, Fax 0 52 31/74 01-49.

Camping

Camping ist in mehreren State Parks und County Parks gestattet. Die benötigten *permits* (Erlaubnis) erhält man bei der jeweiligen Division of State Parks oder dem Department of Parks and Recreation (Adressen s. Praktische Hinweise im Reiseteil).

Auch im Volcanoes National Park und dem Haleakala National Park ist das Campen erlaubt. Auskunft erhält man beim National Park Service, Prince Kuhio Federal Building, Raum 6305, 300 Ala Moana Blvd., Honolulu, HI 96813, ☎ 541-2693. Je weiter die Plätze von der nächsten Ortschaft entfernt liegen, um so sicherer sind sie. Frauen sollten nicht alleine campen.

In einigen State Parks stehen auch *cabins* zur Verfügung, mit Betten und Kochmöglichkeiten ausgestattete Hüt-ten für mehrere Personen. Reservierungen nimmt die Division of State Parks auf der jeweiligen Insel entgegen.

Folgende Preiskategorien liegen den Praktischen Hinweisen im Reiseteil dieses Buches zugrunde:

$$$$	über 240 $
$$$	120–240 $
$$	60–120 $
$	bis 60 $

ESSEN & TRINKEN

Frühstück

Das Frühstück nimmt man auf Hawaii – wie auf dem Festland – gerne in einem Coffeeshop oder einem Frühstücksrestaurant ein. Meist ist es eine deftige Mahlzeit mit Eiern, Würstchen und Speck sowie Toast mit Marmelade. Immer öfter werden auch Müsli, Cornflakes und frisches Obst angeboten. In den Supermärkten kann man sich mit Süßem wie Muffins oder *Danish pastrie* (Teilchen) eindecken. Beliebt sind ebenfalls *Bagels,* Hefekringel in süßer oder salziger Variante.

Mittagessen

Um die Mittagszeit werden oft Schnellrestaurants oder Imbißbuden (*lunch wagons*) am Straßenrand angesteuert, die Hamburger, Sandwiches, Hotdogs, aber auch asiatische, mexikanische oder italienische Speisen – oft in hervorragender Qualität – anbieten. In den vielen Einkaufzentren auf den hawaiischen Inseln findet man ein Schnellrestaurant neben dem anderen. Wer auf frisches Obst und Gemüse Wert legt, sollte sich auf den Farmer's Markets umschauen, wo Bauern ihre Produkte anbieten. Auf dem Land wird an Straßenständen frisch geerntetes, exotisches Obst verkauft (s. S. 41 f.).

Abendessen

Abends hat man die Qual der Wahl – das Angebot an unterschiedlichen ethnischen Küchen reicht von japanisch über portugiesisch bis hin zu philippinisch. Hervorragend und ihren Preis wert sind die gehobenen Restaurants, die sich der Pacific-Rim-Küche verschrieben haben, eine phantasievolle, leichte Küche, die französische und italienische Kochkunst mit asiatischer Zubereitungsweise verbindet (s. S. 40 f.).

Traditionelle hawaiische Speisen werden meist nur in kleinen, einfachen

Restaurants abseits der Touristenzentren angeboten. Sie werden aber auch bei den *luaus* serviert, hawaiischen Festgelagen, die von vielen großen Hotels veranstaltet werden (s. S 40 ff.).

Getränke

Wie überall in den USA wird auch in Hawaii eine große Palette an Erfrischungsgetränken in Dosen angeboten. Neben den allgemein bekannten *soft drinks,* erhält man auf den Inseln auch gute Säfte, meist Mischungen aus zwei oder mehr Obstsorten, z. B. *fruit punch* ›Guave/Erdbeere‹. Sehr beliebt sind auch *smoothies,* für die Früchte oder Sirup mit zerstoßenem Eis im Mixer püriert werden.

Kaffeetrinken hat auf Hawaii inzwischen Kultstatus. In den Coffeeshops der Kette ›Bad Ass Coffees‹ oder ›Starbucks‹ kann man zwischen internationalen und hervorragenden einheimischen Kaffeesorten wählen. Aber auch sonst ist guter Kaffee nicht mehr die Ausnahme, sondern die Regel.

Biertrinker greifen auf amerikanisches oder kanadisches Bier zurück, das im Stil deutscher oder englischer Biere gebraut wird. Wein stammt meist aus Kalifornien. Es gibt aber auch auf Big Island und Maui Winzer (s. S.130).

URLAUBSAKTIVITÄTEN

Golf

Golfspielen wird großgeschrieben auf Hawaii. Nach Expertenmeinung gehören die Plätze auf Lanai zu den besten der Welt. Aber auch auf allen anderen Inseln finden Golfer ein reiches ›Betätigungsfeld‹. Die meisten Plätze der Hotelanlagen stehen auch Nicht-Gästen offen. Daneben gibt es noch eine Reihe öffentlicher Golfplätze, auf denen man weder bezahlen, noch auf Kleidervorschriften achten muß. Die Golfausrüstung kann vor Ort geliehen werden.

Kajakfahren

Besonders auf Kauai, Maui und Molokai ist das Kajakfahren ein beliebter Sport. Man kann sich entweder einen Kajak leihen und alleine loslegen oder sich einer geführten Kajaktour anschließen.

Radfahren

Radfahren ist eine gute Möglichkeit, die Inseln zu erkunden (s. S. 211). Sehr populär sind rasante Abfahrten z. B. vom Haleakala-Krater (Maui) hinunter in Richtung Küste.

Reiten

Die Inselwelt auf dem Rücken eines Pferdes zu genießen, hat seinen besonderen Reiz. Auf vielen Inseln bieten Reitschulen Ausritte von unterschiedlicher Dauer für Anfänger und Fortgeschrittene an.

Schnorcheln

Da sich die ganze Pracht der Unterwasserwelt oft bereits in Küstennähe entfaltet, bietet Hawaii ideale Voraussetzungen zum Schnorcheln. Maske und Schnorchel werden überall verliehen.

Schwimmen

Bei Wassertemperaturen um 25°C ist das Baden auf Hawaii das ganze Jahr über ein Vergnügen. Welche Strände sorgloses Baden garantieren, ist in den Praktischen Hinweisen im Reiseteil dieses Buches angegeben. An manchen Stränden kann man ganzjährig, an anderen nur im Sommer, an einigen wiederum nur an windstillen Sommertagen baden. Stets sollte man sich vor dem Baden bei Einheimischen nach den Wasserverhältnissen erkundigen und Vorsicht walten lassen.

Segeln

Für Segler ist Hawaii ein Paradies. Aufgrund der vorherrschenden Wasserbedingungen handelt es sich meist um Hochseesegeln, die küstennahen Gewässer sind für kleinere Boote oft zu rauh. Es gibt auch Ausnahmen. Segeln in kleineren Booten ist z. B. möglich vor Honolulu/Waikiki und Kailua auf Oahu, Lahaina auf Maui, Kona und Hilo auf der Insel Hawaii. Vor Ort kann man Boote chartern bzw. an einer Segeltour mit Skipper teilnehmen.

Snuba

Wem Schnorcheln nicht reicht, Tauchen aber zu aufwendig ist, für den ist Snuba, ein Zwischending aus Tauchen und Schnorcheln, vielleicht das richtige. Mit Tauchermaske und Bleigürtel ausgerüstet läßt man sich so weit in die Tiefe gleiten, wie der Luftschlauch, durch den man mit dem Boot verbunden ist, es erlaubt. Snuba wird auf Oahu, Kauai und Hawaii angeboten.

Sportfischen

Vor Kona auf Hawaii liegt eines der weltbesten Reviere für Hochseeangler. Besonders der Blue Pacific Marlin wird in rekordverdächtigen Größen aus dem Meer gezogen. Hier, aber auch auf anderen Inseln, können Boote gechartert werden, die einen zum Fischen hinaus aufs Meer bringen.

Surfen

Surfen – was sonst? Die hawaiischste aller Sportarten kann man an unzähligen Stränden – vor allem auf Oahu und Maui – ausüben. Anfänger finden besonders während der Sommermonate an den Südküsten geeignete Reviere. Die Wellen an den Nordküsten sollte man aber – besonders im Januar und Februar – den absoluten Profis überlassen. Surfschulen gibt es auf Oahu und Maui.

Tauchen

Das klare, warme Wasser vor den hawaiischen Inseln und der Reichtum an exotischen Fischen machen Tauchen zu einem Erlebnis. Generell bieten die dem Wind abgewandten Seiten der Inseln das ganze Jahr über hervorragende Voraussetzungen, die Nordküsten in den Sommermonaten. Die Ausrüstung kann vor Ort geliehen werden, auch Tauchexpeditionen und Anfängerkurse werden angeboten.

Wandern

Alle hawaiischen Inseln bieten ausgezeichnete Wandermöglichkeiten der unterschiedlichsten Schwierigkeitsgrade. In den Buchläden vor Ort kann man sehr gute Wanderführer erwerben. Wichtig ist die Ausrüstung: gut eingelaufene, knöchelhohe Wanderschuhe, Sonnen- und Regenschutz, Wasser, eine kleine Reiseapotheke und Insektenschutzmittel. Bevor man loswandert, sollte man sich über den Zustand des Weges und die Wetterlage informieren. Da die Dunkelheit auf Hawaii sehr plötzlich einsetzt, spielt auch die zeitliche Planung eine große Rolle. Wer nicht alleine wandern möchte, kann sich geführten Wanderungen und Trekkingtouren anschließen (Adressen s. Reiseteil).

Windsurfing

Auch das Windsurfen erfreut sich großer Beliebtheit. Während die Nordküste Mauis bei Paia den Könnern vorbehalten ist, bietet das Meer vor Kihei auch für Anfänger und weniger Fortgeschrittene ideale Voraussetzungen. Auf Oahu (Kailua) und Kauai (Anini Beach) finden Anfänger und Fortgeschrittene ebenfalls geeignete Strände.

In Kahului auf Maui sowie in Waikiki und Kailua auf Oahu werden Windsurferkurse angeboten. Die beste Jahreszeit für diesen Sport liegt zwischen Juni und September.

KLEINER SPRACHFÜHRER

Für die Verständigung auf den hawaiischen Inseln genügt das Schulenglisch, doch hier und da begegnen einem hawaiische Ausdrücke. Auch wegen der Ortsnamen macht es Sinn, sich mit der Sprache der hawaiischen Ureinwohner zu beschäftigen.

Aussprache und Betonung

Hawaiisch ist ausgesprochen reich an Vokalen und arm an Konsonanten (s. S. 35 f.). Letztere werden so ausgesprochen wie im Deutschen. Eine Besonderheit ist der *okina*, ein Knacklaut, der mit einem Apostroph angegeben wird. Dieses signalisiert, daß aufeinanderfolgende Vokale einzeln gesprochen werden. ›Hawai'i‹ wird demnach nicht ›Hawei‹, sondern ›Hawai-i‹ ausgesprochen. Die Vokale können darüber hinaus lang oder kurz ausgesprochen werden. Eine Längung wird durch einen waagerechten Strich über dem Vokal angegeben, z. B.

Waikīkī. Der Einfachheit halber verzichtet man heute vielfach auf die Angabe von *okinas* und Längungen, wie dies auch im nachfolgenden kleinen Lexikon der Fall ist.

aa	langsam fließende hawaiische Lava
ae	ja
ala	Straße, Weg
alii	Herrscher, König
aloha	Willkommen, guten Tag, auf Wiedersehen, (Grußwort für jede Gelegenheit)
aole	nein
halau	Hula-Schule
hale	Haus, Gebäude
hale pule	Kirche
hana	Bucht
haole	Weißer, Fremder
heiau	Tempel
hoku	Stern
imu	Erdofen
kahuna	Priester, Weiser
kai	Meer
kamaaina	Einheimischer
kane	Mann
kapu	Tabu, heilige Stätte
kaukau	Essen
keiki	Kind
kokua	Hilfe
kona	westlich, windabgewandte Seite (Lee)
lani	Himmel
lei	Blütenkranz
luau	Fest, hawaiisches Festessen
mahalo	danke
makai	in Richtung Meer
malihini	Neuankömmling
mauka	in Richtung Gebirge
mauna	Berg
menehune	sagenumwobene Zwerge
moana	Meer
nene	Hawaiische Gans
ohana	Familie
ono	lecker
pahoehoe	glattflüssige Lava
pali	Klippen
pili	Gras
pua	Blume
tapa	(kapa) geklopfter Bast des Papiermaulbeerbaumes
wahine	Frau, Mädchen
wai	Wasser
wiki	schnell
wiki wiki	sehr schnell

REISEINFORMATIONEN VON A BIS Z

Apotheken

Apotheken (*Pharmacies*) sind meist in großen Supermärkten oder Drogerien *(Drugstores)* zu finden. Wer rezeptpflichtige oder spezielle Medikamente einnehmen muß, sollte einen Vorrat von zu Hause mitbringen.

Ärztliche Versorgung

Die ärztliche Versorgung ist auf den Hauptinseln auf internationalem Niveau, allerdings gibt es auf Molokai und Lanai nur wenige Ärzte. Die Arztkosten sind sehr hoch und müssen vor Ort bar bezahlt werden. Es ist daher ratsam, vor

Reiseantritt eine Reisekrankenversicherung abzuschließen bzw. mit den Krankenkassen zu klären, inwieweit Arztkosten nach der Reise erstattet werden.

Auskünfte

Informationen erhält man beim Hawaii Visitors and Convention Bureau (s. S. 207), das auf allen Inseln – mit Ausnahme Lanais – in den Hauptorten vertreten ist. An den Flughäfen, in Hotels, Restaurants und an Straßenständen erhält man zudem eine Flut kostenloser Informationsprospekte.

Autofahren

Auf Hawaii herrschen die gleichen Verkehrsregeln wie in den übrigen amerikanischen Bundesstaaten. Innerhalb von Ortschaften gelten Geschwindigkeitsbeschränkungen von 25 bis 30 mph, auf Highways beträgt die zulässige Höchstgeschwindigkeit 55 mph. In der Nähe von Schulen ist die Höchstgeschwindigkeit stark herabgesetzt. Schulbusse mit blinkenden Warnlichtern dürfen auf keinen Fall überholt werden.

Ampeln stehen jenseits der Kreuzung. Auch bei roter Ampel darf, nachdem man angehalten hat, rechts abgebogen werden – es sei denn, es wird durch ›No turn on red‹, ›Right turn only at green arrow‹ oder ›No right turn‹ untersagt. An Kreuzungen gilt, wer zuerst gehalten hat, fährt als erstes weiter. Das Tragen von Gurten ist gesetzlich vorgeschrieben. Die Fahrweise ist defensiv, Drängeln und Hupen gelten als ausgesprochen unhöflich.

Banken

Auf allen Inseln sind Filialen der First Hawaiian Bank und/oder der Bank of Hawaii zu finden. Hier kann man US-Dollar-Travellercheques gegen Vorlage des Reisepasses eintauschen und am Geldautomaten (Automatic Teller Machine, kurz ATM) mit der Kreditkarte Geld abheben. Öffnungszeiten: in der Regel Mo–Do 8.30–16 Uhr, Fr bis 18 Uhr.

Behinderte

Die hawaiischen Inseln haben sich weitgehend auf Besucher mit Behinderungen eingestellt. Überall existieren Unterkünfte und Toiletten, die auch für Rollstuhlfahrer zugänglich sind. Die meisten behindertengerechten Einrichtungen gibt es in Waikiki. Die öffentlichen Busse auf Oahu sind auch für Rollstuhlfahrer geeignet.

Diplomatische Vertretungen auf Hawaii

Deutsches Honorarkonsulat
2003 Kalia Road, Apt. 1-I,
Honolulu, Oahu
☏ 808- 946-3819

Österreichisches Konsulat
1314 S. King Street, Suite 1260
Honolulu, Oahu
☏ 808- 923- 8585

Schweizer Konsulat
4231 Papu Circle,
Honolulu, Oahu
☏ 808-737-5297

Einkaufen

Auf allen Inseln gibt es genügend Einkaufsmöglichkeiten – von der riesigen Shopping Mall bis zum Dorfladen. Preiswert sind die ABC-Stores, die man vor allem in Waikiki findet.

Das Angebot an Souvenirs ist groß. Neben viel Kitsch wird auch hervorragendes hawaiisches Kunsthandwerk verkauft wie Schüsseln aus Koaholz, Flechtarbeiten, Ketten aus Samen und Nüssen sowie Quilts. Auch die Kleider und Hemden mit hawaiischen Mustern sind ein nettes Mitbringsel.

Feiertage

1. Januar (Neujahr), 15. Januar (Geburtstag von Martin Luther King), 19. Februar (Geburtstag von George Washington), Karfreitag, 26. März (Prince Kuhio Day), letzter Montag im Mai (Heldengedenktag), 4. Juli (Unabhängigkeitstag), 3. Freitag im August (Admission Day, in Erinnerung an die Aufnahme der Inseln in die USA), 1. Montag im September (Tag der Arbeit), 11. November (Tag der Veteranen), 4. Donnerstag im November (Erntedankfest), 25. Dezember (Weihnachten).

Feste/Wettbewerbe

Januar

Chinese New Year, Chinesisches Neujahrsfest; Chinatown, Honolulu (Oahu).
Morey Bodyboards Worldchampionship, Surfwettbewerb; an der Nordküste von Oahu.
Ka Molokai Makahiki, Moderne Variante des althawaiischen Erntedankfestes; Kaunakakai (Molokai).

Februar

Cherry Blossom Festival, japanisches Kirschblütenfest; Oahu.
Buffalo's Big Board Surfing Classic, Surfwettbewerb mit den alten, schweren Surfbrettern; Makaha Beach (Oahu).

März/April

East Maui Taro Festival, Hula, Musik und Taro-Stände; Hana (Maui).
Merrie Monarch Festival, größter Hula-Wettbewerb der Inseln; Hilo (Insel Hawaii).
O'Neill Invitational, Wettbewerb der weltbesten Windsurfer; Hookipa Beach (Maui).

Mai

Lei Day, auf allen Inseln werden Leis hergestellt und präsentiert.
Molokai Ka Hula Piko, Hula-Wettbewerb, traditionelle Tanzaufführungen; Molokai.

Juni

Waikii Music Festival, zeitgenössische hawaiische Musik, gespielt von Top-Bands; bei Waimea (Insel Hawaii).
King Kamehameha Hula & Chant Competition, einer der größten Hula-Wettbewerbe der Inseln; Honolulu (Oahu).

Juli

Puuhonua o Honaunau Cultural Festival, Präsentation althawaiischer Kultur; Puuhonua o Honaunau Historical Park (Insel Hawaii).
Makawao Rodeo, traditionelles Rodeo; Makawao (Maui).
TDK/Gotcha Pro, Internationaler Wettbewerb der Surfer und Bodysurfer; Sandy Beach (Oahu).
Prince Lot Hula Festival, Hula-Festival; Moanalua Gardens (Oahu).

August

Obon Festival, japanisches Fest zu Ehren der Vorfahren; auf allen Inseln.

The Hawaiian Slack-Key Guitar Festival, Festival der besten Slack-Key Gitarrenspieler Hawaiis; Ala Moana Beach Park, Honolulu (Oahu).

Ka Himeni Ana, Gesangswettbewerb mit althawaiischen Liedern; University of Hawaii, Honolulu (Oahu).

September

Aloha Week, Festival rund um die hawaiische Kultur; auf allen Inseln.

Na Wahine O Ke Kai, Auslegerkanurennen der Damen; Molokai.

Oktober

Molokai Hoe, Auslegerkanurennen der Herren; Molokai.

Ironman Triathlon, Kona, Insel Hawaii.

Kona Coffee Cultural Festival, Fest rund um den Kaffee; Kona (Insel Hawaii).

November

Triple Crown of Surfing, Top-Surfwettbewerb; Nordküste, Oahu.

Dezember

Bodhi Day, in allen buddhistischen Tempeln der Inseln.

Veranstaltungskalender im Internet unter: www.calendar.gohawaii.com

Fotografieren

Fotomaterial ist überall auf Hawaii erhältlich, allerdings ist es teurer als in Europa. Am preiswertesten ist es in Honolulu/Waikiki. In kleineren Orten und in Souvenirshops sollte man auf das Haltbarkeitsdatum achten.

Geld

Zahlungsmittel auf Hawaii ist der US-Dollar (Stand Frühjahr 2001: 1 US-$ = 1,07 €). Alle anderen Währungen werden nicht oder nur mit großem Aufwand und zu einem sehr schlechten Kurs eingetauscht. Die Währung Hawaiis ist der US-Dollar, mit allen anderen Währungen tun sich selbst Banken schwer. Travellercheques werden in Banken problemlos eingetauscht und nahezu überall wie Bargeld behandelt. ›Eurocard/Mastercard‹ und ›Visa‹ werden überall akzeptiert (s. auch S. 208).

Banknoten gibt es in der Stückelung 1, 5, 10, 50 und 100 $. Die Geldscheine sind alle gleich groß und haben die gleiche grüne Farbe. Größere Geldscheine werden oft nicht gerne angenommen. Unter den Münzen ist der *quarter* (25 c) am wichtigsten – ihn benötigt man z. B. zum Telefonieren. Daneben sind *dime* (10 c), *nickel* (5 c), und 1 c-Münzen am häufigsten.

Gesundheit

Gesundheitliche Gefahren halten sich auf Hawaii in Grenzen. Impfungen sind nicht vorgeschrieben. Gegen Sonnenbrand und Sonnenstich schützen entsprechende Kleidung und Sonnenschutzmittel. Getränke sollten besonders auf Wanderungen keinesfalls fehlen. In den feuchten Gegenden der Inseln gibt es viele Moskitos, sie sind aber keine Malariaüberträger. Insektenschutzmittel bekommt man überall auf den Inseln.

Eine gewisse Gefahr stellt Leptospirose dar, eine bakterielle Erkrankung, deren Erreger in Flüssen, Wasserfällen und Teichen vorkommen. Oft weisen Warnschilder auf die Gefahr hin. Eine Infizierung verhindert man, indem man darauf verzichtet, in Süßwassergewässern zu baden oder zu tauchen, insbesondere wenn man offene Wunden hat. Keinesfalls sollte man Wasser aus Flüssen oder Seen trinken. Hat man sich dennoch infiziert, verschreibt der Arzt Antibiotika. Die Symptome der Leptospirose sind u. a. Fieber, Kopfschmerzen, Schüttelfrost und Muskelschmerzen.

Haie

Mehr als 35 Haiarten leben in den Gewässern Hawaiis. Da sie genug Nahrung vorfinden, stellen sie in der Regel keine Gefahr für den Menschen dar. Der gefährlichste Hai Hawaiis ist der Tigerhai, erkennbar an seinen senkrechten Streifen. Nach Ansicht von Experten sollte man im Falle der Annäherung eines Hais so unaufgeregt und ruhig wie möglich davonschwimmen. Erfolgt ein Angriff, können kräftige Schläge auf die empfindliche Nase des Tieres dieses verjagen. Ebenfalls kann man versuchen, dem Tier die Finger in die Augen zu stecken. Um einer Gefahr durch Haie vorzubeugen, sollte man trübe Gewässer wie Flußmündungen nach Regenfällen meiden. Blutende Wunden locken die extrem geruchsempfindlichen Tiere an. Auch auf glitzernden Schmuck und leuchtende Farben scheinen sie zu reagieren.

Kinder

Generell werden Kinder auf Hawaii mit offenen Armen empfangen. Überall hält man Attraktionen für sie bereit, bietet spezielle Menüs oder Preisnachlässe – sogar kostenfreie Übernachtungen. Einige Bed & Breakfast-Unterkünfte akzeptieren keine Kleinkinder.

Kriminalität

… ist auf Hawaii inzwischen kein Fremdwort mehr. Weit verbreitet sind Diebstähle aus geparkten Autos. Deshalb: Nichts im Wagen, auch nicht im Kofferraum, liegenlassen! Einsame Strände und Strandparks sollten nach Einbruch der Dunkelheit gemieden werden. Wie überall auf der Welt gilt es besonders im Gedränge, auf seine Wertsachen achtzugeben. Letztere sind am besten im Hotelsafe aufgehoben.

Maße, Gewichte, Temperaturen

1 inch = 2,54 cm
1 foot = 30,48 cm
1 yard = 91,44 cm
1 mile = 1,609 km

1 pint = 0,473 Liter
1 quart = 0,946 Liter
1 gallon = 3,785 Liter
1 pound = 453,60 g
1 stone = 6,35 kg
1 quarter = 12,70 kg

$0°$ C = 32 Fahrenheit
$20°$ C = 68 Fahrenheit
$30°$ C = 86 Fahrenheit

Notruf

911 lautet auf allen hawaiischen Inseln die Notrufnummer für Polizei,

Ambulanz und Feuerwehr. Hilfe erhält man auch beim Operator unter ›0‹ oder an den Hotelrezeptionen.

Öffnungszeiten

Festgelegte Öffnungszeiten gibt es auf Hawaii nicht. Generell sind Geschäfte an Wochentagen zwischen 9 und 18 Uhr geöffnet. Viele Läden in den Hauptorten haben auch am Wochenende bis weit in den Abend hinein geöffnet, einige sogar rund um die Uhr. Eine Ausnahme macht Lanai, wo die Läden über Mittag und am Sonntag geschlossen sind. Die Öffnungszeiten von Museen, Aquarien und botanischen Gärten liegen in der Regel zwischen 9 und 16 Uhr, einige sind am 25. Dezember und 1. Januar geschlossen.

Die Postämter in den größeren Gemeinden sind in der Regel Mo–Fr zwischen 8 und 16.30 Uhr und Sa bis 12 Uhr geöffnet. In kleineren Orten sind die Öffnungszeiten eingeschränkt.

Rauchen

Raucher haben auch auf Hawaii einen schweren Stand. In öffentlichen Gebäuden ist das Rauchen untersagt, und immer weniger Restaurants haben Raucherzonen. Oft darf selbst auf der Veranda eines Restaurants nicht geraucht werden. Viele Privatunterkünfte sind ebenfalls Nichtraucher-Zonen.

Strom

Die Stromspannung beträgt 110/120 Volt, 60 Hertz Wechselspannung. Elektrische Geräte müssen sich also umstellen lassen. Für die zweipoligen Flachstecker benötigt man einen Adapter, den man am besten von zu Hause mitbringt.

Telefon

Nationale und internationale Gespräche lassen sich von öffentlichen Telefonen oder – sehr viel teurer – von Telefonen in den Hotels führen.

Von Europa nach Hawaii wählt man die 001, den Area Code 808 und dann die Nummer des Teilnehmers. Auf Hawaii wählt man bei Gesprächen innerhalb einer Insel nur die siebenstellige Nummer des Teilnehmers, für ein Gespräch von Insel zu Insel muß zunächst die 808 gewählt werden. Nummern, die mit 800 beginnen, sind gebührenfrei und können vom Festland – die 1 vorwählen – angewählt werden. Die 800-Nummern gelten auch für Telefongespräche auf den Inseln. Ein Gespräch zwischen zwei Inseln gilt als Ferngespräch und kostet entsprechend viel. Für ein Gespräch innerhalb einer Insel reicht eine 25 c-Münze.

Nach Europa wählt man zunächst die 011, dann 49 für Deutschland, 42 für Österreich und 41 für die Schweiz. Unter der Nummer 1-800-292-00-49 erreicht man gebührenfrei eine Zentrale in Frankfurt, die das Gespräch vermittelt. Die Gebühren bezahlt der Angerufene.

Inzwischen werden in Deutschland Telefonkarten angeboten, mit denen man preiswerte internationale Gespräche führen kann, die Kosten werden bei der Telekom über die Telefonrechnung, bei anderen Gesellschaften über die Kreditkarte abgerechnet. Auf Hawaii erhält man z. B. bei den ABC-

Stores ›Prepaid Phonecards‹, mit denen man günstig telefonieren kann. Sie werden oft auch vom Reiseveranstalter angeboten. Die Preise für die Gebühreneinheiten variieren je nach Anbieter. Gleicher Preis für Karten unterschiedlicher Anbieter bedeutet also nicht gleiche Gesprächsdauer. Daher sollte man darauf achten, daß die Gesprächszeiten für die verschiedenen Länder aufgeschlüsselt sind.

Trinkgeld

›Tips‹ (Trinkgeld) sind in den USA nicht in den Preisen inbegriffen. Es ist selbstverständlich, Taxifahrern, Friseuren und der Bedienung im Restaurant zwischen 10 und 15 % des Rechnungsbetrages als Trinkgeld zu geben. Der Kofferträger erhält 1 bis 1,50 $ pro Gepäckstück, das Zimmermädchen je nach Länge des Aufenthaltes 2 bis 5 $.

Trinkwasser

Leitungswasser kann bedenkenlos getrunken werden. Auf Camping- oder Rastplätzen warnen Schilder, wenn das Wasser nicht genießbar ist. Wasser aus Seen und Flüssen sollte nicht oder nur nach chemischer Behandlung getrunken werden.

Verhalten

Im großen und ganzen sind die Ureinwohner Hawaiis Fremden gegenüber freundlich gesonnen. Es gibt aber Ausnahmen, besonders an der Westküste Oahus und südlich von Hilo. Respektvolle Zurückhaltung hilft, die Situation zu entspannen. Dies gilt besonders für den Besuch von Tempelanlagen, die für Hawaiianer große, religiöse Bedeutung haben. Schilder mit dem Hinweis ›Private Property, No Trespassing‹ (Privatgelände, Betreten verboten) sind unbedingt zu beachten.

In Restaurants gilt die Devise ›Wait to be seated‹, d. h. man wartet am Eingang darauf, vom Kellner zum Tisch geleitet zu werden. Es ist unüblich, mit anderen Gästen einen Tisch zu teilen. Unmittelbar nach dem Essen wird die Rechnung auf den Tisch gelegt, langes Verweilen ist nicht üblich.

Zeit

Auf Hawaii gilt die Hawaii Standard Time, die 11 Stunden hinter der Mitteleuropäischen Zeit zurückliegt, während der europäischen Sommerzeit sogar 12 Stunden. Eine Sommerzeit gibt es auf Hawaii nicht.

Zoll

Zollfrei eingeführt werden dürfen Gegenstände des persönlichen Bedarfs sowie – von Personen über 21 Jahre – 1 Liter Alkohol, 200 Zigaretten oder 50 Zigarren oder 2 kg Tabak sowie Geschenke im Wert von 100 $ (kein Alkohol oder Rauchwaren). Pflanzen, Obst, Gemüse und Fleisch dürfen auf keinen Fall eingeführt werden. Das gleiche gilt auch für die Rückreise mit Zwischenlandung in den USA.

ABBILDUNGSNACHWEIS

KARTENVERZEICHNIS

REGISTER

Personen- und Sachregister

Ortsregister